COMÉDIES
HISTORIQUES.

IMPRIMERIE DE J. TASTU,
RUE DE VAUGIRARD, N° 36.

COMÉDIES
HISTORIQUES

PAR

L. NÉPOMUCÈNE LEMERCIER

MEMBRE DE L'INSTITUT ROYAL DE FRANCE

(ACADÉMIE FRANÇAISE.)

PARIS

AMBROISE DUPONT ET Cie, LIBRAIRES,

RUE VIVIENNE, N° 16.

✻

1828

AVANT-PROPOS.

On doit peu tirer vanité du bonheur des découvertes, puisque le plus souvent c'est le hasard qui les produit : néanmoins le titre d'INVENTEUR nous semble si précieux en toutes choses, que nous tenons à le revendiquer sur les concurrens au nom de qui l'erreur en attribuerait le mérite à notre préjudice. On trouvera donc naturel que je constate la priorité de mes travaux dans la création de LA COMÉDIE HISTORIQUE.

Voici quelle occasion fit naître ce nouveau genre de composition théâtrale, dont j'offre ici trois exemples divers en rapport avec ses différentes espèces.

Dans un cercle de personnes amies de la littérature et des beaux-arts, parmi lesquelles on distinguait l'esprit cultivé de l'aimable et belle duchesse d'Aiguillon, des dames de Lameth, Dumas, et de Larue, fille de l'ingénieux et hardi Beaumarchais, j'entendis affirmer que le *Mariage de Figaro* était la dernière innovation possible après tant de productions variées qu'avait fournies la fécondité des auteurs dramatiques. On assurait que tous les ouvrages futurs rentreraient nécessairement dans les mêmes moules, et qu'on ne saurait plus rien créer de nouveau, sans s'écarter défectueusement des règles étroites de l'art. Quoique jeune encore, mais ayant déjà donné au théâtre plusieurs pièces soumises aux formes classiques, j'osai m'élever contre le sentiment général et soutenir, contre la banalité de cette opinion, que l'imitation de la nature en tous ses modes était inépuisable, infinie. On combattit vivement mon avis : je le défendis avec chaleur, et dans le feu d'une discussion que rendirent très-piquante les répliques des interlocutrices et les saillies de plusieurs hommes du monde et de quelques littérateurs fort instruits, on me défia de prouver le système que j'avançais par une composition entièrement neuve. Poussé à bout, j'acceptai la gageure assez étourdiment et m'engageai même à lire bientôt un ouvrage dramatique, soit en prose, soit en vers, formé d'élémens inconnus encore au théâtre. Mes antagonistes exigèrent de plus que je respectasse rigoureusement la condition des trois unités, ainsi que dans mes autres comédies ou tragédies. Je souscrivis à cette convention raisonnable d'autant plus volontiers qu'à cette époque on était loin de croire que pour innover et coopérer aux progrès douteux du siècle, il fallût recourir aux emprunts des informes conceptions étrangères, et renverser de fond en comble les lois constitutives de notre admirable scène française, si merveilleusement enrichie par la gloire des maîtres de l'art.

Plein des idées que ce débat avait fait germer dans ma tête, jaloux de triompher des difficultés de mon entreprise, je repassai dans ma mémoire la série entière des modifications que nos devanciers avaient procurées à leurs successeurs, depuis les genres les plus réguliers jusqu'à ceux qui paraissent l'être le moins, et même jusqu'aux imitations où le fantastique est employé, tel que la statue parlante du *Festin de Pierre*. D'un côté, je reconnus que la perfection de la comédie domestique de mœurs, de caractères ou d'intrigue, et que les extensions du drame comprenaient toutes les formes imaginables : d'autre part, je vis que la tragi-comédie ou comédie héroïque contenait le type des passions élevées et du noble langage qui les exprime, ainsi que la tragédie dont le spectacle représente, conformément à sa beauté idéale, les vertus et les crimes des rois et des héros ; mais j'aperçus qu'en dépouillant ces éminens personnages du faux appareil qui les couvre, et qu'en appliquant à leurs vices et à leurs actions perverses la force du ridicule, il en résulterait un genre vrai, moral, instructif, qui apprendrait au peuple à démasquer la basse politique, et lui montrerait les grands en déshabillé, et, pour ainsi dire, mis à nu sous le fouet de la satire. Dès cet instant, me fut révélé le secret d'une invention positive, et mon problème résolu m'inspira la comédie historique de Pinto, qui lui servit de preuve évidente. Examinez la date de cette création, et vous verrez que jamais l'histoire n'avait été traitée de cette manière au théâtre, et qu'aucune pièce de ce genre n'y avait encore paru ; car on aurait tort de lui comparer quelques drames antérieurs où le langage noble et le familier sont unis, où les situations risibles et pathétiques se confondent. Aucuns de ceux-là ne sont uniquement dirigés vers le but satirique, ni précisément écrits du ton de la franche comédie qui n'admet que le ridicule.

En effet, la plus grande difficulté que je rencontrai dans l'exécution de mon premier essai fut d'en abstraire cette sorte d'intérêt contraire à la raillerie, cette pitié larmoyante qu'excite le drame. Y retomber, c'eût été fausser et manquer le genre en ternissant son éclat d'un triste alliage ; c'eût été l'abâtardir aux yeux de Thalie, qui semble, dès qu'on l'attendrit un peu trop, laisser échapper sa férule en grimaçant. La victime de Tartufe est à plaindre ; Molière se garde d'émouvoir la compassion sur ses malheurs ; les plaisanteries de Dorine et l'opiniâtreté de la vieille Pernelle, qui le punissent de sa crédulité dévote, font juger au spectateur égayé qu'Orgon ne subit que la peine qu'il mérite. Voilà l'essence du bon comique.

Craignant que la gravité de la révolution du Portugal, traitée familièrement, ne se fît pas assez bien comprendre du parterre et ne lui pesât, j'ai pris soin, pour l'amuser, d'y lier un vif imbroglio, à la manière espagnole. Ce mélange de caractères et d'intrigue, dialogué en libre prose, a rapproché Pinto du mode employé très-gaiement par l'auteur de *la Folle Journée*, de qui cette pièce obtint le suffrage, précurseur de celui du public.

Les variantes du cinquième acte, que je joins à la publication de Pinto, ont été conçues dans le projet d'épurer le genre du vice des effets propres au mélodrame, et de le conformer en tout au mode riant de la comédie ordinaire. Mon ouvrage avait besoin de cette amélioration.

Cette épreuve une fois bien accueillie ne suffisait pas à fonder le genre nouveau que j'avais découvert. Il restait à le corriger des défauts que j'y avais notés dans ma première expérience, à le régulariser suivant la méthode classique de Molière, et à le faire monter au rang de la haute comédie, d'après les modèles parfaits du *Misanthrope*, des *Femmes savantes* et de la *Métromanie*, pièces écrites en vers, exemptes d'intérêt touchant, de situations fortes et de nœuds compliqués, et ne consistant que dans le simple jeu des ridicules et des mœurs, et dans l'artifice du style mesuré. L'histoire m'offrit un sujet dont elle fournissait même le titre comique, *la Journée des dupes*.

Le succès des nombreuses lectures de cet ouvrage, appuyé par le goût des hommes les plus éclairés de la capitale, m'encourage à l'exposer dans cette édition, comme le complément de mon invention nouvelle.

Cette pièce ne développe point une action générale et populaire comme celle de Pinto; mais le mouvement intérieur d'une cour dans laquelle se signale un ministre ambitieux qui domine son prince et les premiers seigneurs de l'État, par sa supériorité frauduleuse, mais qui cependant mérita le surnom de grand homme, parce qu'il acheva d'abaisser les grands féodaux, qu'il seconda le génie des belles lettres, et qu'il se montra le soutien des droits de la France contre les brigues de l'étranger.

Quiconque aura bien lu les Chroniques et les Mémoires du règne de Louis XIII, remarquera que le plan total de cette pièce est fondé sur les faits les plus exacts. Je n'y ai rien altéré, rien ajouté : mon effort s'est borné à bien choisir les matériaux, et à disposer le tout théâtralement. Je recommande le même soin à l'étude des émules qui tenteront de suivre la route que je leur ouvre; faute de quoi leur comédie, au lieu d'être vraiment historique, ne serait plus que romanesque.

« L'idée de cette pièce, ai-je dit en mon Cours
» ANALYTIQUE DE LITTÉRATURE, je la dois à Molière qui
» laissa dans ses manuscrits le titre de *l'Homme de*
» *cour*, projet d'ouvrage qu'il parut léguer en mou-
» rant à ses disciples. Heureux s'il était permis à son
» plus humble et plus ardent admirateur de devenir

» au moins en ceci son exécuteur testamentaire ! »

Mes laborieuses recherches sur les antiquités théâtrales m'ont suggéré le projet de donner une légère image de la Thalie des Grecs, qui eurent aussi leur comédie politique, mais très-différente de la nôtre, puisque celle-ci n'a jamais qu'un fonds réel, et qu'Aristophane nous montra la leur, toute fictive et toute allégorique.

A la comédie latine dont j'ai retracé l'espèce dans ma pièce intitulée *Plaute*, et que j'ai écrite en vers libres, sur le modèle de notre *Amphitryon*, j'ai donc voulu joindre l'imitation, non de la primitive comédie grecque, mais de la seconde, surnommée la moyenne ; et je l'intitule *l'Ostracisme*, pièce où je représente les agitations démocratiques de la place publique d'Athènes.

La prose m'a paru plus convenable que les vers à l'exécution de cette œuvre, parce que la poésie eût prêté à des personnages fameux et agrandis sous le prisme des âges, un ton presque tragique et trop au-dessus du dialogue naturel, et propre à l'ironie. Les connaisseurs apprécieront cette délicatesse et ne blâmeront pas mon choix.

Je pense que, durant les jours où nous vivons, on ne me demandera pas pourquoi je préfère soumettre ces trois ouvrages au jugement des lecteurs, plutôt qu'à celui des spectateurs, pour lesquels je les ai composés. La hauteur de mes vues dans l'invention du genre de LA COMÉDIE HISTORIQUE, la puissance qu'il exercerait plus universellement que tout autre sur les esprits, l'utilité qu'il aurait pour l'instruction morale du vulgaire, et le châtiment que, par sa réussite, le rire infligerait aux intrigans civils, ecclésiastiques et militaires, aux grands et petits factieux, ou parvenus ou assis au pouvoir, enfin à tous les fourbes qui se jouent des hommes et des empires, l'ont d'avance proscrit dans les obscurs comités des cabales qu'une noire malice engendra toujours et partout à ma suite, et dans les bureaux de la censure mutilatrice, lâche recéleuse des vols qu'on me fait, quand ses ciseaux n'achèvent pas d'énerver les plus mâles enfans de ma muse interdite.

En résumé, l'analyse démontrera que la nouveauté de cette méthode dramatique, en accord avec les anciennes règles prescrites, consiste à mettre les mémoires en action [1], et ne résulte que de l'application philosophique du ridicule à la vicieuse conduite des grandes affaires d'Etat. J'aurai payé ma dette à mes concitoyens, si, par l'établissement de ce genre théâtral, mon zèle peut rendre un service à la liberté de mon pays, ou du moins fournir des traits à la loquacité vengeresse de notre bonne ville.

---

[1] J'entends par *mettre les mémoires en action*, non dialoguer des parties d'histoires dans plusieurs suites de scènes décousues, et composées à l'imitation de celles du président Hénault ou des romans de Walter Scott, mais concentrer l'esprit des annales dans le plan d'un sujet que resserre un nœud soutenu par des combinaisons théâtrales. C'est là ce qui seulement constitue la vraie comédie, ainsi que le drame historique.

PINTO

OU

LA JOURNÉE D'UNE CONSPIRATION.

✸

Comédie historique

EN CINQ ACTES ET EN PROSE.

✸

AVERTISSEMENT

DE

LA PREMIÈRE ÉDITION, PUBLIÉE EN 1800.

La comédie de Pinto, composée il y a plus de deux ans, est la première en ce genre.

Je l'ai faite en vingt-deux jours, dans l'intervalle de longs travaux de poésie. On peut n'être pas de l'avis du Misanthrope, qui pense que le temps ne fait rien à l'affaire. Si j'eusse mis plus de temps à écrire cet ouvrage, le style en serait meilleur ; mais la nouveauté de mon entreprise rendant sa réussite très-douteuse, m'exposait à regretter des soins inutiles, et je n'ai pas voulu les prendre.

Il eût été facile de bâtir sur la conjuration du duc de Bragance un drame bien triste, dont le succès n'eût pas été disputé.

Ma seule ébauche de quelques portraits historiques

me prouve que de grands tableaux en ce genre produiront un effet théâtral, digne de la scène comique. J'espère un jour en convaincre ceux même qui m'attaquent toujours, parce que je ne me défends jamais.

J'ai voulu présenter au public le spectacle des mouvemens intérieurs d'une conjuration, non l'appareil extérieur d'un fait héroïque qui eût ébloui le vulgaire. Mon dessein était de montrer que les intrigues politiques font quelquefois descendre les plus hauts personnages aux dernières bassesses.

Les hasards étrangers au sujet principal, servent dans mon plan à prouver que la réussite des conspirations dépend de mille circonstances impossibles à prévoir.

Le personnage de Lopez Ozorio, homme sans mœurs, m'a beaucoup servi ; un Espagnol tendre et respectueux n'aurait pu tenter l'entreprise nocturne qui jette en un si grand péril la famille de Bragance.

J'ai introduit un moine, parce qu'il rappelle les mœurs du pays où se passe l'action ; je lui ai donné des vices, parce qu'un honnête religieux ne se mêle d'aucune intrigue.

L'archevêque de Bragues n'est point avili par sa

crédule sécurité au milieu des dangers qui l'environnent; il n'est que comique. Qui n'a vu de ces hommes dont la confiance s'endort sur les appuis de leur pouvoir comme sur un lit dont les ais sont prêts à se rompre? Beaucoup de gens d'esprit ne se sont réveillés qu'après les secousses.

L'ignorance m'a reproché d'avoir dégradé le ministre : Vasconcellos fut un oppresseur de tous les ordres de l'État, qui égorgea la noblesse portugaise; un lâche qui, au moment de ses périls, se cacha sous un tas de papiers, au fond d'une armoire.

On s'est efforcé de comparer Pinto à Figaro. Le barbier parle sans cesse, très-spirituellement, pour obtenir une dot; Pinto dit peu de chose, et donne un royaume à son maître. Quels rapports trouve-t-on entre ma comédie et celle du célèbre Beaumarchais?

PERSONNAGES.

LE DUC DE BRAGANCE.	Monvel.
LA DUCHESSE DE BRAGANCE.	{ Mlle Contat. Mlle Vanhove.
LA VICE-REINE DE PORTUGAL.	Mlle Mars aînée.
MADAME DOLMAR, dame de compagnie de la vice-reine.	Mlle Devienne.
PINTO, secrétaire du duc de Bragance.	Talma.
LOPEZ OZORIO, amiral espagnol.	M. Baptiste aîné.
VASCONCELLOS, secrétaire d'État.	M. Alex. Duval.
L'ARCHEVÊQUE DE BRAGUES.	Dugazon.
MELLO, conjuré.	Lacave.
MENDOCE, conjuré.	Després.
ALMADA, conjuré.	M. Damas.
ALVARE, gentilhomme portugais.	Dupont.
LEMOS, négociant juif.	M. Baptiste cadet.
FLORA CATHARINA, fille du duc de Bragance.	Mlle Mars cadette.
LE CAPITAINE FABRICIO.	Michaut.
SANTONELLO, cordelier.	Grandménil.
FRANCISQUE, officier des gardes de la vice-reine.	Florence.
PIETRO, valet de Pinto, muet.	Larochelle.

HOMMES ET FEMMES DE LA COUR DE LA VICE-REINE.

TROUPE DE CONJURÉS.

La scène est à Lisbonne et aux environs.

PINTO

ou

LA JOURNÉE D'UNE CONSPIRATION.

Comédie historique.

✣✣

ACTE PREMIER.

Le théâtre représente une forêt. — Les personnages sont en habit de chasse.

SCÈNE PREMIÈRE.

LE DUC DE BRAGANCE, MADAME DOLMAR.

MADAME DOLMAR *fuyant.*

Alte-là, monsieur le duc! cesserez-vous bientôt de me poursuivre?

LE DUC.

Quand vous cesserez de me fuir.

MADAME DOLMAR.

Oh! vous ne m'atteindrez pas.

LE DUC.

Je le crains, et naturellement si légère.... Mais faisons un traité.

MADAME DOLMAR.

Je ne veux pas approcher d'un souverain.

LE DUC.

Est-ce que je le suis?

MADAME DOLMAR.

On dit à la cour que vous prétendez à le devenir.

LE DUC.

Mensonge!

MADAME DOLMAR.

Tenez, la maîtresse d'un roi...

LE DUC.

Est souvent celle du royaume. Ainsi, que je règne jamais, vous règnerez : mais en vérité, je préfère au sceptre de Lisbonne mon duché de Bragance et le nom de votre amant.

MADAME DOLMAR.

Vous ne le porterez point.

LE DUC.

Osez donc parler encore de ma puissance! Moi, l'humble rival de mon secrétaire Pinto, que vous me préférez.

MADAME DOLMAR.

Sans doute. C'est un homme ennemi des cabales, loyal, uni, bon, qui n'aime que moi, ne songe qu'à moi, et n'a pas la moindre malice dans le cœur. Mais vous! je rougis de répéter les contes que l'on débite : que vous nourrissez des projets ambitieux; que vous tirerez de la poussière de vieux titres pour vous faire roi; que l'on souffle la discorde en votre nom; que, peu content de plaire et de jouir, de vivre au milieu d'amis qui ne vous flattent point, et de femmes qui vous choisissent pour vous-même, vous sacrifierez ces avantages au frivole orgueil de porter un sceptre bien lourd, de vous casser la tête dans les affaires, de vous entourer de graves menteurs qui vous courtisent, de pédans qui vous conseillent, et de femmes qui vous cèdent par vanité, par peur ou par avarice.

LE DUC.

Vains bruits que tout cela! Ne m'accusez pas de courir après les faveurs de la fortune, quand je ne soupire qu'après les vôtres.

MADAME DOLMAR.

Arrêtez, arrêtez! voici Alvare.

※

SCÈNE DEUXIÈME.

LE DUC, MADAME DOLMAR, ALVARE.

LE DUC.

Alvare, eh bien! où sont nos chasseurs?

ALVARE.

Fort loin. Le bois est coupé de fondrières, de torrens, et je n'ai pu les atteindre.

MADAME DOLMAR.

Les insensés! n'avoir pas seulement fait halte avec nous: c'est ce comte de Commines qui les pousse.

LE DUC.

Quelle joyeuse vie on mène au château d'Almada! Nulle

langueur, nul moment perdu. Chasse, jeux, festins, fêtes, de bons amis, des femmes, et la vie d'Épicure.... Vivent l'indépendance et la joie!

ALVARE.

La nôtre sera bientôt troublée.

MADAME DOLMAR.

Pourquoi?

ALVARE.

Le duc part demain pour Madrid.

LE DUC.

Demain, oui; je pars demain.

MADAME DOLMAR.

La duchesse ne devait-elle pas vous faire ici ses adieux?

LE DUC.

Je l'attends : le trajet qui sépare ce lieu de la ville n'est pas long, et je ne veux pas donner matière aux discours par ma présence à Lisbonne. Ma prudence confondra la malignité.

ALVARE.

Ces enragés Espagnols! je les hais! je voudrais de bon cœur que toutes les vues qu'ils vous prêtent fussent réelles.

LE DUC.

Fi!

ALVARE.

Je vous servirais de mon épée.

LE DUC.

Ne dites pas cela.

ALVARE.

Je me ferais mettre en pièces pour vous.

ACTE I, SCÈNE II.

LE DUC.

De grâce....

ALVARE.

Tel que vous me voyez j'abhorre et Philippe, et son ministre, et le secrétaire d'État, ce méchant Vasconcellos, son agent en Portugal.

LE DUC.

Chut !

ALVARE.

Je le déclare hautement, moi.

LE DUC.

Prenez garde ; c'est vous perdre.

ALVARE *bas au duc.*

Vous croyez.... madame Dolmar est sûre.

LE DUC.

Mais étourdie.

MADAME DOLMAR.

Parlez librement ; quoiqu'attachée à la vice-reine, je vous suis dévouée, vous le savez : mais dites-moi, madame la duchesse est-elle du voyage à Madrid ?

LE DUC.

Cette idée de notre séparation jointe aux impostures répandues sur moi, les intrigues de la cour, tout l'afflige. Je n'ose la conduire à Madrid ; le train de cette ville lui déplairait.

MADAME DOLMAR.

Et alarmerait votre jalousie...

LE DUC.

Sa vertu...

MADAME DOLMAR.

Madrid est le pays aux aventures, aux symphonies nocturnes; cela tourne la tête d'une femme.

LE DUC.

La mienne m'aime tendrement. Les attachemens des femmes les garantissent mieux encore que leurs principes. Leur cœur a plus d'un assaut à soutenir : quand la seule vertu le défend, on y fait brèche ; quand c'est l'amour, la place est imprenable.

MADAME DOLMAR.

Pour moi, qui ne veux aimer personne, la vertu me fait donc courir bien des risques.

LE DUC *bas à madame Dolmar.*

Pinto vous en garantira.

MADAME DOLMAR.

Que disions-nous de la duchesse ?

LE DUC.

Qu'elle a le goût de la retraite et de l'étude. Elle serait même à présent dans ses terres, sans son amitié pour la vice-reine qui la retient à Lisbonne.

MADAME DOLMAR.

Respectable femme! occupée de sa fille, avide de lecture, étrangère à tous les plaisirs de son âge et de son rang. Quelle différence entre elle et moi, qui n'ai pas le temps de penser et à peine de sentir! mais je m'amuse et je ris... Qu'avez-vous donc ?

LE DUC *préoccupé.*

Rien...

ALVARE.

Monsieur le duc...

ACTE I, SCÈNE III.

LE DUC.

Quoi?

ALVARE.

Vous n'imaginez pas que je me sois compromis par mon emportement?

LE DUC.

A l'avenir, soyez plus sage.

ALVARE.

Que voulez-vous! je ne ménage rien quand la colère m'emporte.

LE DUC.

Eh! voici Pinto avec ma chère fille.

SCÈNE TROISIÈME.

LE DUC, MADAME DOLMAR, ALVARE, PINTO, DONA FLORA CATHARINA, UNE DAME DE COMPAGNIE.

PINTO.

Monseigneur, nous précédons madame la duchesse.

FLORA *au duc*.

Que j'avais hâte de vous revoir, Monsieur!

LE DUC.

Embrasse-moi, ma fille. O mes amis! voilà mon orgueil, mes délices. Charmante modestie! elle cherche un refuge dans mon sein, contre un embarras qui l'honore... Dites-moi si toutes les vanités de la terre valent ces plaisirs que me prodigue la nature?

FLORA.

J'ai bien souffert de votre longue absence, et vous nous quittez encore, m'a-t-on dit?

LE DUC.

Peu de temps, j'espère.

FLORA.

Conduisez-nous en Espagne, Monsieur; ne nous séparez pas de vous.

LE DUC.

Je ne le puis.

FLORA.

Et vous dites aimer votre fille!

LE DUC.

Plus que ma vie.

MADAME DOLMAR.

Aimable enfant!

FLORA *à madame Dolmar.*

Joignez-vous à mes prières... Reprochez-lui sa dureté... Il nous abandonne, moi, ma mère... J'en ai pleuré toute la nuit.

ALVARE.

En effet, si le vœu du roi vous appelle, pourquoi fixer votre famille à Lisbonne?

FLORA.

C'est ce que je dis.

MADAME DOLMAR.

Consentez et emmenez-la: ce voyage ne sera plus pour vous qu'une partie de plaisir

FLORA.

Madame a raison.

PINTO.

Nul obstacle, Monseigneur; donnez vos ordres pour les préparatifs.

FLORA.

Oui, Monsieur, oui, mon père.

LE DUC.

Il m'est douloureux de vous refuser.

PINTO *bas au duc.*

Congédiez... congédiez.

LE DUC.

Hé! les chevaux sont-ils prêts?

✻

SCÈNE QUATRIÈME.

LES MÊMES, UN PIQUEUR.

LE PIQUEUR *entrant.*

Oui, Monseigneur.

LE DUC.

Allez, mes amis, je vais dire un mot à la duchesse, et vous rejoins à l'instant même; Madame, excusez-moi. Et vous, Madame, conduisez Flora, faites-lui voir la rive du Tage, et les belles forêts qui avoisinent le château.

MADAME DOLMAR.

Flora monte-t-elle à cheval?

LE DUC.

Doucement : elle ne joint pas comme vous aux grâces de son sexe la force et les habitudes du nôtre.

MADAME DOLMAR.

Oh bien ! je lui sers de maître et je vais lui montrer... Ne craignez pas ! nous serons là, Madame et moi.

FLORA *au duc*.

Nous vous reverrons bientôt ?

LE DUC.

Je ne tarderai pas.

MADAME DOLMAR.

Je veux rendre mes devoirs à la duchesse, dites-le lui bien.

ALVARE.

Moi, la saluer ! Vous nous retrouverez tous au chemin des grands taillis.

LE DUC.

Plaisir et bonne chasse ! voilà le mot d'ordre.

❀

SCÈNE CINQUIÈME.

PINTO, LE DUC.

PINTO.

Monseigneur, ils vont venir ; je cours les attendre et les guider, de peur qu'ils ne soient aperçus. La partie est liée ; madame la duchesse, qui s'avance, vous dira où nous en sommes.

Il sort.

SCÈNE SIXIÈME.

LE DUC, LA DUCHESSE.

LA DUCHESSE.

Il est temps de vous déterminer, Monsieur; les obstacles de la part de la cour augmentent à toute heure. Je viens fixer s'il se peut votre irrésolution dangereuse. Demain l'amiral Lopez Ozorio, envoyé d'Espagne, croit vous emmener à Madrid; demain il faut que tout éclate.

LE DUC.

Il faut que tout reste en paix comme aujourd'hui.

LA DUCHESSE.

Qu'est-ce à dire, Monsieur?

LE DUC.

Laissons, laissons-là nos chimères.

LA DUCHESSE.

Est-ce ainsi que vous nommez de nobles projets d'élévation?

LE DUC.

Qui me feraient donner le nom de rebelle.

LA DUCHESSE.

Celui de libérateur.

LE DUC.

Croyez-moi, Madame, dépouillez les choses des grands mots dont vous les enveloppez. Que désirez-vous? Me faire roi! Eh bien! plus j'y pense, moins je me trouve propre à faire ce métier.

LA DUCHESSE.

Je ne comprends rien à ce langage.

LE DUC.

Je n'en ai pourtant jamais changé ; et vous vous obstinez à ne pas l'entendre, à m'engager dans une conspiration infernale.

LA DUCHESSE.

N'êtes-vous pas touché du malheur des Portugais ?

LE DUC.

Du moins je n'en suis pas l'auteur.

LA DUCHESSE.

Êtes-vous insensible au zèle des grands pour votre cause ?

LE DUC.

Les grands ne m'aiment pas plus qu'un autre ; ils me jettent en avant, parce que mon nom les appuie. Le duc de Villaréal, le marquis d'Aveiro, leur conviennent autant que moi. Tenez, tenez, j'abdique volontiers en leur faveur.

LA DUCHESSE.

Raillez-vous ? Quoi ! à la veille d'un jour si désiré, d'une conjuration prête à éclore... après tant de soins que j'ai pris !...

LE DUC.

On rompt des projets plus avancés, et j'ai changé d'avis.

LA DUCHESSE.

Comment ?

LE DUC.

Lorsqu'à mon lever j'ai vu ce beau ciel, ces prairies, ces champs peuplés de paisibles cultivateurs, ce réveil de la nature, et cette riante jeunesse animant de la voix et du cor leurs chevaux, leurs chiens fidèles, lorsque j'ai respiré l'air embaumé du matin, que votre image est venue rendre à mes yeux mon habitation plus belle et le jour plus pur, mon cœur a palpité vivement; il était plein de bonheur, de joie. Ces douces émotions m'inspiraient un mépris, un dégoût profond pour de maudites manœuvres... Excusez-moi, je frémis sur les dangers de votre ambition.

LA DUCHESSE.

Que sert donc ce rendez-vous donné, cet entretien promis à quelques membres de notre conseil secret?

LE DUC.

A rien, Madame. La perspective éloignée du trône m'a d'abord séduit comme un sot; maintenant que je suis prêt à y monter, je sens que je m'y tiendrais mal.

LA DUCHESSE.

Quels étranges sentimens!

LE DUC.

Ils vous paraissent bien rampans, bien vulgaires: mais que faire d'un homme emmailloté dans tous les préjugés, qui craint les divisions, qui aime le repos, la vertu, sa patrie et sa femme comme un bon bourgeois de Lisbonne? Pour vous qui avez une tête forte, cela vous fait pitié, je le vois. Là, en bonne foi, suis-je de caractère à former des brigues? D'ici à l'exécution, je ferai, si je m'en mêle, une quantité de maladresses, et comme il y va de la tête...

LA DUCHESSE.

Et comme infailliblement vous là risquez en vous endormant au lieu d'agir...

LE DUC.

Mille et mille difficultés se présentent...

LA DUCHESSE.

Ainsi votre esprit s'environne de tous les obstacles qu'il se crée ; et si vous n'en aviez de véritables à surmonter, où serait la gloire de l'entreprise ! Mais il n'est point de périls dont votre courage s'étonne ! Que m'objectez-vous donc ? Les dispositions du peuple ? elles sont tournées en votre faveur. La surveillance du secrétaire d'État ? elle est trompée par l'activité de Pinto. Les partis qui divisent l'empire ? ils sont prêts à s'unir pour vous contre la tyrannie castillane. Vos amis vous servent en aveugles. Dites un mot, tous les bras sont armés ; cependant quelle est votre indolence ! elle vous livre à vos ennemis, à la risée d'une cour qui vous flatte pour vous attirer et vous perdre. Le secrétaire d'État Vasconcellos est trop habile pour n'avoir pas d'avance forgé les chaînes qui vous attendent à Madrid. Peut-être... oui, votre mort peut-être est résolue. Au point où vous voilà, choisissez, de régner ou de périr.

LE DUC.

Eh bien ! je périrai s'il le faut ; mais je n'entraînerai pas dans ma ruine des amis, une épouse et ma fille. Madame, non, vos craintes ne sont pas des argumens. Je ne m'engagerai pas dans ce dédale d'intrigues... Que gagnerai-je à cela ?... Jamais plus brillante destinée ne seconda les désirs d'un homme. Né dans un rang illustre, riche des revenus de provinces entières, universellement estimé, chéri, entouré des heureux que je fais, heureux moi-même, ma vie est un continuel enchaînement d'honneurs acquis et de tranquilles jouissances. Que faut-il de plus ? J'échangerais ma douce existence contre un vain titre de roi ? Je frayerais ma route à travers les haines, les ruses, les bassesses, les

ACTE I, SCÈNE VI.

meurtres, nécessités cruelles des renversemens politiques! Favorisé du ciel, si je n'obtenais pas pour tout prix la mort d'un vil conspirateur dont la rage pousse avec lui sur l'échafaud toute sa famille proscrite.

LA DUCHESSE.

Les Portugais seront bien payés de leur confiance en votre personne!

LE DUC.

S'il faut les défendre en soldat, je suis prêt; mais me jeter à la tête d'un parti qui me couronne, c'est mettre mon ambition particulière à la place du bien de tous.

LA DUCHESSE.

Et si à votre refus le Portugal s'élève en république, pour qui vous déclarerez-vous entre le roi d'Espagne et ce gouvernement?

LE DUC.

Pour ma patrie.

LA DUCHESSE.

Et s'il se choisit un autre prince?

LE DUC.

Pour ma patrie.

LA DUCHESSE.

Prouvez donc que vous la voulez défendre en cessant de contrarier nos utiles projets.... Arrivez, Pinto, achevez de décider votre maître.

SCÈNE SEPTIÈME.

LE DUC, LA DUCHESSE, PINTO.

PINTO.

Balancerait-il encore?

LE DUC.

Non, je suis résolu.

PINTO.

J'y comptais; l'incertitude est le tourment des sots.

LE DUC.

Et tout complot, le crime de l'ambition.

PINTO.

Nous ne complotons point; on vous attaque, nous vous défendons... Votre Altesse permet que je donne un ordre? Pietro! Pietro!

SCÈNE HUITIÈME.

LES MÊMES, PIETRO *entre*.

Pinto lui parle à l'oreille.

LE DUC.

Je n'ai pas encore vu ce garçon-là.

PINTO.

C'est un de mes valets; intelligent, exact, il me paie en

fidélité les soins que j'en ai pris à la suite d'un accident qui l'a rendu muet pour la vie. Aussi, jamais service plus silencieux ne fit honte aux valets raisonneurs. Revenons au fait, Monseigneur : se peut-il que vous désapprouviez ?...

LE DUC.

Toutes vos menées.

PINTO.

Comment ? paieriez-vous d'un ingrat désaveu le zèle de vos serviteurs ? Demain je vous salue d'un nouveau titre, ou l'on verra tomber la tête de Pinto.

LE DUC.

Puissions-nous tous deux perdre la vie, plutôt que d'allumer la guerre !

PINTO.

Il y a rarement combat où les forces sont trop inégales. Les troubles de Catalogne ont contraint l'Espagne à retirer ses garnisons pour grossir l'armée; les Portugais sont liés d'un sentiment unanime; une fois soulevés, entre la liberté et le châtiment, ils sentiront la nécessité de vaincre. Vos partisans commandent les flottes, gardent les côtes, tiennent les places fortes; une ordonnance de cinquante mille ducats envoyés par le roi pour lever des troupes, vous a servi à payer vos créatures; on vous aime, on vous choisit, on vous nomme ; ainsi nulle résistance au dedans ; au dehors mille ressources.

LA DUCHESSE.

Le duc de Médina Sidonia, mon frère, gouverneur d'Andalousie, nous donnera, s'il le faut, de l'argent, des hommes, des vaisseaux. Tous les princes ennemis de la maison d'Autriche seconderont l'entreprise. Le cardinal de

Richelieu vous a laissé à penser dans les affaires de la Hollande de quel œil vous verra la France.

PINTO.

Jamais conjecture ne fut plus décisive. Le jour est pris, et nos gens sont prêts.

LA DUCHESSE.

Soyez sensible, Monsieur, à ces preuves de dévouement, les premiers pas sont faits; après avoir ourdi un complot, on n'en assure l'impunité qu'en l'exécutant.

LE DUC.

Ne redoutez-vous pas les recherches et le pouvoir de l'inquisition?

PINTO.

Elle nous servira.

LE DUC.

L'autorité ecclésiastique a tant de forces!...

PINTO.

Elle nous appuiera.

LE DUC.

Que veux-tu dire?

PINTO.

Que nous avons un moine, dom Santonello, de la stricte observance de saint François.

LE DUC.

Ils ont pour eux l'archevêque de Bragues.

PINTO.

Nous avons celui de Lisbonne, chez qui se sont tenues nos assemblées. Il est éloquent, téméraire, fanatique, il fera schisme. Archevêque contre archevêque. Fallût-il un

ACTE I, SCÈNE VIII.

cardinal, nous l'aurions; et qu'il y eût deux papes en Europe, nous en aurions un.

LE DUC *riant*.

Il ne doute de rien.

PINTO *avec force*.

Patience, audace et volonté, voilà de quoi renverser le monde. Mais qui sait vouloir? Personne.

LE DUC.

J'admire qu'il ait pu concilier les rivalités des grands.

LA DUCHESSE.

En promettant à ceux de votre cour qu'ils obtiendront toutes les dignités; et aux gentilshommes des provinces d'humilier ceux de votre cour.

PINTO.

Quant aux roturiers qui déclamaient contre les titres, on leur a promis des lettres de noblesse.

LE DUC.

Nommez-moi ceux des nôtres qui doivent se rendre ici?

LA DUCHESSE.

Almada dont vous connaissez l'inimitié contre le secrétaire d'État et contre la vice-reine; caractère sombre, altier, généreux et indépendant : c'est du fiel de sa haine qu'il nourrit ses sentimens pour la liberté publique. Des goûts solitaires ont rendu ses vertus âpres et chagrines; il est inébranlable et prudent.

LE DUC.

Je le connais.

LA DUCHESSE.

Le grand-veneur Mello, que l'intérêt de sa fortune attache à la grandeur future de notre maison. Il est intrigant et avare.

PINTO.

Vasconcellos qui le craint, paie deux ou trois mille ducats pour le faire suivre et savoir ce qu'il dit ; en lui donnant moitié, il l'eût fait taire. Mais vos libéralités l'ont rendu notre complice.

LE DUC.

Ainsi vous me ruinez en frais qui deviendront superflus.

PINTO.

Hé ! hé ! Monseigneur, les partis se vendent et s'achètent. Tout est au poids de l'or.

LE DUC.

Mendoce n'est-il pas du nombre ?

LA DUCHESSE.

Oui, un génie ambitieux, remuant, façonné pour les révolutions, sans préjugés, sans frein ; toujours ennemi du pouvoir qui gouverne, et cherchant à fonder le sien au milieu des renversemens. Il est violent et hardi.

LE DUC.

Et le quatrième ?

PINTO.

Le secrétaire intime de Votre Altesse, moi, qui ne veux ni brouiller, ni gagner à tout ceci, aimant mieux la vertu que l'or, et mieux la gloire...

LE DUC.

Que la vertu.

PINTO.

Hé ! qu'est-ce que la vie sans illustration ? Le sommeil de la brute. La gloire est le rêve du génie.

LE DUC.

Que te sert de te consumer dans les travaux, de t'user avant l'âge?...

PINTO.

Qu'importe, si mon nom dure plus que moi?

LE DUC.

De tenter des hasards où tu te feras tuer.

PINTO.

Pour ne jamais mourir.

LE DUC.

N'attendez-vous pas encore le capitaine Fabricio?

PINTO.

Et le cordelier. Ils doivent faire ici leur première entrevue. J'ai craint que, les employant tous deux à l'insu de chacun, comme de coutume, ils ne m'accusassent de méfiance, s'ils en étaient instruits l'un et l'autre; ce qui m'a décidé à les réunir.

LE DUC.

De quelle trempe est ce capitaine?

PINTO.

Une machine de guerre. Homme d'exécution, inhabile au conseil, instruit dans son art, borné dans tout le reste; mais, armé d'un cœur de fer, il expose sa vie aussi froidement qu'il donne la mort. Un chef si déterminé, à la tête de quelques soldats, suffirait à bouleverser Lisbonne. Vous l'allez connaître.

LE DUC.

Non, vous dis-je, je ne paraîtrai point devant eux; ils n'arracheront point mon consentement.

LA DUCHESSE.

Vous ne le pouvez refuser.

LE DUC.

Ils doivent s'y attendre.

PINTO *brusquement*.

Morbleu! Monseigneur, si nous succombons, laissez-nous pendre; mais si nous l'emportons...

LE DUC *irrité*.

Qu'oserez-vous?

PINTO.

Vous proclamer en dépit de vous-même.

LE DUC.

Vous extravaguez... ou plutôt, pris par ma facilité dans vos piéges, je perds l'aimable douceur, les délices d'une vie égale, riante et paisible.

PINTO.

Eh! les agitations de la vie domestique ont-elles rien qui ne soit comparable à celle où vous entrez? Pour le but, quelle différence! Là, le présent qui nous échappe; ici, l'avenir qui nous reste. Que les festins, la danse, le jeu réclament nos veilles, nous les consumons en fatigues, comme pour les plus grands travaux; qu'une contestation s'élève sur nos droits lésés, sur nos biens ravis, sur notre rang disputé, aussitôt la chicane, les arrêts, les appels nous accablent de soucis et dévorent notre existence. N'aspirons-nous qu'au doux avantage de plaire au beau sexe, autre enfer! Les soins, les rivalités, les soupçons jaloux, les duels, le meurtre, le poison, fondent sur les malheureux amans comme sur des candidats politiques. Quel plaisir pur et tranquille ici-bas? Celui de forcer à la chasse des animaux fugitifs? Il n'est souvent pas plus difficile de débusquer les hommes qui nous nuisent; craintives bêtes, moins innocentes que celles que vous poursuivez dans les bois. Appliquons donc l'emploi de notre vie aux illustres entreprises, qui ne coûtent pas plus et qui valent davantage. J'aperçois, je pense, le capitaine.

LE DUC.

Je vous laisse, et viendrai moi-même remercier vos amis sitôt qu'ils seront assemblés.

LA DUCHESSE à *Pinto.*

Courage, Pinto! le duc cédera bientôt à nos instances; je le suis et j'espère le décider.

※

SCÈNE NEUVIÈME.

PINTO, LE CAPITAINE FABRICIO.

PINTO.

Capitaine, vous n'avez rencontré?...

LE CAPITAINE.

Personne. On chasse là-bas; j'ai entendu dans la forêt les chiens et le son du cor.

PINTO.

Le duc doit vous venir témoigner sa gratitude.

LE CAPITAINE.

De quoi? Né Portugais, je fais mon devoir. Il est temps de frotter ces Castillans. C'est un plaisir que je me donne, plutôt qu'un service que je lui rends.

PINTO.

Çà, capitaine, avez-vous pourvu aux accidens? Supposons qu'un lien se brisât tout-à-coup, aurons-nous de quoi renouer la trame? Si les soldats du palais résistent?...

LE CAPITAINE.

Ils sont morts.

PINTO.

Si le gouverneur de la citadelle tient bon?...

LE CAPITAINE.

Il sera pendu.

PINTO.

Si les officiers refusent de commander?...

LE CAPITAINE.

Ils ont promis.

PINTO.

Quelques-uns; mais les autres?...

LE CAPITAINE.

Plieront.

PINTO.

Les grands d'Espagne et les partisans de la vice-reine se défendront.

LE CAPITAINE.

Mal.

PINTO.

Que présagez-vous de la disposition du peuple?

LE CAPITAINE.

Bien.

PINTO.

Si l'on soulève quelques furieux à prix d'argent?...

LE CAPITAINE.

Feu !

PINTO.

C'est sans réplique. Çà, écoutez-moi, capitaine. J'ai fait confidence de nos desseins à un honnête cordelier qui donnera sa sanctification à notre cause. Il importe que vous le connaissiez : c'est un saint homme pour lequel je vous demande égards et confiance. Pardonnez-moi, si j'ai retardé jusqu'à ce jour votre entrevue. Le voici qui paraît, je vais lui parler de vous.

SCÈNE DIXIÈME.

PINTO, LE CAPITAINE, SANTONELLO.

PINTO *au cordelier*.

Père Santonello, c'est là le capitaine dont je vous ai parlé ; il est nécessaire que vous sachiez à quoi vous en tenir sur son compte. C'est un brave militaire qui n'a pas l'esprit éclairé comme vous, mais qui soutiendra notre sainte querelle de son épée. La douceur de votre profession condescendra sans peine à la brusque franchise de la sienne.

SANTONELLO.

Nous ne sommes ici-bas, mon fils, que pour nous secourir et nous aimer en frères.

PINTO.

Capitaine, je vous présente le révérend père dom Santonello; mon père, voici le capitaine Fabricio.

LE CAPITAINE.

C'est toi, caffard!

SANTONELLO.

C'est toi, damné!

PINTO *épouvanté*.

Qu'est-ce?... quoi?... vous vous connaissez?... D'où?... depuis quand?... comment?

SANTONELLO.

Un excommunié qui fait outrage au ciel par son amour pour une juive.

LE CAPITAINE.

Un moine qui se hasarde à me trouver chez elle!

SANTONELLO.

Santa Theresia!

PINTO.

Avez-vous le diable au corps de vous quereller ainsi? Troublerez-vous par ce scandaleux débat l'union qui nous est nécessaire? Ne tendons qu'à notre but.

LE CAPITAINE.

Je ne veux entrer dans aucune affaire avec ce maudit cordelier.

SANTONELLO.

Cet hérétique nous soufflerait de damnables inspirations.

LE CAPITAINE.

Ton nom sera connu et honni dans tout Lisbonne.

ACTE I, SCÈNE X.

SANTONELLO.

Le tien inscrit au tribunal du saint office.

PINTO.

O enragés!... O enfer!... Vous allez chez cette femme, capitaine, pour vous distraire et boire?... et vous, pour l'intérêt de son salut?

SANTONELLO.

Hélas! oui, j'espérais la...

PINTO.

La convertir.

LE CAPITAINE.

Moi, j'allais...

PINTO.

La consoler de quelque chagrin. Hé! qu'y a-t-il, je vous prie, de plus louable que de soulager l'infortune et de purifier l'ame d'une jeune personne? (*bas au capitaine.*) Il ne vous sied pas de vous fâcher contre un moine, et l'habit de son ordre vous commande des ménagemens. (*bas au cordelier.*) Votre religion vous défend ces violences, et vous devez absoudre ces sortes de passions dans un homme de son état. Allons, allons, embrassez-vous cordialement.

LE CAPITAINE.

Si je n'étais pas l'agresseur....

SANTONELLO.

Si je n'étais pas l'offensé...

LE CAPITAINE.

Si ce n'était en faveur de Pinto...

SANTONELLO.

Si ce n'était au nom du Dieu de paix...

PINTO.
Hé! là! là! que cette embrassade enveloppe la procédure!
LE CAPITAINE.
Sans rancune, mon révérend.
SANTONELLO.
Ainsi soit-il, mon fils !
PINTO.
Bon présage de négociation, que d'avoir réconcilié un militaire et un moine irrités. Où diantre m'étais-je fourré?... Ah! je vous attendais, Messieurs.

※

SCÈNE ONZIÈME.

PINTO, LE CAPITAINE, SANTONELLO, ALMADA, MELLO, MENDOCE.

PINTO.
Vous aurez sans doute plus d'empire que moi sur le duc. Il marque une répugnance obstinée à entrer dans nos vues; et les meilleures raisons ont échoué contre ses refus.
ALMADA.
Ce n'est donc point le chef qu'il nous faut. Quoi! les injustices, les ravages dont gémit le Portugais; quoi! l'indignation qui doit pénétrer les ames contre nos ennemis; la ruine de Lisbonne consommée en transférant le commerce des Indes à Cadix; les fureurs du comte Olivarès et des chefs de l'État vendus à la vice-reine; l'arrière-ban publié par le roi pour transplanter en Catalogne la fleur des plus nobles familles, et les y détruire par la pau-

vreté, la faim ou la guerre; quoi! nos domaines livrés à des colonies étrangères; tant de puissans motifs ne l'arrachent point à sa langueur! Je le déclare; ce n'est point là le chef qu'il nous faut.

MELLO.

Il a raison.

MENDOCE.

Il dit vrai.

LE CAPITAINE.

Assurément.

PINTO.

De la prudence, Messieurs! perdez-vous sitôt la mémoire des débats où nous flottons depuis un mois? Il ne s'agit plus de regarder et de choisir; allons au fait et soyons indépendans.

ALMADA.

Je le serai, moi. J'ai là une force que ne vaincront ni la crainte, ni les cachots, ni le fer, ni le feu.

LE CAPITAINE.

Voici un bras qui fera trembler la Castille.

SANTONELLO.

Le ciel nous voit et nous bénit.

MENDOCE.

Notre ligue aurait eu besoin, je crois, du secours d'un de nos alliés.

ALMADA.

Faire vider les querelles domestiques par nos voisins?

PINTO.

Oui, comme ces faux braves qui s'insultent et font battre leurs témoins. C'est aux naturels du pays à le défendre.

MELLO.

L'appât du gain doublera les efforts; les hautes promesses que j'ai faites au nom de votre maître...

MENDOCE.

Mes gens ont visité les bourgs, le port, les cabarets. Les bateliers, les manufacturiers sont à nous.

PINTO.

Du vin, du vin et des liqueurs pour allumer les cerveaux; des chansons pour exalter, des libelles pour aigrir; de chauds orateurs pour fixer les irrésolus, des querelles pour attrouper les curieux; quelques mensonges au nez des crédules de la ville : surtout force écrits défendus, afin qu'on se les arrache.

MENDOCE.

Je promets le soulèvement à telle ou telle heure donnée. Il n'y a qu'une voix contre Vasconcellos.

MENDOCE.

Le lâche est d'autant plus coupable, que né Portugais, il sert de ministre aux cruautés de Philippe.

MELLO.

Qu'en fera-t-on?

MENDOCE.

Hier on a prononcé sur lui.

MELLO.

Quoi?

LE CAPITAINE.

Tué.

SANTONELLO.

Bénédéto. Et cet archevêque de Bragues, qui règne au nom de la vice-reine?

MENDOCE.

Lui!... Son royaume est de l'autre monde.

ALMADA.

L'archevêque de Bragues... Je réclamerai. Faut-il qu'une juste vengeance ressemble à la furie? Déshonorons notre cause en multipliant les victimes; suivons l'exemple des barbaries que nous voulons punir; mettons la rage à la place de la fermeté, et proscrivons l'archevêque de Bragues. J'ose demander pourquoi? Pour des systèmes contraires aux nôtres. Réduisons-le à l'impuissance de nuire, d'accord; mais respectons les jours du prélat. La vie d'un homme innocent vaut mieux que les querelles de parti.

MELLO.

Et s'il s'empare des fonctions du secrétaire?...

SANTONELLO.

S'il soulève le clergé?...

LE CAPITAINE.

S'il se jette dans la citadelle?...

ALMADA.

Je réponds de lui sur ma tête. Ne comptez sur moi que si la sienne est épargnée.

LE CAPITAINE *bas à Pinto*.

Voulez-vous me croire, Pinto? Cet homme-ci balance, il nous dénoncera... Ne serait-il pas à propos d'y remédier?

PINTO.

De qui parlez-vous?... d'Almada?

LE CAPITAINE.

Il m'a l'air douteux.

PINTO *bas*

Sûr comme ton épée. (*haut*) Que risquons-nous en effet à laisser vivre le prélat? Engourdi dans l'autorité, il vous niera sa chute, alors qu'il ne restera que les promotions à faire. C'est un de ces sages routiniers, encroûté dans la vieille politique et croyant qu'il est des impossibilités. Bonnes gens qui n'aperçoivent pas les symptômes du poison qui les tue. Restons unis, épargnons-le ; aussi bien serait-ce fonder le pouvoir du duc sur de sanglantes exécutions : son crédit nous est utile ; pressons-le, prions-le, forçons-le, s'il le faut, à devenir notre chef.

MELLO.

N'est-ce pas lui qui s'approche?

MENDOCE.

Lui-même.

※

SCÈNE DOUZIÈME.

LE DUC, PINTO, LE CAPITAINE, SANTONELLO, ALMADA, MELLO, MENDOCE.

LE DUC.

Je vous salue, Messieurs. Bonjour, Almada. Comment vous va, Mello? Et vous, Mendoce? Capitaine, on m'a parlé de vous, j'aime les braves officiers. Eh bien ! mon révérend, que dites-vous de ce séjour?

SANTONELLO.

Que j'y voudrais une abbaye, Monseigneur.

ACTE I, SCÈNE XII.

LE DUC.

Avec le ciel tout s'arrange. Serez-vous de notre chasse, Almada? Pinto, madame Dolmar court le bois ; elle aime à vous rencontrer sur sa route.

PINTO *avec humeur.*

Quand on a couru mille dangers à vous servir, on peut risquer de vous déplaire. Que disons-nous? raillons-nous? sommes-nous à une partie de plaisir? Ces Messieurs viennent connaître vos intentions.

ALMADA.

Si le duc ne répond pas au coup-d'œil que le Portugal entier jette sur sa personne, il mérite le reproche éternel de son pays, et de sa race illustre dont il ruine les droits.

MENDOCE.

Les mesures sont prises ; on n'a besoin que de votre autorisation.

SANTONELLO.

Au nom de Dieu !

LE CAPITAINE.

Au nom de l'honneur !

PINTO.

Sauvez vos jours en péril.

LE DUC.

Aurai-je un moyen d'acquitter jamais ces offres de service?... Hélas! j'en suis touché aux larmes ; cependant ma situation...

ALMADA.

Est un motif pour vous rendre.

LE DUC.

Vos dangers...

MENDOCE.

Se réalisent, si vous nous abandonnez.

LE DUC.

Votre dévouement...

MELLO.

Vous garantit le succès.

LE DUC.

Votre perte...

PINTO.

Est impossible en vous mettant à notre tête.

LE DUC.

De grâce... veuillez m'entendre... ne me forcez pas à rougir de moi-même. Non, le duc de Bragance n'est pas indigne de la confiance publique... Mais ce bon archevêque de Lisbonne; mais tant d'amis sous le couteau pour moi, vous, Almada, vous tous, Messieurs... Cela me fait frémir. Pourrai-je me consoler d'avoir ouvert sous vos pas l'abîme qui vous engloutirait?... Si la cour a juré ma mort, oui, je la préfère à l'horreur de me flétrir par la chute de mes fidèles défenseurs (*il leur prend à tous la main*), de me souiller d'une tache sanglante. Laissez-moi, mes amis; vos titres à ma reconnaissance sont gravés là, au fond de mon cœur... Je vous remercie, Mello, de vos vues flatteuses à la gloire de ma maison; je vous rends grâce, Almada, de l'honneur que me fait votre estime.... Souffrez que je me retire... Ecouter vos demandes, serait vous précipiter dans cette entreprise, et je puis seulement vous jurer qu'il n'est pas un paysan qui risquât pour vous sa chaumière de meilleur cœur, que je vous sacrifierais ma fortune et ma vie.

ALMADA.

Et nous nous applaudissons d'avoir exposé nos biens et nos personnes pour le salut de la vôtre; car, ne nous y trompons point, nos premières démarches attachent notre sort au succès de la dernière; et dussions-nous reculer maintenant, la moindre lumière portée dans la suite à Vasconcellos, l'éclairerait assez pour notre ruine.

LE DUC.

Vous êtes menacés?... Il suffit; je n'examine plus rien. Celui-là est ingrat et lâche qui délibère et balance quand ses amis sont en danger. Comptez sur moi.

Il sort.

PINTO.

C'est assez, Monseigneur. Il est à nous.

SCÈNE TREIZIÈME.

PINTO, LE CAPITAINE FABRICIO, SANTONELLO, ALMADA, MELLO, MENDOCE.

ALMADA.

Retournons à Lisbonne, et rendons sa réponse à notre assemblée.

PINTO.

Ne comptons pas sur lui pour soulever la province d'Alentéjo. Dressons nos manifestes, nos batteries; dépêchons les courriers, et que le coup porté à Lisbonne ébranle tout le Portugal ensemble. Je vais demander au duc une lettre pour l'amiral dom Lopez Ozorio, voulant retarder de deux jours le prétendu départ pour Madrid. Que sait-on? ayons du temps devant nous.

MELLO.

Ne craignez-vous pas que l'on ne pénètre?...

PINTO.

Rien. On l'attend à Madrid; un grand hôtel est meublé; les livrées prises, sa maison partie, les fêtes annoncées, et les jeunes femmes, dans l'impatience, inventent déjà leurs modes et leur parure. Santonello, Vasconcellos ne soupçonne pas la fausseté des confidences que vous lui faites sur nous?

SANTONELLO.

Tout subtil qu'il soit, il est loin de se douter...

PINTO.

Qu'il vous paie pour le tromper. Quittons-nous, et suivons des routes différentes.

ALMADA.

Adieu.

PINTO.

Adieu... Tous... ce soir... Je vais ramener la duchesse et sa fille à Lisbonne, faire éloigner le duc... Vous, par le bois. Vous, le long du village. Vous, un fusil en main, chassant l'oiseau. Passez le Tage séparément; surtout l'air désoccupé, le sourire à la bouche, le front libre, et point de ces rides de conspirateur.

ACTE DEUXIÈME.

Le théâtre représente un salon du palais de la vice-reine à Lisbonne.

SCÈNE PREMIÈRE.

L'ARCHEVÊQUE DE BRAGUES, LA VICE-REINE, L'AMIRAL DOM LOPEZ.

LA VICE-REINE.

Oui, cette suprême autorité de Vasconcellos porte atteinte à la mienne. C'est un droit qu'on lui donne ou qu'il s'arroge ; d'une ou d'autre part, j'en suis blessée.

LOPEZ *souriant*.

L'intention de la cour, Madame, n'est point de vous mettre en tutelle, comme vous le dites ; je m'ouvrirai au comte Olivarez sur l'objet de vos plaintes.

L'ARCHEVÊQUE.

Puérilités que cela ! la cour vous adresse les ordres, Votre Altesse les fait exécuter : tout est dans l'ordre et revêtu du sceau de votre dignité.

LOPEZ.

On cherche à brouiller... Ces rivalités de pouvoir ne peuvent exister entre le secrétaire d'État et Votre Altesse.

LA VICE-REINE.

Entre nous, Monsieur, on a fait diversion aux haines publiques des Portugais, en les rendant particulières. Au mépris de la cause commune, un parti s'est armé contre un parti, et l'Espagne, intervenue dans le débat, les a frustrés tous les deux.

L'ARCHEVÊQUE.

Vous avez dans l'esprit, Madame, une justesse rare, et touchez admirablement bien le point juste des choses ; c'est cela qui rend le pouvoir du roi inattaquable.

LA VICE-REINE.

On n'est pas sans inquiétude sur les projets du duc de Bragance. Il court des bruits sourds, avant-coureurs d'événemens sinistres.

L'ARCHEVÊQUE.

Sottises de nouvellistes !

LOPEZ.

Vous savez que Vasconcellos a l'œil pénétrant.

LA VICE-REINE.

Les projets du duc l'alarmaient à tel point, que vous aviez reçu l'ordre de l'attirer sur vos vaisseaux, lorsqu'il visita les ports, et de vous assurer de sa personne.

L'ARCHEVÊQUE.

Diable ! c'est un coup d'autorité, cela.

LOPEZ.

Ce devoir me répugnait à remplir, heureux que des obstacles m'en aient dispensé ; je préfère l'emmener amicalement à Madrid selon mes nouvelles instructions. Nous ferons connaissance en route ; je saurai enfin quel est le caractère de ce duc. Demain nous partons.

L'ARCHEVÊQUE.

Vous ne l'avez point vu ?

LOPEZ.

Jamais.

LA VICE-REINE.

Vous n'avez rencontré le duc nulle part?

LOPEZ.

Nulle part.

LA VICE-REINE *souriant*.

Et sa femme?

LOPEZ.

Très-fréquemment, depuis que Votre Altesse me la fit connaître.

LA VICE-REINE.

Elle vous paraît?

LOPEZ.

Très-belle.

LA VICE-REINE.

Oui, des yeux assez noirs, et si elle avait le teint...

LOPEZ.

Le sien est d'une fraîcheur !...

LA VICE-REINE.

Oui, pour son âge.

LOPEZ.

Elle est jeune encore.

LA VICE-REINE.

Oh! fort jeune. Je m'aperçois, amiral, qu'elle vous plaît trop pour vous en parler davantage.

LOPEZ.

Moi, Madame, je serais bien à plaindre!... Obligé de m'éloigner dans vingt-quatre heures.

L'ARCHEVÊQUE.

Vous! l'homme aux galantes aventures!

LA VICE-REINE.

Monsieur l'amiral, vous aimez la duchesse; elle est l'objet de tous les soins que vous rendez, de toutes les visites que vous faites. Sans doute on vous plaint, on s'étonne d'oublier ses rigueurs jusqu'à vous prêter l'oreille. On rougit de soi-même.... Cependant on vous dit ce que l'on projette, où l'on va, et pourquoi? pour vous prescrire de ne pas vous y trouver, de ne plus parler de votre amour; toutes belles défenses qui sont autant de secrets engagemens qu'une femme ne tarde pas à sceller d'un nœud plus intime, ou qu'elle ne rompt point sans quelque dommage à sa pudeur : voilà de point en point où vous en êtes.

LOPEZ.

Non, Madame; et s'il faut le dire, cette sévérité de la duchesse est plus forte pour m'attirer, que toutes les grâces de sa personne. Une maudite réputation d'inconstance et d'audace que l'on me prête aux yeux de votre sexe, m'a précédé jusqu'ici, et j'en ignore les raisons.

LA VICE-REINE.

Ah! les discours inconsidérés que vous avez tenus souvent contre les femmes...

LOPEZ.

Contre les femmes !... l'on m'en a bien corrigé. Il ne m'arrivera plus de dire du mal d'elles, et je sais trop ce qu'il en coûte ; mais en bonne justice, devrait-on m'accuser de les haïr? moi qui souvent ai poursuivi un léger espoir donné par l'amour, plus vivement que toutes les promesses de la fortune. J'étais las d'un commerce infidèle de froides galanteries, de faussetés réciproques, de protestations vaines, lorsque j'ai rencontré madame de Bragance. Son air, sa simplicité noble et touchante, à laquelle toute votre cour rend hommage, m'ont ému plus vivement que je ne l'avais encore été. Suprême avantage de la vertu ! elle prête son éclat à tous les dehors des femmes ; elle les environne de respect et de soumission, elle embellit leurs manières, elle semble épurer même les traits de leur visage, leur donner des grâces délicates que n'eut jamais l'effronterie. Que vous dirai-je? elle leur fait remporter ce double triomphe, de s'attacher tout l'amour des cœurs sincères et passionnés, et de mériter toutes les attaques des hommes qui mettent leur orgueil à les séduire.

LA VICE-REINE.

Et votre modestie vous range au nombre de ces derniers ?

LOPEZ.

Hélas ! Madame, je fus sincère autrefois autant que sensible ; mais on m'a si souvent trompé... qu'il m'a fallu réprimer mes inclinations naturelles.

SCÈNE DEUXIÈME.

L'ARCHEVÊQUE DE BRAGUES, LA VICE-REINE, L'AMIRAL DOM LOPEZ, MADAME DOLMAR.

LA VICE-REINE.

D'où venez-vous ainsi, belle dame?

MADAME DOLMAR.

De chasser aux environs d'Almada; je suis accablée. Tenez, monsieur l'amiral, c'est une lettre du duc de Bragance; il m'en a chargée.

LA VICE-REINE.

Lisez, Monsieur.

LOPEZ.

Il m'annonce un retard de deux ou trois jours, et demande si les ordres laissent à ma disposition...

LA VICE-REINE.

Quoi? de nouvelles lenteurs! Répondez que non.

LOPEZ.

Si vous l'ordonnez, Madame...

LA VICE-REINE.

D'éternels retardemens! Il y a quelque intrigue là-dessous.

L'ARCHEVÊQUE.

Pas la moindre; vous me connaissez, Madame : mes biens sont à vous comme mon sang, et je suis pour Votre Altesse dans la plus parfaite sécurité. Considérez donc... les droits d'Espagne... une usurpation affermie... un siècle bientôt révolu... songez-y... depuis Philippe II... des troupes.... des ministres adroits.... Mais qu'entreprendrait le duc?... qu'entreprendrait-il? Il se perdrait, il se déshonorerait... Fi donc!... fi donc!

MADAME DOLMAR.

Entreprendre! lui! oh! rien, je vous assure, Madame; si Votre Altesse eût pu le voir comme moi, riant, chassant dans la forêt... Sa seule passion est celle du plaisir... Il ne poursuit que des cerfs ou des femmes.

LOPEZ.

Il a commandé les armées et n'a pas pressé l'ennemi moins vivement.

SCÈNE TROISIÈME.

LA VICE-REINE, L'ARCHEVÊQUE DE BRAGUES, L'AMIRAL DOM LOPEZ, MADAME DOLMAR, PINTO.

PINTO.

La duchesse de Bragance m'a chargé, Madame, de vous remettre ces paquets; elle vient vous rendre ses devoirs.

LA VICE-REINE.

Entrons; je veux parler à Vasconcellos : venez, amiral, donnez-moi la main.

SCÈNE QUATRIÈME.

PINTO, MADAME DOLMAR.

MADAME DOLMAR.

Pinto, vous sortez sans me rien dire!... Est-ce là de la galanterie ?

PINTO.

Laissons ce puéril métier aux gens qui ne peuvent s'aimer.

MADAME DOLMAR.

Un amour réciproque doit-il ôter le besoin de dire qu'on l'éprouve ?

PINTO.

Il cède à celui de le prouver, et ce désir abrège les discours.

MADAME DOLMAR.

Et fait-il prendre la fuite ?

PINTO.

Oui, lorsqu'on craint l'œil des importuns dans un salon ouvert à tout venant, où l'indiscrétion d'un geste fait mille jaloux.

MADAME DOLMAR.

Non, lorsqu'on a mille affaires.

PINTO.

Celle de vous plaire est pour moi la première de toutes, et je n'en ai pas de seconde.

ACTE II, SCÈNE IV.

MADAME DOLMAR.

Qui vous rend donc si ennuyé aujourd'hui?

PINTO.

Le bonheur a sa mélancolie.

MADAME DOLMAR.

La vôtre vous sied mal ; vous devenez le plus maussade du monde.

PINTO.

Voulez-vous que je rie sans sujet, comme ceux qui n'ont rien dans le cœur?

MADAME DOLMAR.

Non, mais quittez cette humeur fantasque. Si l'on dit partout que je suis frivole, ma réputation est faite et je ne veux point d'un mari philosophe.

PINTO.

Il faut pourtant l'être pour affronter le mariage.

MADAME DOLMAR.

Encore de vieux mots contre les femmes !

PINTO.

Quand on parle de leurs vieilles habitudes, on se répète.

MADAME DOLMAR.

Que vous méritez bien ce qui vous arrive !

PINTO.

Que vous nous traitez bien selon nos mérites !

MADAME DOLMAR.

Monsieur Pinto !

PINTO.

Madame !

MADAME DOLMAR.

Vous êtes insupportable ; je vous hais du fond de l'ame.

PINTO.

Vengez-vous.

MADAME DOLMAR.

Comment ?

PINTO.

Épousez-moi vite.

MADAME DOLMAR.

Vous me bravez!... Vous serez mon époux.

PINTO.

Je me livre, et préfère au repos sans vous, mille dangers en vous possédant. Que ce baiser sur votre main vous rappelle qu'elle m'est promise.

Il lui baise la main.

MADAME DOLMAR.

Et que vous l'obtiendrez. Adieu. Le devoir m'appelle auprès de la vice-reine. Il serait d'ailleurs à craindre que l'on ne nous surprît ensemble.

✤

SCÈNE CINQUIÈME.

PINTO *seul*.

O insupportable gêne que ces fades niaiseries, ces tendresses, ces dehors distraits, pour un homme oppressé de mes inquiétudes! je succombe sous le poids. Qu'ai-je maintenant à faire? L'oisif, pour dérouter les argus... fatale prévention de la crainte! chaque mot, chaque geste de ceux qui m'abordent, me fait frissonner aujourd'hui. Il me semble que mon cœur soit à jour de toutes parts, et je rencontre mille sots qui ne se doutent de rien, dont les yeux m'assassinent. Il me faut tout voir, sans avoir l'air de regarder, caresser ceux que j'abhorre, perdre un temps qui me presse, causer et folâtrer quand un serpent me ronge. Que le jour est tardif!... Toutes les heures qui sonnent viennent retentir là... (*il se frappe le sein.*) Courage! courage!... ces palpitations qui m'étouffent, sont celles d'une joie anticipée... Oh! ces Castillans... O Pinto Rebeiro! sois la gloire de ton nom; veille, travaille, consume-toi, meurs s'il le faut, et délivre ton pays. Courez, hommes frivoles, courez les fêtes, les divertissemens, vous qui ne séchez pas au feu d'une noble ambition! Passion sourde et terrible, plus dévorante que toutes les autres! elles peuvent se satisfaire par leur indiscrète impétuosité; tu n'arrives à ton but, qu'irritée par le silence et la contrainte... Le coup sera porté... les vils ressorts mis en œuvre disparaîtront, et après l'intervalle d'un ou deux siècles, Pinto sera mis au rang des grands hommes. Pourquoi?... pour avoir mené un empire comme la maison de son maître. On vient.... Reprenons le masque.... Hé, hé! c'est le juif Lemos.

SCÈNE SIXIÈME.

PINTO, LEMOS.

PINTO.

Vous venez de voir le secrétaire!

LEMOS.

Que ché fiens t'entretenir touchant ine crande affaire te commerce. C'est pourquoi ché fous ai tonné parole te fous foir au passache, tans c'te palais te la fite-reine. Qu'y a-t-il pour fous serfir?

PINTO.

Il ne s'agit pas de moi, cher Lemos; un grand personnage vous honore d'une confiance particulière, et m'a commandé de m'ouvrir librement avec vous sur ses intérêts les plus cachés.

LEMOS.

Afec moi? qui est c'te personnache?

PINTO *bas*.

Le seigneur don Juan, généralissime des armées du roi d'Espagne, le duc de Bragance.

LEMOS *surpris et flatté*.

Oh!

PINTO *mystérieusement*.

Jurez-moi discrétion; je vous dirai tout bas que demain il doit partir pour Madrid avec l'amiral dom Lopez.

LEMOS.

Oui, c'est un bruit tans la file et tout le monde le tit.

PINTO.

Tout le monde! tout le monde babille ou jase au hasard... mais ce que vous tenez de moi, son secrétaire intime, est avéré et indubitable.

LEMOS.

Oh! ché sens pien, il y a in grand tifférence.

PINTO.

Il me faut aussi vous dire la cause secrète de son éloi-

ACTE II, SCÈNE VI.

gnement; il est rappelé à la cour par l'ordre du roi Philippe.

LEMOS.

Ché safais encore; c'est in noufelle piplique.

PINTO.

Une nouvelle! oui, que l'on répand sur des conjectures, sur des bruits vagues. Qu'en sait-on pour en parler? connaît-on les mystères du cabinet? Mais vous êtes à la bonne source, et je vous parle en confidence, moi, de la part du duc lui-même; est-ce clair?

LEMOS.

Oh! assirément, il y a in crand tifférence.

PINTO.

Une autre circonstance que vous ignorez, et qui jusqu'à ce jour a retardé son voyage, est qu'il manque d'argent.

LEMOS.

Oui, l'on m'a tit tout cela, tout te même.

PINTO.

Fondé sur quoi? Il n'a pas fait d'emprunt qui donne lieu de le penser.

LEMOS.

Ça, ché l'ai pas ententi dire.

PINTO.

On est donc mal instruit, car il n'a révélé ce secret qu'à moi qui vous le confie. C'est bien autre chose.

LEMOS.

Oh! ché conçois qu'il y a in très-crand tifférence, et ché fous remercie, monsié Pinto, de tout ce que fous m'afez appris.

PINTO.

De grâce, le silence le plus profond.... « Pinto, m'a dit

le duc, le roi d'Espagne m'appelle, mes finances sont épuisées; va trouver Lemos, le plus riche, le plus considérable, le plus honnête négociant de Lisbonne, a-t-il ajouté; homme de probité qui a un crédit immense. »

LEMOS.

Il a tit cela?

PINTO.

En propres mots : « Va le trouver, parle-lui sans détour, et propose-lui, de trente mille ducats dont j'ai besoin, l'intérêt loyal qu'il exigera. »

LEMOS.

Hélas! mon cher Monsié, l'embarras où ché suis m'afflige extrê-ment.

PINTO.

Vous ne pouvez lui rendre ce service?

LEMOS.

La maison te Corée, mon associé, et la mienne sont à la tête t'ine foule innombrable t'ateliers et te manifactures; nous tevons beaucoup, il faut payer ce matin ou chasser les oufriers.

PINTO.

Chassez-les.

LEMOS.

Ces chans-là se souleferont contre nous.

PINTO.

Point. Déclarez franchement aux ouvriers que vous suspendez leurs travaux deux mois faute de fonds; que les taxes dont vous charge Vasconcellos ont entièrement vidé vos coffres : leur colère ne s'exhalera plus sur vous, mais sur le secrétaire d'État.

ACTE II, SCÈNE VI.

LEMOS.

Fous afez raison.

PINTO.

Faites cette déclaration aujourd'hui, et comptez-moi sur-le-champ les trente mille ducats, espèces sonnantes.

LEMOS.

A quel intérêt?

PINTO.

Celui de votre conscience. Apportez l'argent; le trésorier en passera par tous les arrangemens qui vous conviendront.

LEMOS.

Si les oufriers, en se mutinant contre Fasconcellos, chettent le trouble dans la file?

PINTO.

Il a en main la force et les apaisera; que vous importe qu'ils s'en prennent au ministre?

LEMOS.

Rien titout; ché fais les conchétier et me rendre aussitôt après....

PINTO.

Chez le trésorier du prince. L'on voit que vous êtes le premier négociant de l'Europe, et non moins habile qu'officieux. Adieu, mon cher Lemos.

LEMOS.

Atieu, mon cher Monsié. Il y a tans mes coffres tix mille tucats comptant; mon associé en a une fingtaine, cela fait le compte. La maison Lemos et Corée est heureux te serfir la maison Pracance.

SCÈNE SEPTIÈME.

VASCONCELLOS, PINTO.

VASCONCELLOS *après avoir salué le moine Santonello qui le quitte.*

Vous traitiez avec le négociant Lemos, M. Pinto?

PINTO.

Pour un prêt d'argent utile au duc de Bragance, qui va partir. Vous, Monsieur, n'écoutiez-vous pas quelques délations de ce méchant moine?

VASCONCELLOS.

Vous le craignez parce qu'il hait votre maître?

PINTO.

Et vous l'aimez parce qu'il nous espionne.

VASCONCELLOS *à part.*

Tâchons de le sonder. (*haut.*) D'où vient que l'on me prête cet acharnement contre le duc? Ne dois-je pas ma surveillance active aux affaires de l'État? Ne suis-je pas contraint à l'exercer sur lui comme sur un autre? Je vois, M. Pinto, qu'une juste sévérité m'attire les ressentimens de tous; les Portugais n'ont aucun égard aux soins que je me donne à les maintenir dans le repos.

PINTO.

Dans la léthargie.

VASCONCELLOS.

A lever, habiller, nourrir les troupes.

ACTE II, SCÈNE VII.

PINTO.

Pour vous défendre.

VASCONCELLOS.

A régler la recette des fonds publics.

PINTO.

Pour vos dépenses secrètes.

VASCONCELLOS.

A contenir les grands.

PINTO.

Pour faire taire les petits.

VASCONCELLOS.

A chasser les ambitieux.

PINTO.

On craint la concurrence.

VASCONCELLOS.

M. Pinto, respectez s'il vous plaît...

PINTO.

Le secrétaire d'une cour! je suis celui d'un prince, ce titre est ma garantie.

VASCONCELLOS.

N'entrons pas, M. Pinto, dans ces difficultés; toute prévention à part, comment le duc a-t-il répondu aux faveurs dont le roi et son ministre Olivarez l'ont tous les deux comblé? Son rang voulait de la circonspection : issu d'une famille...

PINTO *affectueusement.*

A-t-il dépendu de lui de naître obscur... comme nous.

VASCONCELLOS.

Ne nous écartons pas... On lui avait d'abord offert le gouvernement du Milanais ; et depuis, le commandement général des forces de mer : comment a-t-il répondu à ces nouvelles marques d'honneur?

PINTO.

En exécutant les ordres qu'il avait reçus.

VASCONCELLOS.

Ne marchant qu'entouré de je ne sais quel appareil, comme s'il eût voulu protéger sa personne.

PINTO.

Son goût est d'avoir toujours un grand train à sa suite.

VASCONCELLOS.

A-t-il lieu de craindre?

PINTO.

Si peu, qu'il se rend à Madrid sans défiance.

VASCONCELLOS.

Vous emmène-t-il?

PINTO.

Quel besoin de moi, à Madrid?

VASCONCELLOS.

Non, plutôt à Lisbonne?

PINTO.

Pour veiller à ses intérêts.

VASCONCELLOS.

Peut-être.

PINTO.

Moi comme tout autre.

VASCONCELLOS.

Prenez-y garde; il m'est venu certains bruits que vous aspiriez à nouer une conspiration... Il y va de la corde pour ceux qui s'y font prendre...

PINTO.

Je veux être pendu si cela m'arrive.

VASCONCELLOS.

Je puis tout et serais terrible.

PINTO.

Ah ! je vous désarmerais...

VASCONCELLOS.

Que l'on s'y joue.

PINTO *à part.*

Peste ! cela n'est pas un jeu.

SCÈNE HUITIÈME.

LA VICE-REINE, LA DUCHESSE DE BRAGANCE, VASCONCELLOS, PINTO.

Durant la scène, Vasconcellos feuillète ses papiers.

LA VICE-REINE.

L'on m'avait dit que la duchesse entrait... Ah! je l'aperçois... Que je suis aise de vous voir !

LA DUCHESSE.

Mille raisons m'ont long-temps privée de la faveur que je reçois, Madame.

LA VICE-REINE.

En vérité, Madame, je vous croyais décidée à me fuir.

LA DUCHESSE.

Si le goût de la retraite me faisait oublier à ce point mes devoirs, vos bontés me rappelleraient auprès de vous.

LA VICE-REINE.

Vous me teniez rigueur, et n'avez pas cru sincèrement au plaisir que me font vos visites.

LA DUCHESSE.

La peur qu'elles ne devinssent importunes les a rendues moins fréquentes.

LA VICE-REINE.

Ceux qui vous ont inspiré cette crainte, vous ont trompée, Madame.

LA DUCHESSE.

On a tant débité d'impostures sur les intentions de M. le duc et sur les miennes, que je n'aurais pas murmuré d'une injustice.

LA VICE-REINE.

Ce mot suffit, Madame; mon amitié vous avait défendue contre de vains propos qui ne devaient pas arriver jusqu'à moi. Que rien n'altère plus l'union dont je veux resserrer les nœuds entre nous; ne nous quittons pas un moment; qu'à la campagne et à la ville on nous voie désormais ensemble. Pardonnez-moi un refroidissement dont m'a punie votre absence; qu'un baiser achève notre réconciliation sincère : embrassez-moi, Madame.

LA DUCHESSE.

Vous me comblez, Madame.

LA VICE-REINE.

Je répare mes torts et je veux demeurer votre plus chère amie, entendez-vous ? Faites de ma part des adieux à M. le duc; dites-lui mes vifs regrets de son éloignement.

LA DUCHESSE.

Il y croira, Madame.

ACTE II, SCÈNE IX.

LA VICE-REINE.

Il n'y a personne à la cour qui me plaise autant que lui.

LA DUCHESSE.

Personne qui vous respecte davantage.

LA VICE-REINE.

On m'attend; excusez-moi de vous quitter si tôt, Madame.

LA DUCHESSE.

Madame, j'ai déjà trop abusé de vos momens.

LA VICE-REINE.

Que je vous embrasse encore !

LA DUCHESSE.

Ah ! Madame...

Elles s'embrassent.

PINTO *à part, les regardant.*

Caressez-vous, douces créatures ! Je poignarderais mon ennemi sur la foi d'un pareil baiser.

LA VICE-REINE *au secrétaire, en s'en allant.*

Vasconcellos, surveillez toujours la duchesse.

LA DUCHESSE *bas à Pinto.*

Assurez-vous surtout de la vice-reine.

SCÈNE NEUVIÈME.

LA DUCHESSE, PINTO.

PINTO.

Soyez en paix ; les choses vont au mieux. Ce négociant juif et moi, venons de clorre une affaire qui me promet un double résultat. L'argent pour nos fidèles et le soulèvement du plus nombreux atelier de la ville. Les gens de votre hôtel sont en route. Deux personnes dévouées, vigilantes, épieront celles qui peuvent entrer ou sortir durant la journée. Un bal que j'ai fait donner, écarte ce soir toutes vos camaristes. Ainsi nulle indiscrétion. Le ministre n'a pas parlé, il ne se doute de rien. Je me suis expliqué devant lui fort imprudemment.

LA DUCHESSE.

Eh! pourquoi?

PINTO.

Pour qu'il ne soupçonne pas ma prudence. Le coup partira cette nuit; mais en cas d'obstacles, obtenez de l'amiral qu'il diffère le voyage à quelque prix que ce soit.

LA DUCHESSE.

A quel titre? par quel moyen?

PINTO.

Une autre femme que vous, sauf le scrupule, mettrait tout en usage pour le séduire; il ne vous faut qu'un regard, Madame, et vous ne perdrez pas une cause qui peut se gagner d'un coup-d'œil.

Il rentre.

※

SCÈNE DIXIÈME.

LA DUCHESSE *seule*.

Que me conseille-t-il?... Une feinte coquetterie indigne de moi... Cette ruse coûte à ma délicatesse... Mais il faut empêcher qu'on entraîne mon époux à Madrid... et son intérêt, son salut doivent servir d'excuses à mes artifices.

※

SCÈNE ONZIÈME.

LA DUCHESSE, LOPEZ OZORIO.

LOPEZ.

Madame, les derniers instans qui me restent à vous voir, me seraient précieux, si je n'avais pas à vous parler d'objets qui vous affligent.

LA DUCHESSE.

Vous avez reçu, sans doute, une lettre de M. le duc.

LOPEZ.

Il m'avertit encore d'un délai, tandis que mes dépêches expédiées ce matin, annoncent à jour fixe son départ.

LA DUCHESSE.

Qu'est-ce que deux ou trois jours?

LOPEZ.

L'impatience de la cour, mes propres affaires me commandent la promptitude, et je n'ose...

LA DUCHESSE.

M'obliger, Monsieur?...

LOPEZ.

Ah! Madame, si la vice-reine ne m'eût ordonné tout à l'heure de hâter les dispositions prises avec M. le duc...

LA DUCHESSE.

Elle a pu vous l'ordonner avant de m'avoir vue. Quelques préventions injustes que ma présence vient de détruire, ont dicté cet ordre qu'elle révoquera sans peine.

LOPEZ.

Si elle m'autorise...

LA DUCHESSE.

Je juge quelle sera la dette de ma reconnaissance pour elle, à ce qu'il vous en coûtait pour m'être favorable.

LOPEZ.

Doutez-vous, Madame, de l'embarras où vous me jetez? Est-il une situation plus pénible que celle d'un homme entre son devoir et vous?

LA DUCHESSE.

Il m'a paru que vous n'aviez pas même l'irrésolution à combattre.

LOPEZ.

Je ne le cache point; j'aurais bravé pour vous plaire, et la vice-reine, et la cour, et les ministres; mais vos froideurs m'exilent, et je me rends à mon devoir.

LA DUCHESSE.

Ce dernier motif est louable. Souffrez que je regarde les autres comme un adroit artifice pour éviter les demandes que j'aurais pu vous adresser encore.

LOPEZ.

Ainsi vous attribuez à un vil manége de courtisan l'expression d'une douleur si vraie?

LA DUCHESSE.

J'ai sujet de la mettre en doute... car à vous voir si empressé de... quitter Lisbonne...

LOPEZ.

Eh! qui pourrait m'y retenir? Depuis mon arrivée, que

de soins ne vous ai-je pas rendu ! Mais à quoi m'ont servi mes assiduités, mes sacrifices? à me prouver que vous êtes au-dessus de toutes les femmes, ou que je suis à vos yeux le dernier des hommes... J'ai pu songer au tourment de ne vous revoir jamais, et m'y condamner; rien ne saurait plus ébranler mon courage. Demain donc si le duc ne se met en route, je pars seul, et m'excuserai sur ses refus.

LA DUCHESSE.

Eh bien! Monsieur, avais-je tort de dire que mes sollicitations étaient impuissantes sur vous? Ne contraignez-vous pas habilement ma délicatesse au silence? ou plutôt n'ai-je pas lieu de croire que, las de feindre un amour inutile, vous précipitez avec joie l'occasion de vous délivrer d'une ennuyeuse persévérance? Vous me faites des reproches, je m'en fais de plus graves; le duc ne vous connaît pas; peut-être j'aurais dû vous éloigner de moi pendant son absence : j'étais loin d'imaginer que ma bonté à entendre vos aveux, fût une marque de ce mépris pour vous, dont vous m'accusez.

LOPEZ.

Cruel pouvoir d'un mot de votre bouche ! ah ! vous renversez mes idées... Mais, non ; les opinions dont on m'a noirci... cette détestable commission d'accompagner le duc en Espagne... tout vous porte à me haïr.

LA DUCHESSE.

Tout me chagrine.... C'est vous, moins que tout autre, qui devriez être l'artisan de mes peines.

LOPEZ.

Qu'entends-je?... Expliquez-vous, Madame?

LA DUCHESSE.

Vous me séparez de mon époux.... Au nom de la cour, vous agissez contre moi...

LOPEZ.

Voilà ce qui vous irrite... Ah! que j'expie le malheur de vous affliger en subissant votre vengeance! Exercez-la, tyrannisez-moi, vous en êtes la maîtresse... la mort seule rompra les fers que je prends à vos pieds.

LA DUCHESSE.

Levez-vous... Monsieur... levez-vous... Qu'ai-je à vous répondre? le devoir qui me lie me défend de vous écouter davantage... le vôtre vous emmène loin de Lisbonne. Demain, peut-être...

LOPEZ.

Hé! non, non, Madame!... Ne venez-vous pas de me le défendre? vos volontés sont mes lois suprêmes.

LA DUCHESSE.

Demain, soit, vous resterez; mais sous quelques jours...

LOPEZ.

Quel parti prendre?

LA DUCHESSE.

Celui de me quitter, Monsieur.

LOPEZ.

Madame, vous me désespérez... Eh! pourquoi me nommer l'auteur de vos chagrins? pourquoi quitter M. le duc? Venez à Madrid vous-même, venez partager les honneurs qui l'attendent; embellissez nos fêtes de votre éclat; paraissez, effacez mille rivales... partez avec lui.

LA DUCHESSE.

C'était mon dessein, mais une détermination si prompte...

des obstacles qui m'arrêtent quelque temps... Vous ne pouvez attendre !...

LOPEZ.

J'attendrais, n'en doutez pas, assuré de vous conduire avec nous.

LA DUCHESSE.

N'y songeons point, cela vous est impossible.... Je l'avoue, il m'eût été doux de vous... de suivre le duc de Bragance.

LOPEZ.

Ah! disposez, ordonnez, Madame, j'écrirai, je resterai... je ne quitterai point ces lieux sans vous, dussé-je payer de ma vie le témoignage d'amour que je vous donne.

LA DUCHESSE.

Ne concevez point une espérance que je vous refuse, et terminons cet entretien.

SCÈNE DOUZIÈME.

LOPEZ *seul*.

Quel trouble! quels discours embarrassés! cette promptitude à me fuir... Non! mes interprétations ne sont point présomptueuses... elle n'a pas craint de m'avouer mon empire... elle le déclare, elle est à moi !... Mon cœur n'éprouva jamais de plus vive émotion; je sentais le langage de la feinte mourir sur mes lèvres... je voulais séduire, et j'étais séduit; ses yeux attiraient le feu des miens : je ne la trompais point, je brûlais.... Qu'elle était gracieuse et belle! quelle proie à saisir qu'une si ravissante personne!

SCÈNE TREIZIÈME.

VASCONCELLOS, LOPEZ OZORIO.

VASCONCELLOS.

Je vous cherchais, amiral; le courrier d'Espagne vient d'arriver : lisez.

LOPEZ *après avoir lu.*

Dieu!

VASCONCELLOS.

Un ordre exprès d'arrêter le duc, et c'est vous qui le devez exécuter.

LOPEZ.

Une mesure si violente...

VASCONCELLOS.

Je l'ai sollicitée moi-même du comte Olivarez. De sourdes menées ont excité ma vigilance, et je suis à la piste; joignez le duc de Bragance demain au château d'Almada, point de ménagemens.

LOPEZ.

Cette décision m'étonne...

VASCONCELLOS.

Les fils s'embrouillaient depuis un temps, je crois les avoir coupés net. Les Bragance, les Villaréal, les Aveïro sauteront, et leurs partisans iront travailler aux mines.

Point de pitié ! Soupçonner avant qu'on remue, frapper dès qu'on soupçonne ; voilà comment on gouverne.

LOPEZ.

Me charger, moi, d'une telle commission !...

VASCONCELLOS.

Vous l'aviez reçue déjà sur vos vaisseaux, et deviez l'arrêter à bord. Qu'y a-t-il de nouveau ?

LOPEZ.

Monsieur, je ferai mon devoir, quelque peine qu'il m'en coûte.

VASCONCELLOS.

Quelle peine ! bon ! d'arrêter cet homme !... Un homme que vous n'avez jamais vu, qui ne vous touche en rien !... Eh ! j'en ai envoyé beaucoup, de mes anciens amis, ramer sur les vaisseaux du roi. Faites, faites, M. l'amiral ; point de retard. Demain, au point du jour, allez prendre le duc. Mystère et promptitude.

SCÈNE QUATORZIÈME.

LOPEZ seul.

Ainsi mes espérances sont ruinées ! fatal contre-temps !... Comment y remédier ?... impraticable. Madame de Bragance me verra comme un monstre, et mes séductions échoueront toutes contre sa haine !... Devais-je le prévoir ! Quoi ! cette femme m'échapperait.... et sans retour ! Seulement quelques jours de plus.... Mais une nuit !...

une seule nuit!... Une nuit vaut une année pour l'intrigue, et en amour un siècle... Allons, allons, je suis fou!... Comment la voir? Comment la résoudre?... Non!... Hé! faisons mieux... l'entreprise est hardie!... N'importe!... Si je garantissais le duc des périls qui le menacent;... si j'obtenais à ce prix l'intérêt tendre que je sollicite de la duchesse... Eh! dût-elle même ne point me payer d'une action généreuse, elle est digne de moi!... Introduisons-nous chez elle, à son insu... sitôt que les ténèbres... Que risqué-je?... Un valet suborné, une porte ouverte ou une fenêtre... L'amour et l'or entrent partout... et je veux tenter l'entreprise.

ACTE TROISIÈME.

Le théâtre représente l'appartement de la duchesse de Bragance à Lisbonne.

SCÈNE PREMIÈRE.

LA DUCHESSE, FLORA.

FLORA.

Que de marques d'affections la vice-reine nous a données, Madame !

LA DUCHESSE.

Oui, ma fille.

FLORA.

Elle vous aime tendrement.

LA DUCHESSE.

Les discours qu'elle me tenait n'en seraient pas la preuve. Apprends à te défier de ces faux dehors d'amitié. Ces paroles-là sont sur les lèvres, et partent rarement du cœur.

FLORA.

La vilaine chose que de se haïr de la façon qu'on s'aime!

LA DUCHESSE *à part*.

Il est nuit close, et Pinto n'arrive point.

FLORA.

Qu'avez-vous, Madame? vous semblez inquiète...

LA DUCHESSE.

Moi!... je n'ai rien.

FLORA.

Vous êtes changée...

LA DUCHESSE.

Aucun sujet pourtant...

FLORA.

Ah! Madame, depuis une heure entière je vous examine, et votre agitation est si grande... Vous vous levez, vous marchez, puis vous vous rasséyez et vous levez encore. Cet ouvrage, vous l'avez vingt fois interrompu; alors vous regardez fixement, comme on regarde sans voir, quand on pense. Parlez-moi; quelles peines éprouvez-vous, Madame, que je ne puisse partager? Ma jeunesse m'exclut-elle de la confiance d'une mère? Est-ce à moi, si les consolations vous sont utiles, que vous devez fermer votre ame?

LA DUCHESSE.

O ma fille!... puis-je ne pas être alarmée de l'ordre qui éloigne votre père?

FLORA.

Ce n'est pas la seule cause de vos inquiétudes... Ce matin, quand il nous annonça sa résolution de partir sans nous, vous parûtes moins tourmentée; ce soir, plus que jamais, votre tristesse s'est accrue.

LA DUCHESSE *très-émue*.

Oui, oui, parce que le moment approche... où votre père nous aura quittées.

FLORA.

Eh quoi! ce voyage nous ôte-t-il l'espérance de le revoir bientôt?

LA DUCHESSE.

Notre position est affreuse, ma fille; votre père a des ennemis cruels qui le forcent à ne plus paraître dans cette ville... qui lui dressent mille embuches dont il est forcé de se garantir... Nous avons tout prévu, tout disposé pour mettre à l'abri sa fortune et ses jours... Si l'événement trompe nos précautions, mon sort peut devenir le plus fatal du monde... Ah ciel! si vous ne deviez jamais revoir votre père!

FLORA.

Mon père!... que dites-vous? Ces malheurs que vous craignez, ils sont donc bien terribles... et vous me les cachiez... et ils seraient tombés sur moi sans que j'y fusse seulement préparée... Dites-moi, dites-moi toutes vos craintes! que je n'aie pas à vous accuser de m'avoir laissée dans une sécurité trompeuse.

LA DUCHESSE.

M'accuser! moi, moi qui te chéris si tendrement; moi qui suis ta mère.... Ah! jamais tu ne m'accuseras!

FLORA.

Non, Madame, non; votre fille ne redoublera pas vos peines qu'elle veut adoucir.

LA DUCHESSE.

Tu me le promets, ma chère Flora ; tu ne m'accuseras de ta vie ?

FLORA.

En ai-je quelque droit ? et vos bontés...

LA DUCHESSE.

Quelle que fût notre destinée... fussions-nous frappés des coups les plus soudains...

FLORA.

Vous m'effrayez !...

LA DUCHESSE.

Le ciel nous protégera, j'espère... les choses humaines sont si variables, que notre état peut changer... en mal... ou en bien ; une prospérité brillante, imprévue, nous est peut-être réservée... Si au contraire c'était l'infortune... tu te rappelleras mon amour, mes soins, mes alarmes, sur ton père, sur toi... Et tu ne m'accuseras de ta vie... N'est-ce pas, de ta vie ?

FLORA.

Quel accent, ô ma mère !

LA DUCHESSE.

C'est celui de ma tendresse, il ne te doit pas effrayer.... Quelqu'un vient ; embrasse une mère qui souffrirait mille morts pour sa fille. Allons, allons, du courage ; plus de larmes.

SCÈNE DEUXIÈME.

LA DUCHESSE, FLORA, MADAME DOLMAR.

MADAME DOLMAR.

Quoi! Madame, point de musique ce soir?

LA DUCHESSE.

Je souffre, je me suis enfermée.

MADAME DOLMAR *étourdiment*.

Oui, j'ai forcé votre porte; un homme nouveau, que je ne connais point, m'a dit que l'on n'entrait pas; j'ai demandé monsieur Pinto, et me voilà. Comme vous paraissez défaite! quelle figure altérée! et la signora Flora qui est toute émue....

LA DUCHESSE.

Affligée de me voir malade.

MADAME DOLMAR.

Il fallait sortir, aller, faire venir du monde, vous distraire.... Moi, je viens de mille endroits; j'ai appris cent anecdotes les plus gaies chez la marquise Alberta.

LA DUCHESSE *préoccupée*.

C'est une maison aimable....

MADAME DOLMAR.

Où vont tous mes vieux amis....

LA DUCHESSE.

Vos vieux amis sont jeunes.

MADAME DOLMAR.

Je les aime tous différemment.

LA DUCHESSE.

Je ne dis rien de Pinto : c'est l'ami du cœur, lui !

MADAME DOLMAR.

Mon Dieu! non.... pas plus que les autres, je vous assure.

LA DUCHESSE.

Au même titre, j'entends. (*à part.*) Que cette femme m'importune !

MADAME DOLMAR.

Savez-vous ce que l'on raconte de la marquise Alberta?

LA DUCHESSE.

Non.

MADAME DOLMAR.

L'aventure la plus humiliante....

LA DUCHESSE.

Des scandales, fi ! ils deviennent si fréquens, qu'on est las de les entendre. Je ne sais par quelle bizarrerie on s'entretient toujours du vice qui est si commun, et jamais de la vertu qui est si rare.

MADAME DOLMAR.

Il est vrai; cette réflexion-là.... est....

Elle bâille.

LA DUCHESSE.

Moins gaie que les discours de vos vieux amis.

MADAME DOLMAR.

Comme vous me persifflez, Madame !

LA DUCHESSE *à part.*

Pinto qui ne consigne pas cette femme !

MADAME DOLMAR.

La signora Flora veut-elle faire de la musique?

ACTE III, SCÈNE II.

FLORA *travaillant.*

Excusez-moi, Madame; j'ai hâte d'achever cet ouvrage.

MADAME DOLMAR.

Et vous, Madame?

LA DUCHESSE *impatientée.*

Ce soir, je n'ai pas de voix.

MADAME DOLMAR.

Mais du chagrin. Quelque chose vous agite.... Faut-il que je vous laisse? que je sorte?

LA DUCHESSE *troublée, avec empressement.*

Restez, restez, je vous prie.... N'imaginez pas.... aucun chagrin.... rien ne m'agite.

MADAME DOLMAR.

En ce cas, ne vous livrez pas à cet abattement; de grâce, chantez votre nouvelle romance.

LA DUCHESSE.

Dispensez-moi....

MADAME DOLMAR.

Madame, je n'insiste plus; oui, il me semble qu'une grande inquiétude vous presse, et je ne veux pas me rendre importune.

LA DUCHESSE.

Importune! vous? Jamais. Je n'étais qu'un peu indisposée.... (*à part.*) Dieu! si elle allait soupçonner.... Je vais chanter.

MADAME DOLMAR.

N'est-ce pas abuser?...

LA DUCHESSE *prenant sa guitare.*

Du tout, du tout.... (*à part.*) Quel supplice!

Elle chante.

Un Portugais, dont l'ame fière
S'irritait contre ses revers,
Avec sa fille prisonnière
Languissait plongé dans les fers.
La mort l'attend, le glaive brille,
Son arrêt ne peut l'effrayer....
Mais les pleurs de sa tendre fille   (*Elle regarde sa fille.*)
Font pleurer le preux chevalier.

Le murmure des flots du Tage,
Le vent qui mugit sur la tour,
A sa plainte, aux cris de sa rage,
Semblent répondre nuit et jour.
Entre ses mains une arme brille,
Il voit s'endormir le geôlier....
Mais l'effroi qu'il sent pour sa fille   (*Elle se trouble.*)
Fait trembler le preux chevalier.

Le Portugais, plein d'espérance,
Frappe son argus endormi,
Et tout près de sa délivrance
Rentre aux fers de son ennemi.
Son triste cœur du fer qui brille
N'attend pas le coup meurtrier,
Et celui qui frappe sa fille
Fait mourir le preux chevalier.

SCÈNE TROISIÈME.

LA DUCHESSE, FLORA, MADAME DOLMAR, PINTO.

PINTO *surpris*.

Pardon, Mesdames.

MADAME DOLMAR.

Quel effroi, Monsieur!

PINTO.

Je suis si étourdi; j'ai interrompu votre musique....

MADAME DOLMAR.

Vous avez eu tort : Madame chante avec une expression!...

PINTO *bas à la duchesse*.

Le duc de Bragance déguisé.

LA DUCHESSE *à part*.

Le duc.... Ah! ciel!

PINTO.

Voulez-vous que je vous accompagne un autre air?

LA DUCHESSE.

Je ne veux plus chanter.

MADAME DOLMAR *se promenant dans la chambre*.

Le joli ouvrage! vous travaillez comme une fée, Signora.

LA DUCHESSE *bas à Pinto*.

Faites-la sortir.

PINTO *bas à la duchesse*.

Elle le verrait au passage, il est là. C'est une écervelée; elle peut courir partout, rentrer, apercevoir nos gens :

emmenez votre fille par ici; je vais, moi, lui faire une scène.

LA DUCHESSE *bas à Pinto.*

Elle vous a demandé à la porte.

PINTO *bas à la duchesse.*

Dépêchons.

LA DUCHESSE.

Excusez-moi, Madame; Pinto vient de me rappeler que des lettres importantes....

MADAME DOLMAR.

Je me retire.

PINTO *courroucé, bas à madame Dolmar.*

De grâce, deux mots.

LA DUCHESSE.

Ma fille, il faut écrire vos adieux à monsieur le duc; je vais vous accompagner jusqu'à votre chambre.

FLORA *quittant sa broderie.*

Je vous suis, Madame.

LA DUCHESSE *à madame Dolmar.*

Bonsoir.

SCÈNE QUATRIÈME.

PINTO, MADAME DOLMAR.

MADAME DOLMAR.

Quel air furieux!

PINTO.

Mon air ne ment pas, je le suis.

ACTE III, SCÈNE IV.

MADAME DOLMAR.

A quel sujet, mon ami?

PINTO *embarrassé.*

A quel sujet?... Belle question!... D'où venez-vous, je vous prie?

MADAME DOLMAR.

De chez la marquise Alberta?

PINTO.

Une femme sans mœurs.

MADAME DOLMAR.

Que tout le monde voit.

PINTO.

Eh! qui ne voit-on plus?

MADAME DOLMAR.

Votre colère, Monsieur....

PINTO.

Il y avait grand monde, et vos coquetteries s'y sont exercées selon l'usage.

MADAME DOLMAR.

Elle était seule.

PINTO.

Justement, vous attendiez quelqu'un en secret chez elle.

MADAME DOLMAR.

Il est venu plus tard une personne.

PINTO.

Celle qui vient si souvent?

MADAME DOLMAR.

Non, une qui n'y vient jamais.

PINTO.

Oui, sans doute, exprès pour vous voir.

MADAME DOLMAR.

Bien trouvé! Monsano qui me voit sans cesse et qui ne vous inquiète point.

PINTO *furieux*.

Eh, oui! c'est cela, cela même! c'est Monsano! Je sais, Madame, où vous en êtes; mon amour est trahi, ma confiance jouée, mes droits sont outragés....

MADAME DOLMAR.

Quel est ce transport! Si la cervelle ne vous a pas tourné....

PINTO.

Déclarez-moi ce qui s'est passé.

MADAME DOLMAR.

Quel emportement!

PINTO.

Puisque vous me trompez sur ce que je sais, brouillons-nous pour la vie.

MADAME DOLMAR.

Eh bien! je vous avoue....

PINTO *effrayé*.

Eh! quoi donc?

MADAME DOLMAR.

Mon seul tort est de vous avoir caché que j'ai reçu autrefois des lettres fort tendres de Monsano.

PINTO.

Des lettres!... Mais je sais, je sais encore....

MADAME DOLMAR.

Rien de plus, en vérité.

PINTO.

Recevoir des lettres!... c'est un crime que rien.... O per-

fidies! ô femme ingrate.... Je n'ose en ce lieu m'expliquer....
mais si un respect pour vos sermens, si la pitié que je mérite.... Ah! je veux vous parler.... tout éclaircir.... De
grâce! vous connaissez le pavillon du Parc.... La duchesse
m'attend.... J'irai vous y joindre; je vous conduirai moi-même chez vous après notre explication, en vous ouvrant
la grille des avenues.

MADAME DOLMAR.

Vous êtes fou, je crois.

PINTO.

Allez, Madame, et puissiez-vous encore vous justifier à
mes yeux!

MADAME DOLMAR.

Je ne puis ainsi à l'heure qu'il est....

PINTO *se frappant le front.*

Craignez ma jalousie au désespoir.

MADAME DOLMAR.

Si l'on me rencontrait!...

PINTO.

Personne.

MADAME DOLMAR.

Je me perds si l'on me voit....

PINTO.

Vous me perdez si vous me résistez.

MADAME DOLMAR.

Point d'éclats!... je vous cède, j'obéis.... Mais, Monsieur....

PINTO.

Allez, Madame, ou craignez....

Il la pousse dehors.

SCÈNE CINQUIÈME.

PINTO *seul*.

Fermons la double porte, et qu'elle attende! jamais que relle ne fut plus utile.... Entrez maintenant, Monseigneur.

SCÈNE SIXIÈME.

LE DUC, PINTO.

LE DUC *déguisé en simple valet*.
Contre qui querelliez-vous si fort?
PINTO.
Contre cette folle dame Dolmar qui s'est introduite ici malgré la consigne, en s'ingérant de me nommer. O Monseigneur! si elle vous eût vu sous ce déguisement après minuit, il y avait assez pour nous faire découvrir : quelle imprudence!
LE DUC.
Je vous ai dit mon projet.
PINTO.
Extravagance pure!
LE DUC.
Un batelier m'a conduit dans une méchante nacelle; c'est un homme sûr.

PINTO.

Vous jouez notre vie et la vôtre, comme si elles vous appartenaient.

LE DUC.

Et nos affaires?

PINTO.

Tout marche; d'ici à huit ou neuf heures, c'en est fait des Espagnols ou de nous.

LE DUC.

As-tu disposé?...

PINTO.

Tout; mais encore une faute pareille à celle-ci, je ne réponds de rien. Voici Madame; je vais dans la chambre voisine régler les instructions nécessaires à nos fidèles, et je reviens vous les lire.

LA DUCHESSE *en entrant.*

Ah! Monsieur, comment osez-vous paraître ici?

PINTO *s'en allant.*

Pour être auprès de vous, tendresse conjugale!... (*à part.*) Quelle faiblesse!

❊

SCÈNE SEPTIÈME.

LE DUC, LA DUCHESSE.

LE DUC.

Oui, pour ne vous point quitter, ma chère; et ce que j'ai caché à Pinto, pour vous emmener hors de cette ville.

LA DUCHESSE.

Y pensez-vous?

LE DUC.

J'y ai mûrement réfléchi. Vous allez me suivre, vous et ma fille Flora, ma pauvre enfant que j'ai frémi d'abandonner, ainsi que vous, à tant de périls.

LA DUCHESSE.

Vous les redoublez en nous éloignant. Qui sait si vous n'êtes pas déjà surveillé? si ces mouvemens nocturnes échappent à la vigilance des rondes espagnoles? On vous a reconnu peut-être....

LE DUC.

Qui voulez-vous qui me connaisse là-dessous?

LA DUCHESSE.

Votre déguisement éclaircirait tous les doutes, si l'on nous arrêtait en chemin.

LE DUC.

Nul risque. Une barque nous attend sur la rive du Tage; elle nous transportera ensemble au château d'Almada. Venez, venez, le ciel est pluvieux, sombre.... personne ne nous verra.

LA DUCHESSE.

Restez vous-même avec nous, puisque vous êtes enfin en sûreté; si la sagesse vous eût conseillé, elle vous eût retenu loin d'ici. Quelle différence entre vos dangers et les nôtres! Que l'on vous sache en secret dans Lisbonne, votre nom vous expose à toute la rigueur du ministre, et révèle tous les complots formés par vos amis. Que nous arriverait-il à nous? Je ne suis qu'une femme, votre fille un enfant : quelque ambition que l'on vous prêtât, le châtiment n'en retomberait pas sur nos têtes.

LE DUC.

Vous ignorez la cruauté de Vasconcellos ; il voudrait effrayer par un exemple ceux qui seraient tentés de me prendre pour modèle.

LA DUCHESSE.

Si sa cruauté vous est connue, pourquoi la braver sans fruit en vous exposant de la sorte?

LE DUC.

Oui, j'étais prudent lorsque je refusai d'entrer dans toutes ces brigues, lorsque je préférai l'innocence et la paix aux perplexités cruelles où me voilà. J'étais sage alors ; mais vos jours sont menacés, mais notre chute peut écraser ma fille ; mais je ne vois, ne connais, ne respecte plus rien, entraîné par mes sollicitudes paternelles. Venez, vous dis-je ; emmenons-la, sauvons-la.

LA DUCHESSE.

Demeurez.... elle ignore tout.... L'indiscrétion de son âge....

LE DUC.

Toujours se taire, se cacher, ô contrainte! Avais-je raison de fuir ces lâchetés, ces tourmens? Depuis que l'on m'a fait ambitieux, ne m'est-il plus permis d'être époux et père?

LA DUCHESSE.

Eh! me croyez-vous moins agitée des sentimens qui vous combattent? Homme injuste! avez-vous eu ses regards à soutenir, vos larmes à lui cacher, sa tendresse à tromper? Cette fille que vous voulez précipiter dans l'abîme par une folle précaution, elle est aussi la mienne; mes soins l'ont élevée, embellie; elle est ma richesse. Vous osez me reprocher mon ambition! qui recueillera le fruit de mes peines, si ce n'est elle et vous, vous qui blessez un cœur rongé d'inquiétudes? Quoi! lorsqu'une faible femme les dissimule, que ses affections sont vaincues, ses craintes surmontées, qu'elle brave pour vous les fers, l'exil, les supplices, le duc de Bragance la méconnaît et l'injurie!... Ah! je m'aperçois, Monsieur, que je n'étais pas assez forte pour tant d'assauts répétés; oui, j'y succombe.... Aurais-je en effet pu m'attendre que celui dont le courage me devait applaudir serait le premier à m'accabler de son courroux?

LE DUC.

Cessez de vous en plaindre!... il vous prouve à quel point mon amour est alarmé.... Laissez-moi seulement voir ma fille.

LA DUCHESSE.

Non, non, vous ne la verrez pas. Vos discours, votre aspect l'épouvanteraient.... Encore une fois, vous ne la verrez pas.

LE DUC.

Je la verrai, Madame; je la verrai.

LA DUCHESSE.

Calmez cette fureur.

LE DUC.

Dormez sur le volcan, si cela vous plaît; je ne veux pas qu'il la dévore.

LA DUCHESSE.

Monsieur, Monsieur, disposez de moi, de ma fille; et si

votre aveuglement nous perd, ne vous en prenez qu'à vous-même.

LE DUC.

Préparez-la, et cachez lui l'objet de cette fuite.

LA DUCHESSE.

Elle doit être couchée, et je vais la réveiller. (*à part.*) Allons consulter Pinto.

✻

SCÈNE HUITIÈME.

LE DUC *seul.*

Plus j'y songe, plus la retraite me paraît sage. Que nous soyons surpris, les conjurés ne bougeront, et le premier prétexte détruira un soupçon sans preuve. Que nous atteignions l'autre bord, si le complot réussit, le retour est sûr et prompt; s'il manque, je dérobe ma famille aux poursuites de Vasconcellos, à la fureur de la ville. Que sais-je? favorisé aujourd'hui, demain proscrit : malheur à qui fonde sa fortune sur les capricieux mouvemens d'une multitude volage et effrénée! Pourvu que Pinto, qu'elle aura couru avertir, ne mette pas obstacle.... Qu'est-ce que j'entends?

✻

SCÈNE NEUVIÈME.

LE DUC, LOPEZ OZORIO.

LOPEZ *entrant par une fenêtre qu'il ouvre.*

M'y voilà.

LE DUC.

Qui es-tu?

LOPEZ.

Pas le mot, ou tu es mort.

LE DUC.

Je ne te crains pas.

LOPEZ.

Qui es-tu?

LE DUC *vivement*.

Tu ne me connais point?

LOPEZ.

Dis-moi qui tu es?

LE DUC.

Un des gens de madame de Bragance.

LOPEZ.

Silence, ou je te tue.

LE DUC.

Je ne vous crains pas, vous dis-je.

LOPEZ.

Prends cet or, et sers-moi.

LE DUC.

Je n'ai que faire de votre or.

LOPEZ.

Inaccessible à la crainte et à l'intérêt, quel homme est-ce là?

LE DUC.

Expliquez-vous?... Qui vous amène ainsi la nuit chez la duchesse?

LOPEZ.

Tu connais les routes de la maison?... Conduis-moi.

ACTE III, SCÈNE IX.

LE DUC.

Que je sache au moins vos intentions; vous pourriez avoir tel projet....

LOPEZ.

Me prends-tu pour un brigand?

LE DUC.

Cela y ressemble.... Grimper aux murs, aux fenêtres!...

LOPEZ.

Calme-toi, une femme de sa maison, gagnée à force d'argent, avait attaché une échelle à cette croisée, n'osant m'ouvrir la porte que, par l'absence des anciens serviteurs, gardent aujourd'hui des personnes à qui elle n'a pu se confier.

LE DUC.

Et vous pénétrez audacieusement chez une femme!

LOPEZ.

Qui m'aime. Le grand mal!

LE DUC.

Elle vous aime?

LOPEZ.

J'ai du moins lieu de le croire. Prends cette bourse; tiens, tiens.

LE DUC.

Qui êtes-vous donc pour être si prodigue?

LOPEZ.

Lopez Ozorio, amiral des flottes espagnoles.

LE DUC.

Celui qui vient s'assurer de M. de Bragance?

LOPEZ.

Lui-même. Conduis-moi.

LE DUC *à part.*

Aux enfers! Et voici qui va me payer tes outrages.

Il met la main à son épée.

LOPEZ.

Est-ce par cette porte qu'on entre chez la duchesse?

❋

SCÈNE DIXIÈME.

LE DUC, LOPEZ OZORIO, LA DUCHESSE.

LA DUCHESSE *au duc.*

J'ai peur qu'on ne vous surprenne; mon ami, croyez-moi....

LOPEZ.

Son ami!

LA DUCHESSE.

Un homme!

LE DUC *furieux, à la duchesse.*

Il ne me connaît pas.

LOPEZ *au duc.*

Arrêtez! vous ne sortirez point.

LA DUCHESSE *s'écriant.*

Pinto! à moi, Pinto!

LE DUC *mettant la main sur la garde de son épée.*

Tu veux périr.... Avance.

SCÈNE ONZIÈME.

LE DUC, LA DUCHESSE, LOPEZ OZORIO, PINTO.

PINTO *se jetant l'épée à la main au devant du duc.*
Qu'est-ce, Madame? dom Lopez chez vous! (*au duc.*) Sortez, sortez.

LA DUCHESSE *à Pinto.*
Il ne le connaît pas.

LE DUC.
Audacieux!... mon épée va punir....

LA DUCHESSE *au duc.*
Pinto vous dira tout. (*à Lopez.*) O ciel! écoutez-moi....

LOPEZ.
Que peut entendre un homme amoureux et jaloux qui ne l'outrage encore?

PINTO *à part.*
Amoureux! je tiens le fil. (*à la duchesse.*) Retenez l'amiral.

LE DUC.
Mais cet homme?...

PINTO.
Votre femme, votre fille, que l'échafaud menace....

LA DUCHESSE *à Lopez.*
Monsieur, je vous supplie.

LE DUC.
Laissez-moi....

PINTO.

Point de fausse bravoure.... Venez, ne vous perdez pas.

<small>Il entraîne le duc et sort.</small>

✻

SCÈNE DOUZIÈME.

LA DUCHESSE, LOPEZ OZORIO.

LOPEZ.

Devais-je m'attendre à trouver un homme chez vous à pareille heure?

LA DUCHESSE.

Eh! qui vous y a introduit vous-même? Qui vous a inspiré cette audace, de violer mon asile?

LOPEZ.

Si le hasard ne m'apprenait à juger mes torts, Madame, je me croirais plus coupable.

LA DUCHESSE.

Vos outrages ne m'empêcheront point de réitérer ma question.

LOPEZ.

Et j'y répondrai si vous daignez m'avouer quel est cet homme.

LA DUCHESSE.

Quel il est, Monsieur? De quel droit m'interrogez-vous? Qui m'a mise en votre dépendance?

LOPEZ.

La rencontre que j'ai faite ici.

ACTE III, SCÈNE XII.

LA DUCHESSE.

Comment avez-vous pénétré le secret de ma demeure?

LOPEZ.

Par cette fenêtre. Il ne m'importe plus de vous le cacher. Les perfides espérances que j'ai reçues de votre bouche ne me laissent que la honte d'une témérité dont je rougis.

LA DUCHESSE.

Puis-je le croire? Sur la foi d'un entretien frivole, vous osez, chez moi....

LOPEZ.

Après des engagemens avec moi de regards et de paroles, vous recevez un autre....

LA DUCHESSE.

Ma réputation est assez établie pour me défendre de vos injurieux discours.

LOPEZ.

De pareilles surprises la rendraient plus brillante, Madame. Mais quel était le mortel si heureux, si déguisé.... Il y avait bien du mystère.... Fixez, je vous prie, l'incertitude de mes conjectures.... Ne m'obligez pas à courir consulter mes amis sur ce que j'en dois penser.

LA DUCHESSE *à part.*

O ciel!... (*haut.*) Vous auriez l'horreur de répandre....

LOPEZ.

Dites-moi si cet homme que j'ai vu est un de mes rivaux; ce qu'il est; ou moi, je puis sans crime dire partout ce que j'imagine.

LA DUCHESSE *à part.*

S'il allait faire découvrir!... (*haut.*) Ah! Monsieur, quelle que soit votre coupable conduite, les apparences qui m'accusent me ravissent le droit de m'en plaindre. Ne vous étonnez pas de ma confusion. Écoutez-moi; j'aime à vous croire honnête.

LOPEZ.

Eh bien!

LA DUCHESSE.

C'est à un brave et loyal Espagnol que je me confie, incapable, je pense, de trahir mon secret.

LOPEZ.

Achevez.

LA DUCHESSE.

Une autre que moi s'efforcerait à dissimuler encore, et je vous dirai naïvement la vérité; mais que cette marque d'estime enchaîne votre silence.

LOPEZ.

Parlez sans crainte.

LA DUCHESSE.

Cet homme-là est un homme.... que je chéris.... Les nœuds qui nous unissent.

LOPEZ.

Déclarez sans détour qu'il fut pour vous....

LA DUCHESSE.

Hélas! comme un amant; et depuis des années entières nous vivons dans la plus grande intimité. Cet aveu même ne me coûte point à vous faire, puisqu'il vous explique la frayeur que m'a causée votre présence.

LOPEZ.

Comment se nomme-t-il, Madame?

LA DUCHESSE.

Ne redoublez pas mon embarras.... Vous m'aimez ; il serait affreux de l'exposer à votre jalousie.

LOPEZ.

Je dois être l'objet de la sienne. Je lui ai tout dit, le prenant pour un de vos valets.

LA DUCHESSE.

Quoi donc? Qu'aviez-vous à dire?

LOPEZ.

Que vous m'aimiez....

LA DUCHESSE *effrayée*.

Ah! ciel.... c'est à lui que vous avez tenu ce langage? Qui vous a fait croire que je vous aime? Est-ce moi, Monsieur, qui suis indignée de vos procédés.... qui ne vous aimai jamais?

LOPEZ.

Vous oubliez qu'une favorable entrevue....

LA DUCHESSE.

Sortez.

LOPEZ.

J'obéirais à des ordres plus doux ; mais....

LA DUCHESSE.

Entrer chez moi! me résister... Vous êtes un malheureux.

LOPEZ *lui prenant la main*.

Moi, Madame!

LA DUCHESSE.

Non, vous êtes bon, honnête.... Vous allez me laisser, quitter ma main. Oui, généreux Lopez.

LOPEZ.

Fort bien! me voilà devenu le généreux Lopez. Parlez!

quelle condescendance exigez-vous du généreux Lopez?

LA DUCHESSE.

Qu'il se retire ; qu'il sorte.

LOPEZ.

Chargé de votre haine, et par un balcon, par quelque porte dérobée.... Ah! c'est la route d'un amant favorisé.

LA DUCHESSE.

Je vais ordonner que l'on vous ouvre.

LOPEZ.

En pleine nuit, ce serait vous perdre....

LA DUCHESSE.

Monsieur, ne m'accablez pas; respectez....

LOPEZ.

Les droits d'un rival.

LA DUCHESSE *à part*.

Que devenir? A quelle honte mes périls et mon ambition me condamnent!

LOPEZ.

Cessez d'être inexorable, et je vous paie mon bonheur d'un service que vous n'achèterez jamais trop cher. La destinée de votre époux est dans mes mains.

LA DUCHESSE.

Au nom du ciel.... parlez.

LOPEZ.

Je deviens coupable si je vous instruis.

LA DUCHESSE.

Éclaircissez un pareil mystère....

LOPEZ *se jetant à ses genoux*.

Ah! femme adorée! sauvez un époux des malheurs qui l'attendent.

SCÈNE TREIZIÈME.

LA DUCHESSE, LOPEZ OZORIO, PINTO, FRANCISQUE.

PINTO.

Un ordre de la vice-reine.

FRANCISQUE.

De reconduire M. l'amiral à son domicile.

LOPEZ.

Moi! et sur quel soupçon?...

FRANCISQUE.

Votre présence chez madame la duchesse.

LOPEZ.

Allez dire, Monsieur, à la vice-reine...

FRANCISQUE *lui montrant un ordre.*

L'ordre est signé par elle de vous tenir chez vous jusqu'à l'heure où le secrétaire pourra vous parler. Mes gens sont en bas qui attendent.

LOPEZ.

J'aurai raison d'une telle offense; je vous suis. (*à madame de Bragance.*) Vous voyez ce que me coûte un aveugle amour, Madame; cet éclat, chez vous, au milieu de la nuit, l'heure à laquelle on me surprend à vos pieds, sont autant de scandales que vous ne me pardonnerez jamais, et j'en serais trop puni s'ils m'attiraient votre haine. Adieu, Madame.

SCÈNE QUATORZIÈME.

LA DUCHESSE, PINTO.

LA DUCHESSE.

D'où vient ce coup d'autorité?

PINTO.

De moi. Les espions, gagés par la vice-reine, l'avaient informée que votre époux, sorti de son château, se rendait peut-être de nuit à Lisbonne. Là-dessus, soupçons, terreur. Vasconcellos était absent; dès-lors conseil tenu chez la vice-reine; puis un ordre que sa garde venait exécuter en son nom.

LA DUCHESSE.

Dieu!

PINTO.

Le mandat portait de s'emparer de l'homme introduit en secret dans votre maison, fût-ce le duc lui-même. On veut d'abord m'effrayer; on me demande sa personne; je vois du doute, le ciel m'éclaire, et je livre l'amiral à sa place. L'échelle à cette fenêtre, et sa présence chez vous ont servi de preuve contre lui et trompé la surveillance. L'orage est passé.

LA DUCHESSE.

Oh! vous êtes notre sauveur.... que je souffrais d'être seule avec cet homme!

PINTO.

Je cours chercher le duc. Remettez-vous, Madame, de votre saisissement.

SCÈNE QUINZIÈME.

LA DUCHESSE *s'assied*.

Quel homme que ce Pinto! courageux, subtil, hardi, infatigable, l'œil à tout, ce sang-froid qui calcule, cet emportement qui renverse; mais que dois-je redouter pour le duc? Ces derniers mots de l'amiral m'ont glacée....

SCÈNE SEIZIÈME.

LE DUC, LA DUCHESSE, FLORA, PINTO *lisant des papiers*.

FLORA.

Est-il vrai, Madame, que mon père, contraint à se déguiser pour éviter la poursuite de ses ennemis, veuille fuir Lisbonne, et qu'il nous emmène?

LE DUC.

Oui, nous partons.

PINTO.

Rien de plus fou que ce projet; Madame a raison d'y mettre obstacle.

Il continue à lire.

LE DUC.

Pinto, en m'entraînant chez ma fille, a rassuré en quatre

mots mes soupçons sur votre conduite; tout ce désordre n'est pas moins le fruit de vos dangereux projets.

LA DUCHESSE.

J'ai flatté cet homme d'après l'avis de Pinto, pour vos seuls intérêts. Son audace a fait le reste. N'usons pas un temps précieux en vaines justifications. Partons, partons, ma fille.

<small>Flora pendant cet entretien range et marche dans la chambre.</small>

PINTO.

Quoi! Monseigneur! résolu à quitter la partie?

LE DUC.

Ou à la perdre.

PINTO.

Vous aussi, Madame?

LA DUCHESSE.

L'amiral a laissé échapper des mots fort clairs.... le duc est en danger.... Je ne prends plus rien sur moi.

FLORA.

Mon père, si vous êtes menacé.... ne nous quittez pas.

LE DUC.

Non, mon enfant, non, je t'emmène avec moi.

PINTO.

Monseigneur, ces trajets continuels.... Gare à vous; mais vous le voulez, le temps est cher, et il est plus court de réparer vos imprudences, que de vous en convaincre.

LA DUCHESSE.

Viens, ma Flora; veillez à nos amis, Pinto. On a des desseins contre le duc.... je suivrai ses pas, son sort, ses volontés.... Je suis femme, je suis mère.... mon devoir le plus sacré est de n'abandonner ni mon époux, ni ma

ACTE III, SCÈNE XVII.

fille. Cette ville.... Ah! je frémis, peut-être la quittons-nous pour toujours.... O mon Dieu!... c'est sur votre zèle, Pinto, c'est sur vous seul que reposent ma confiance, notre espoir, ma vie et le salut de toute ma famille. Adieu!

LE DUC.

Adieu. Je puis te livrer ma vie; mais je dois sauver et ma femme et ma fille.

PINTO.

Mon valet muet vous suivra jusqu'au rivage. Qu'il vous embarque et revienne; qu'on ne dise point à la porte que vous êtes sortie.

✱

SCÈNE DIX-SEPTIÈME.

PINTO *seul*.

Jamais on ne fut plus fait pour la vie privée. Bon père, bon seigneur, mais conspirateur.... détestable. Mille qualités... communes; des vues, de l'esprit.... feu de paille, qui brille sans chaleur; un courage.... ce qu'il en faut pour l'honneur et pour se défendre, mais pas assez pour la gloire, ni pour attaquer. Ah! s'il mène seulement sa barque à l'autre bord, je mènerai la mienne.... Nous sommes en pleine eau.... Hé! hé! le vent est à la tempête.... nos amis sont bons rameurs, et destinés.... aux galères peut-être.... Fi, Pinto! quelle noire idée!... en cet instant.... je ne sais.... mon imagination assaillie d'une foule de visions hideuses.... Oh! avant que sur moi.... je me déchirerais les entrailles de mes propres mains. Relisons ces notes.... Heim! heim! heim! le ministre.... les avenues du palais.... saisir les portes.... Heim! heim! heim! vivent les Portugais! à bas Philippe!... Oui, signaux déployés.... paix aux bourgeois... justice et bonheur au peuple.... là, est le point d'union générale.... Bien! bien! très-bien! est-ce tout? et ma liste? qu'ai-je fait de ma liste?... Ah!... fripons fieffés, vous nous rendrez compte. On vous apprendra, mes chers Castillans, à vous gorger d'or et de puissance aux dépens des Portugais? Qu'êtes-vous? Des fondés de pouvoir qui mangez notre bien. La procuration une fois annulée, la maison va.... Il n'est pas temps de joindre nos braves... à quatre heures chez le prélat de Lisbonne... à sept heures et quart chez moi.... Exactitude, mémoire, régularité dans nos mouvemens. La moindre variation dérange la ligne tracée, et enverrait tout au diable... Mon manteau, et battons les chemins.... Hou ou! pauvre imbécille! et la dame du pavillon; qu'en fais-tu? Délogeons-la.... Patience! informons-nous si le duc.... Piétro! Piétro!

SCÈNE DIX-HUITIÈME.

PINTO, PIÉTRO.

PINTO.

Le duc est-il embarqué?

PIÉTRO *faisant signe durant toute la scène.*

Hem!

PINTO.

Ni soldats, ni curieux sur la route?

Piétro fait un signe.

Point de batelier sur le port, ni de barque au loin?

PIÉTRO.

Hom!

PINTO.

Tes camarades sont-ils en bas avec toi? Oui. Avez-vous pris des armes? Oui. Ne vois-tu personne rôder autour de cette demeure? Non. La garde venue pour arrêter l'amiral, semblait-elle avoir quelque soupçon?

PIÉTRO *vivement*.

Hou ou om!

PINTO.

Je compte toujours sur toi. Du zèle et du courage : ta fortune est faite.

PIÉTRO *avec humeur*.

Hé!

PINTO *lui prenant la main*.

Compte sur l'amitié de ton maître.

PIÉTRO *avec affection*.

Ah!

PINTO.

Tu n'as pas peur?

PIÉTRO *touchant sa poitrine*.

Hom!

PINTO.

Nous sommes camarades aujourd'hui. Vivent les muets! ils agissent, font des réponses courtes et sont discrets.

C'est ainsi qu'on devrait toujours choisir ses confidens et sa femme. Çà, va-t-en sans délai....

SCÈNE DIX-NEUVIÈME.

PINTO, PIÉTRO, FRANCISQUE, UN VALET.

LE VALET.

De la part de la vice-reine.

FRANCISQUE.

La vice-reine demande si madame de Bragance peut se transporter chez elle aussitôt.

PINTO *balbutiant*.

La duchesse.... C'est, c'est la vice-reine qui la demande?

FRANCISQUE.

Oui, elle-même. Qui vous étonne?

PINTO.

Rien.... moi.... C'est la duchesse qui est.... couchée.... Elle m'a fait appeler toute saisie.... un peu saisie de l'arrestation de l'amiral chez elle; maintenant elle repose. Retournez, Monsieur, chez la vice-reine, et envoyez-moi dire s'il faut l'éveiller et la faire lever pour qu'elle se rende à ses ordres.

FRANCISQUE.

Très-volontiers.

PINTO *au valet*.

Eclairez, éclairez Monsieur.

SCÈNE VINGTIÈME.

PINTO, PIÉTRO.

PINTO.

Massacre! malédiction! Eh bien! eh bien! monsieur le duc, je l'ai craint, je l'ai dit... un coup de votre tête, une frêle circonstance... nous sommes ruinés, noyés, égorgés.... Et toi, toi planté comme une perche, que dis-tu? Parle, parle.

PIÉTRO *le repoussant.*

Hé! hé....

PINTO.

Oh! le chien d'homme! l'enragé duc de Bragance! Piétro! mon ami!... va, vole, attends.... la trame est rompue... Dieu!... cette folle... Cours au pavillon du parc.... Non, impossible; il me faut garder la place de peur de nouvelle surprise... (*il écrit un mot au crayon.*) Cours donc au pavillon.... il y a une femme.... Tu entends! une femme.

PIÉTRO.

Hom!

PINTO.

Madame Dolmar... tu sais? porte-lui ce papier... Amène, amène-la; pars et reviens comme le vent.

SCÈNE VINGT-UNIÈME.

PINTO *seul*.

Anges du ciel! oh! que j'en réchappe!... Oui, oui, l'on ne meurt pas d'une agonie... Cette femme... Eh bien! quitte à lui déclarer.... elle m'aime, elle est officieuse, bonne, elle me secondera... Non, cachons-lui plutôt... oh! tout; qu'elle serve ma ruse et qu'elle ignore tout. Fruit de la nécessité, ma confidence tardive lui faisant outrage, serait trahie... Dès-lors plus de remède... dirigeons mieux l'artifice... Bon! en cas de malheur, je ne fais qu'un saut d'ici à la rivière.

SCÈNE VINGT-DEUXIÈME.

PINTO, MADAME DOLMAR.

Pinto fait signe au muet de se retirer.

PINTO.
Chère amie! chère et tendre amie!
MADAME DOLMAR.
Chère amie! eh! qui a fait évaporer sa colère?
PINTO.
Millions de fois à vos pieds, le pauvre Pinto, confus, humilié, au désespoir.

ACTE III, SCÈNE XXII.

MADAME DOLMAR.

Me laisse morfondre seule, durant une mortelle heure.

PINTO.

Obstacles sur obstacles m'ont arrêté.... C'est vous, c'est vous, chère belle, que j'implore, vous qui m'allez sauver la vie.

MADAME DOLMAR.

Quel changement! Dites-moi, Pinto, ce que vous avez... ces gestes, cet œil hagard.... votre pâleur....

PINTO.

M'aimez-vous?

MADAME DOLMAR.

Non, vous êtes trop méchant.

PINTO.

Répondez net, m'aimez-vous?

MADAME DOLMAR.

C'est m'interroger d'un ton à m'en guérir.

PINTO.

Si je vous suis cher, prouvez-le moi.

MADAME DOLMAR.

Bon!

PINTO.

Vous me résistez?

MADAME DOLMAR.

Eh! mon Dieu, non, car vous me faites peur.

PINTO.

Cédez à mes sollicitations... et passez, je vous prie, un seul instant pour la duchesse de Bragance.

MADAME DOLMAR.

Qu'est-ce qu'il dit?

PINTO.

Passez pour la duchesse de Bragance.

MADAME DOLMAR.

Moi, pour la duchesse?

PINTO.

Oui, oui, oui; apprenez mes craintes, ses fautes, le piége où elle est tombée, et l'expédient que je trouve. A l'heure que je parle elle est absente.

MADAME DOLMAR.

La nuit!

PINTO.

Sortie avec un homme, qui l'a entraînée, perdue. Folle tête! où est-elle à présent, que devient-elle? que fait-elle?

MADAME DOLMAR *follement*.

Elle!... bon! risible inquiétude! Ah! ah! Pinto... et ces grands airs si froids, si fiers.... les voilà bien toutes....

PINTO.

Riez, riez; la vice-reine qui l'a fait demander!

MADAME DOLMAR.

Bah! vrai?.... la vice-reine.... Ah! ah! ah! rien n'y manque.

PINTO.

Morbleu, veuillez m'entendre, ou je....

MADAME DOLMAR.

La sage personne qui trotte mystérieusement dans l'ombre.... Et ces beaux sermons d'honneur, de vertu!....

PINTO.

Ayez pitié de moi, je....

MADAME DOLMAR.

Ah! la Lucrèce!

PINTO *en colère.*

Maudites femmes! est-ce donc un sujet de joie que la chute de vos pareilles! La honte de l'une ne sera pourtant jamais la gloire de l'autre. Impitoyable rieuse, tirez-moi de la gêne où je suis.

MADAME DOLMAR.

Vous! et laquelle?

PINTO.

Chargé par elle en son absence....

MADAME DOLMAR.

De quoi?

PINTO.

De garder le logis....

MADAME DOLMAR.

Joli emploi, vraiment! secrétaire de ses plaisirs....

PINTO.

Trève! trève! sauvez ma pauvre duchesse....

MADAME DOLMAR.

Que je serve aussi le mystère de ses amours!

PINTO.

J'en connais mille qui ne se font aucun scrupule....

MADAME DOLMAR.

Pour leur compte?

PINTO.

On va venir, soyez prête; allez, allez vous disposer dans la chambre voisine.

MADAME DOLMAR.

Est-ce qu'on s'y tromperait? lui ressemblé-je?

PINTO.

Soyez malade, affaiblie; dites à celui qui viendra, que

le saisissement causé par l'arrestation de l'amiral dom Lopez, chez vous....

MADAME DOLMAR.

Comment ? contez-moi.... l'amiral dom Lopez....

PINTO *impatienté.*

Arrêté, arrêté ici tout à l'heure, qu'importe ! allez, couchez-vous....

MADAME DOLMAR.

Que je me couche !

PINTO.

Oui, dans son lit.

MADAME DOLMAR.

Dans son lit !

PINTO.

Comme vous êtes, toute habillée. Otez ces rubans, ces épingles.

MADAME DOLMAR.

Mais, Pinto, qu'est-ce que vous faites ?

PINTO.

La camariste. J'ai servi quelques femmes dans l'occasion, je suis au fait ; surtout, surtout, n'allez pas rire, il y va de ma vie ; répondez bien et brièvement : des mots, je ne puis.... je souffre.... mes excuses à la vice-reine.... Puis la voix éteinte, les rideaux fermés, blottie sous l'oreiller, plaignez, geignez, soupirez....

MADAME DOLMAR *follement.*

Ah ! c'est charmant !

SCÈNE VINGT-TROISIÈME.

MADAME DOLMAR, PINTO, PIÉTRO.

PIÉTRO.

Hem !

PINTO.

On vient; vite, courez vite.

MADAME DOLMAR.

Mais....

PINTO.

Point de mais.

MADAME DOLMAR.

Si pourtant....

PINTO.

Point de si....

MADAME DOLMAR.

Il faut....

PINTO.

Rien. Hâtez-vous, jetez-vous, ou je suis perdu. (*à Piétro.*) Toi, suis-la.

SCÈNE VINGT-QUATRIÈME.

PINTO, FRANCISQUE.

Deux valets portent des flambeaux.

PINTO.

Ah ! c'est vous, Monsieur ; quelle réponse ?

FRANCISQUE.

Que si la duchesse est hors d'état de se transporter, elle se rende demain diligemment chez la vice-reine; Son Altesse désire sa présence à l'interrogatoire de l'amiral.

PINTO.

Je vais lui porter ce nouvel ordre.

FRANCISQUE.

Monsieur, je suis chargé de la voir moi-même, et de lui parler seul.

PINTO.

Vous la trouverez au lit fort incommodée. (*Piétro rentre.*) Conduisez dom Francisque chez madame de Bragance. A quoi bon ces deux flambeaux? pour lui crever les yeux.

SCÈNE VINGT-CINQUIÈME.

PINTO, PIÉTRO.

PINTO.

Elle est dans le lit?.... Bon! la lampe un peu écartée?.... Bien. As-tu croisé les rideaux?.... Très-bien. Ventrebleu! s'il découvrait.... Je frissonne.... Que disent-ils! Oh! la babillarde.... Le voici! je respire.

SCÈNE VINGT-SIXIÈME.

PINTO, PIÉTRO, FRANCISQUE.

FRANCISQUE.

Cette pauvre dame a la voix bien altérée.

ACTE III, SCÈNE XXVIII.

PINTO *déconcerté.*

Elle est si faible!

FRANCISQUE.

Je vais rendre compte de son état à la vice-reine.

PINTO.

Dites à la vice-reine qu'elle aura de nos nouvelles de bon matin.

FRANCISQUE.

Je le lui dirai.

Piétro le reconduit.

SCÈNE VINGT-SEPTIÈME.

PINTO *seul.*

Oui, de par les mille diables, elle en aura de nos nouvelles.... Rassemblons nos gens et recordons-nous.... Madame, on est parti. Venez, Madame.

SCÈNE VINGT-HUITIÈME.

PINTO, MADAME DOLMAR.

PINTO.

Mon sauveur! ma libératrice! mille ans de constance ne m'acquitteraient pas....

MADAME DOLMAR *riant et contrefaisant la malade.*

Ah! ah! ah!.... Je n'en puis plus.... Une migraine affreuse.... mes nerfs.... Ah! ah!

PINTO.

A merveille! à merveille!

MADAME DOLMAR.

Et tandis que je souffrais pour elle, moi, votre précieuse dame souffre...

PINTO.

Ce que je voudrais obtenir de celle qui l'imitait.

MADAME DOLMAR.

Que je sorte enfin d'ici, et que je vous échappe, car je ne sais où vous pourriez me conduire.

PINTO *avec un respect empressé*.

Chez vous, Madame, chez vous. Prenez mon bras et sortons.

ACTE QUATRIÈME.

Le théâtre représente l'appartement de Pinto, à Lisbonne.

SCÈNE PREMIÈRE.

ALVARE *seul*.

Que me veut Almada?.... A quel sujet cet entretien qu'il me demande chez Pinto? « Qu'Alvare me parle, a-t-il dit aux gens de la porte, sitôt qu'il reviendra se coucher. » Est-ce que je me couche moi? Les plaisirs m'accablent d'affaires. Ouf! reposons-nous. Un jeu d'enfer.... me voilà réduit à ma dernière piastre.... Oh! les escrocs, avec leur mine hâve.... C'était un pillage. Quel métier, que le jeu! un vol dont on n'obtient justice qu'en se la faisant soi-même.

SCÈNE DEUXIÈME.

ALMADA, ALVARE.

ALMADA.
Tu n'es point rentré cette nuit, Alvare?

ALAVARE.

Non. Que ne m'as-tu indiqué ce rendez-vous chez toi?

ALMADA.

Il me fallait parler aussi à Pinto; et comme vous logez tous deux dans cet hôtel....

ALVARE.

Que me voulais-tu?

ALMADA.

Te prouver mon amitié en réclamant une preuve de la tienne. Si je te cachais la circonstance difficile où je me trouve, tu ne me le pardonnerais de la vie.

ALVARE.

N'en doute pas; les vrais amis ne sont jaloux que de la confiance. Tout doit être commun entre eux, les plaisirs, les peines et les périls.

ALMADA.

Les périls, dis-tu?

ALVARE.

Et que sera l'attachement d'un homme arrêté par la crainte, qui, s'il le faut, ne se jettera pas tout vif à travers mille morts?

ALMADA.

Un tel homme n'appartient qu'à l'amour de vivre; il abandonne, sitôt qu'ils sont menacés, les amis, la femme ou la maîtresse qu'il n'ose défendre; et ne combattant qu'entre la honte et la lâcheté, se laisse enfin vaincre par la dernière. Point de sentimens fidèles dans les cœurs lâches.

ALVARE.

Compte à jamais sur les miens.

ACTE IV, SCÈNE II.

ALMADA.

Est-tu prêt à me suivre dans une affaire sanglante qui se vide ce matin ?

ALVARE.

Une querelle ?

ALMADA.

Oui.

ALVARE.

Et avec qui ?

ALMADA.

Je ne te puis nommer encore mon ennemi.

ALVARE.

Pourquoi ?

ALMADA.

C'est un homme méprisé, haï, détesté de tout Lisbonne.

ALVARE.

Quel est le sujet de votre dispute ?

ALMADA.

Un entretien sur le ministre espagnol ; je le trouve injuste, cruel ; il le défend en partisan effréné : je me courrouce, et bref il faut se battre.

ALVARE.

C'est fort bien fait, mon ami ; la cause de ta colère est légitime, et la même indignation me transportait ce matin contre ces orgueilleux Castillans.

ALMADA.

Toi ?

ALVARE.

Ma bile était allumée à tel point, qu'elle se répandait en présence du duc de Bragance.

ALMADA.

J'aime à te voir agité de cette noble fureur pour l'affranchissement de ton pays; elle me convainc que les sociétés frivoles où tu vis, n'ont pas étouffé les germes de ta vertu, que le sceau d'opprobre qu'imprime à tant de Portugais, la tyrannie de Philippe, n'a point flétri ton ame encore pure; en un mot, que tu sais être et penser.

ALVARE.

Si l'on me ressemblait, mais on n'a pas de nerf....

ALMADA.

Ce n'est pas la fermeté qui manque, les ressources peut-être.

ALVARE.

Bah! l'audace en fournit et multiplie les expédiens.

ALMADA.

Les sages esprits sont convaincus que la seule prudence....

ALVARE.

Bah! la prudence perd tout.

ALMADA.

Les Espagnols ont des forces contre lesquelles échoueraient nos téméraires attaques.

ALVARE.

Ah! que jamais on ourdisse une grande conspiration, je quitte les plaisirs, les maîtresses, le monde, j'entre dans le complot et signale ce que je suis; mais on est si faible....

ALMADA.

Pas tant que tu le crois. Il reste encore des cœurs révoltés contre l'injustice; pleins de ces vertus dont l'inquiète et mâle vigueur ne se soumet qu'au frein des lois, et s'irrite sous la main des hommes.

ALVARE.

Ces gens-là.... qui sont-ils? si ce n'est toi et moi.

ALMADA.

Et ceux qui ont formé le grand dessein de soulever le Portugal contre ses oppresseurs, ne sont-ils pas du nombre?

ALVARE.

Comment?

ALMADA.

Il existe une conspiration secrète. Je le sais, et tu n'es pas de ceux à qui j'en fasse un mystère.

ALVARE.

Oh! que je brûlerais d'en être, si j'en connaissais les auteurs!....

ALMADA.

Tu vois l'un des chefs.

ALVARE *reculant*.

Toi!

ALMADA.

Moi-même.

ALVARE *effrayé*.

Je t'en félicite.... des conjurés de ton caractère.... ont lieu d'attendre....

ALMADA.

Écoute, écoute, Alvare, et achève d'entrer dans ma confidence.

ALVARE.

Non, non, Almada, non. Tous mes vœux sont pour le

succès; mais je suis si bouillant, si inconsidéré, que je dois éviter un secret de cette importance.

ALMADA.

Au point où la chose en est, ton impétuosité n'est pas à craindre. Tu es Portugais, opprimé, brave, que faut-il de plus pour te lier à notre cause? Notre force est dans le vœu public, notre armée dans nos citoyens, notre espoir dans nos courages.

ALVARE.

J'entends cela, j'entends; mais si les grands de l'État ne se déclarent pas pour vous?....

ALMADA.

Le duc de Bragance est notre chef.

ALVARE.

Le duc de Bragance !

ALMADA.

Les choses ont été menées de longue main. On a tenu les assemblées chez l'archevêque de Lisbonne. Dom Louis, son neveu, le vieil et respectable Alméïda, Mello, son frère, le grand chambellan, Mendoce, Salseigne, le capitaine Fabricio, le secrétaire Pinto à notre tête, et mille autres parmi lesquels tu mérites enfin d'être nommé; voilà nos défenseurs. Tous brûlent d'une noble impatience, et des mères, des femmes ont armé de leurs propres mains, leurs enfans et leurs maris engagés dans notre querelle. Cet ennemi, mon cher Alvare, ce méprisable ennemi dont je te parlais, n'est autre que Vasconcellos qui opprime, qui dévaste le Portugal; c'est lui dont les persécutions ardentes ont attisé notre vengeance, et c'est sur lui qu'elle va tomber.

ALVARE.

Peste! cela me paraît savamment conduit.... mais je.... mais j'appréhende que l'on ne résiste....

ALMADA.

On résistera, n'en doute point; il faut s'attendre à un choc terrible.

ALVARE.

O mon Dieu! mon Dieu! n'allumez pas la guerre civile.... prenez garde d'achever la ruine de votre pays, en voulant mettre fin à ses nombreuses calamités.

ALMADA.

Nous vaincrons. D'ailleurs, nous ne pouvons plus réfléchir ni reculer.

ALVARE.

C'est donc sous peu de jours....

ALMADA.

Comment des jours!.... tout à l'heure.

ALVARE *à part*.

O ciel!

ALMADA.

J'attends le capitaine et d'autres camarades, et Pinto va donner le signal.

ALVARE.

Le signal!

ALMADA.

Oui, de fondre dans la place, de saisir le palais, d'assaillir Vasconcellos, et d'attaquer la citadelle.

ALVARE.

Oh! ce sera un carnage épouvantable, et j'enrage que l'on n'ait pas mûri long-temps une si dangereuse révolte.

ALMADA.

Tu l'as dit toi-même : une lente sagesse vaut moins qu'une impétuosité réglée. Touche cette main et sois prêt à marcher.

ALVARE.

Adieu.

ALMADA.

Où vas-tu ?

ALVARE.

Chez moi.... écrire un mot à ma famille.... Que sait-on de la destinée?.... tu penses que l'action sera sanglante ?

ALMADA.

Chaude, mais décisive.

ALVARE.

Tant mieux !

SCÈNE TROISIÈME.

ALMADA seul.

Bonne recrue ! Alvare méritait ma confidence. Tarder encore, c'était l'outrager par un doute infâme.... Il m'a paru tout de feu contre les Castillans.... Hé ! cette chaleur-là, ce me semble, s'est un peu refroidie aux aveux que je lui ai faits.... plus je me rappelle.... Non, non, lui-même s'est jeté en avant.... lui-même soupirait après notre délivrance.... il invoquait à son aide l'audace et les complots... Aurait-il voulu me pénétrer?... D'où vient que mille objections timides se sont présentées à lui contre l'exécution de nos desseins.... Hé ! oui, j'ai lu sur son visage des marques passagères de frayeur.... il balbutiait, sa contenance embarrassée, son œil attristé, sombre.... Il y a dans les troubles de l'esprit une liaison si étroite entre la plus légère altération des traits et la plus secrète de l'ame, qu'elle trompe rarement l'œil qui l'examine.... Il a eu peur en dépit de sa valeureuse jactance.... O colère!.... si j'imaginais qu'il me trahît.... Hé! le peut-il?... Nous touchons à l'issue, un seul quart-d'heure écoulé.... mon sang bouillonne.... Veillons, veillons sur lui.... il achèterait son salut de notre perte..... Quoi!... qu'entends-je?... un bruit dans la cour.... Oui.... un cheval.... c'est un cheval.... Ah! le traître! courons.

SCÈNE QUATRIÈME.

ALMADA, LE CAPITAINE FABRICIO, MELLO, MENDOCE.

MELLO *à Almada*.

Où vas-tu?

ALMADA *sortant*.

L'arrêter.... le tuer.... Restez-là. A moi, si j'appelle.

SCÈNE CINQUIÈME.

LE CAPITAINE, MELLO, MENDOCE.

LE CAPITAINE.

Que diable a-t-il?.... Où court-il?.... Si ce drôle-là nous a fait quelques bévues, je lui casse la tête.

MELLO.

Arrêtez! arrêtez, capitaine, point de querelles, il nous faut de la sagesse et du sang-froid.

LE CAPITAINE.

Du sang-froid!... Moi, je n'ai point de sang-froid quand je suis en colère.

MENDOCE.

Son air hagard.... sa fuite.... Attendez, je vous dirai ce qu'il en est....

Il sort.

SCÈNE SIXIÈME.

LE CAPITAINE, MELLO.

MELLO.

L'infernale chose qu'une conspiration! Il est cruel de passer une nuit entière entre la vie et la mort.

LE CAPITAINE.

Eh! c'est ainsi qu'on les passe toutes; la mort nous atteint à table, au lit comme au champ de bataille; si vîte que nous puissions la fuir, elle est toujours sur nos talons; et lorsqu'on l'affronte en face, on la fait souvent reculer. De quoi, monsieur, vous tourmentez-vous? attendons en paix l'heure d'en venir aux mains.

SCÈNE SEPTIÈME.

LE CAPITAINE, MELLO, MENDOCE.

MENDOCE.

Rien, rien, une sotte confidence....... Il tient son homme et veut lui parler seul ici.... Entrons en attendant Pinto.

LE CAPITAINE.

Où nos armes sont-elles déposées?

MELLO.

Là-dedans; venez les prendre.

MENDOCE.

Les voici.

SCÈNE HUITIÈME.

ALMADA, ALVARE.

ALMADA *à Mendoce*.

Laisse-nous, Mendoce, laisse-nous un moment.

ALVARE *pâle*.

Quel courroux vous transporte, Almada?

ALMADA *furieux*.

Monsieur!... Monsieur!...

ALVARE.

Eh bien!

ALMADA.

Où alliez-vous?.... Pourquoi ces apprêts?

ALVARE.

Pourquoi?... pourquoi?... Mais....

ALMADA.

Pour nous échapper sans doute.

ALVARE.

Eh! non, pour vous suivre.

ALMADA.

Ce cheval déjà tout scellé.... pourquoi?

ALVARE.

Ce cheval?

ALMADA.

Oui.

ALVARE.

Pour courir dans tous les quartiers de la ville et soulever les citoyens.

ALMADA.

Pour aller nous trahir, nous vendre?

ALVARE.

Moi!

ALMADA.

Je te tiens, je te veille, je m'attache à toi comme ton ombre; ne crois pas nous dénoncer.

ALVARE.

Ce ton impérieux m'étonne, à la fin! Suis-je un esclave dont vous deviez enchaîner les pas?

ALMADA.

Essaie, essaie de nous fuir, je te poignarde.

ACTE IV, SCÈNE VIII.

ALVARE *épouvanté*.

Ai-je affaire à des assassins?.... M'enfermerez vous? m'égorgerez-vous ici?

ALMADA.

Ah! traître! penses-tu que ta liberté, tes jours me soient plus sacrés que l'affranchissement de ma patrie, que le sang de mes généreux compagnons, que les sermens inviolables qui nous lient? Non! non! quand tu as pénétré nos mystères, tu as renoncé à toi-même : des nœuds de fer t'ont garrotté, nos périls seront les tiens, nous te précipiterons avec nous, ou tu prendras part à notre gloire, si tu sais enfin t'en rendre digne. Tu sortais, où allais-tu? chez les suppôts de Philippe? Eh! traître, tu n'obtiendrais pas même notre vie pour prix de ta délation. Meurs, meurs plutôt cent fois, et n'immole pas d'un seul mot tous ces hommes de tête et de cœur employés à notre délivrance.

ALVARE.

Qui vous dit que ce fût mon dessein?

ALMADA.

La fuite que vous méditiez.

ALVARE.

Point du tout, Monsieur, point du tout. Je vous déclare hardiment que, sous nul aspect, votre conspiration ne me paraît sage, que vos espérances me semblent dénuées de fondement, vos mesures hors de toute raison, et que je ne veux prendre aucune part à une folie qui vous mène droit à la mort.

ALMADA.

Vous ne me quitterez pas.

ALVARE.

Encore une fois, suis-je votre prisonnier?.... De quel droit?....

ALMADA.

Celui du courage sur la pusillanimité.

ALVARE.

Quoi! m'oser dire en face?... Vous me ferez raison, ou je ne vois plus en vous....

ALMADA.

Achevez.

ALVARE.

N'en venons point, s'il vous plaît, aux injures. Nous avons chacun fait nos preuves....

ALMADA.

Achevez, Monsieur, exhalez vos outrages. En ce moment, ni mon épée, ni ma vie ne sont à moi? Permis de se battre à ceux que nul autre devoir ne réclame : une grande dette envers la gloire tient quitte d'un petit point d'honneur.

ALVARE.

Vous refusez de vous battre?

ALMADA.

Assurément.

ALVARE.

Suffit, Monsieur : n'oubliez pas que je vous l'ai proposé.

ALMADA.

Demain je suis à vous; aujourd'hui soyez à moi. Souffrez que je vous présente à nos amis, et bonne contenance. Capitaine Fabricio! Mello! Mendoce!

SCÈNE NEUVIÈME.

ALMADA, ALVARE, MELLO, MENDOCE,
LE CAPITAINE.

ALMADA.

Voici un loyal Portugais qui veut être des nôtres. Il me suivra partout, et nous ne le perdrons pas de vue.

MELLO.

Vous devez, Monsieur, être enflammé d'admiration pour une si glorieuse tentative.

ALVARE.

Enchanté, Messieurs, enchanté.

MENDOCE.

Almada vous a instruit des mouvemens secrets du peuple.

ALVARE.

Oui, Messieurs, il m'a informé de tout.

LE CAPITAINE *portant deux bouteilles et quelques verres sur la table.*

Buvons un coup ensemble, mon camarade ; c'est peut-être le dernier.

ALVARE.

Pourquoi donc?

LE CAPITAINE.

Si un coup de feu nous couche à terre, bonsoir.

MENDOCE.

N'est-ce pas une joie de prendre ces chiens de Castillans... là... au saut du lit?

ALVARE.

C'est fort gai en effet, mais fort incertain.

LE CAPITAINE.

Quelle incertitude trouvez-vous là, ventrebleu! nous marchons, et tout ce qui résiste, à bas! Je vous trouve plaisant avec votre incertitude.

ALVARE.

Vous m'entendez mal.... Je sais qu'on est sûr de tout.

LE CAPITAINE.

On n'est sûr de rien, au contraire. Qui diable prévoit l'issue.... Mes amis, un coup à notre gloire future!

MENDOCE.

Quels hommes nous serons!.... Ah! dans les temps d'Athènes et de Rome!...

MELLO.

Quelles richesses nous attendent!

MENDOCE.

C'est vous, Mello, qui avez adroitement su distribuer l'argent nécessaire à multiplier nos partisans.

MELLO.

C'est vous, Mendoce, qui, par vos harangues éloquentes, avez su les embraser.

ALMADA.

C'est vous, capitaine, qui nous conduirez.

LE CAPITAINE.

Honneur à tous!

ALMADA *prenant un verre.*

Mort aux Castillans!

TOUS *buvant.*

Vivent les Portugais!

SCÈNE DIXIÈME.

ALMADA, ALVARE, MELLO, MENDOCE,
LE CAPITAINE, SANTONELLO.

MENDOCE.

Santonello! quelle nouvelle?

SANTONELLO.

Nous sommes découverts.

TOUS.

Découverts!

SANTONELLO.

Le secrétaire Vasconcellos, informé sans doute que sa maison devait être investie, est passé de l'autre côté du fleuve.

TOUS.

Lui!

ALVARE *à part*.

Où suis-je, malheureux!

MELLO.

Un de ses espions l'aura prévenu du coup.

MENDOCE.

Il se sera rendu au château d'Almada pour arrêter le duc et sa famille.

LE CAPITAINE.

Pour rassembler les troupes cantonnées dans les bourgs voisins et leur donner ordre de marcher.

ALMADA.

Et Pinto! que fait Pinto?

SANTONELLO.

Il s'intrigue, il court, il place des gardiens sur le port, il va venir. Je n'en sais pas davantage; et si tous les anges ne viennent pas à notre aide....

ALMADA.

Depuis quand Vasconcellos est-il parti?

SANTONELLO.

Dans la nuit.

ALMADA *avec abattement*.

Dans la nuit!

MELLO *avec abattement*.

Dans la nuit!

MENDOCE *avec abattement*.

Dans la nuit!

LE CAPITAINE.

Vous pouvez, mon révérend, donner l'absolution à moi, à toute la société et à vous-même.

MELLO.

Mes amis, j'ai de l'or; esquivons-nous, embarquons-nous, et tâchons de passer en Afrique.

ALMADA.

Je ne sortirai pas de Lisbonne; et avant de laisser nos adversaires maîtres de mon sort, ici même je me perce le cœur.

LE CAPITAINE.

Moi, je soutiendrai le siége contre tous les sergens et tous les recors de la ville.

SANTONELLO.

Santissimo Dio!

MENDOCE.

A quoi bon ces jérémiades fanatiques!

SANTONELLO *en fureur.*

Misérable athée! ce sont vos blasphêmes qui attirent sur nous la colère divine.

MELLO *en fureur.*

Ce sont vos violences, Mendoce, qui de nos amis irrités auront fait des dénonciateurs.

MENDOCE *en fureur.*

C'est votre avarice, Mello, qui vous a fait épargner à votre profit les sommes que vous deviez répandre.

ALVARE *en fureur.*

C'est vous, Almada, qui m'avez jeté dans le gouffre....

LE CAPITAINE *en fureur se levant.*

Allez-vous vous assassiner? et faut-il que je vous mette en paix?

✻

SCÈNE ONZIÈME.

ALMADA, ALVARE, MELLO, MENDOCE, LE CAPITAINE, PINTO, SANTONELLO.

PINTO *froidement.*

Quel bruit!... qu'est-ce?... qui vous rend si furieux, si pâles?

MENDOCE.

Vasconcellos est averti de tout.

PINTO *froidement.*

De rien.

SANTONELLO.

Il est sorti de Lisbonne.

PINTO.

Et revenu.

ALMADA.

Santonello est accouru nous dire....

PINTO.

Fausse alarme.

LE CAPITAINE.

Quoi! fieffé menteur!

PINTO.

Il a dit vrai. Vasconcellos était allé à une fête sur l'autre bord du Tage. J'ai couru, guetté, suivi, ou fait suivre ses démarches.... Maintenant, au son du haut-bois, il rentre dans sa maison où nous allons le prendre. Tout est dans un profond calme, tout dort dans le palais, l'occasion est sûre et favorable.... Eh bien!... eh bien! remettez-vous. Qu'y a-t-il, mes chers compagnons? Je veille, et vous craignez? Pourquoi ces débats, ces angoisses où je vous trouve? Si vous reculez devant l'apparence du danger, comment l'affronterez-vous lui-même? Capitaine, courez jeter un coup-d'œil sur les points d'attaque, et voyez si nos fidèles sont à leur poste.

Le capitaine sort.

SCÈNE DOUZIÈME.

ALMADA, ALVARE, MELLO, MENDOCE, PINTO,
SANTONELLO.

PINTO.

Non, mes amis, le soleil ne se lèvera pas sans éclairer vos succès. Nous touchons au moment d'exécuter, toujours moins redoutable que ceux qui le précèdent. Le soupçon pouvait suivre nos traces. Un ami faible ou perfide pouvait nous livrer; un coup imprévu, un changement d'ordre, de lieu, de temps, déconcerter nos trames et les mettre au jour. Cependant mille fautes, mille accidens ont été réparés, mille obstacles franchis; nos fronts ont su cacher leur trouble, et nos ames leurs agitations. Entre tant d'hommes de rang, de fortune, de passions et d'intérêts divers, pas une indiscrétion, pas un traître. Des femmes ont enseveli nos secrets dans leur sein. Nous sommes unis, courageux, forts, et le salut de la vie est le gage qui attache les moins zélés à notre victoire. Quoi! protégés manifestement par une Providence, secourus dans nos efforts, laisserons-nous échapper le triomphe?... On est prêt, les ordres sont donnés. Nos défenseurs, séparés en quatre bandes, investiront quatre différens passages, et fermeront toute communication entre les Espagnols appelés à se secourir. Michel Alméida enfoncera la garde allemande à l'entrée de la place; Estevant, à la tête des siens, chargera la compagnie espagnole, montant la garde au fort du château. Teillo de Ménézès, le grand chambellan, Antoine de Salsaigne, nous, et le capitaine à notre tête, nous nous emparerons du palais de la vice-reine et de sa personne, et de l'infâme Vasconcellos, noir machinateur, altéré d'or, sourd à la pitié, froid aux nœuds du sang, qu'une laborieuse habileté guide dans le crime, qui aiguise ses armes cachées dans la retraite, et nous vend à sa cour comme des troupeaux; vivant du prix de nos têtes et se revêtant de nos dépouilles. Soyons pour lui ce qu'il fut pour nous, inflexibles. A sept heures et demie sonnant, un coup de pistolet par cette fenêtre sera le signal. Soudain joignons-nous, tombons, fondons sur nos ennemis; que nous faut-il pour les abattre? Du cœur, du fer, du plomb. Exterminons-les! surtout ne vous laissez étonner ni du tumulte de la ville, ni des cris de femmes, d'enfans, ni du trouble des bourgeois fuyant, hurlant, fermant leurs boutiques, leurs maisons; ne vous effrayez pas même d'une opiniâtre résistance, et quand vous verrez, là se ruer la cavalerie, là de triples rangs de soldats, ici le canon au débouché des rues; marchez ferme, jetez-vous, précipitez-vous à travers cette pluie de balles, de mitraille et de feu, vain orage qui ne gronde pas long-temps sur les braves qui le défient.

ALMADA.

Compte sur nous, Pinto.

TOUS.

Oui, oui, Pinto.

SCÈNE TREIZIÈME.

ALMADA, ALVARE, MELLO, MENDOCE, PINTO, SANTONELLO, LE CAPITAINE FABRICIO.

LE CAPITAINE.

Ils n'attendent que nous ; les uns se promenant autour du château ; les autres venus en litière pour cacher leurs mousquets ; d'autres se tenant sous les allées des maisons voisines, leurs armes sous le manteau ; un grand nombre de nouveaux libérateurs attirés d'abord par le prétexte de duels et de querelles particulières, embrassant la cause commune...

PINTO.

Et vis-à-vis la caserne des Castillans ?

LE CAPITAINE.

Ils y sont tous ; attentifs, en silence, l'œil attaché sur l'horloge de la place.

PINTO *leur montrant sa montre.*

Elle va sonner. Vous commanderez, capitaine. Nous nous battrons, nous. Toi, Mendoce, à cheval ; dans tous les quartiers des cris de délivrance. Vous, le rosaire en main. On ne divise et l'on ne rallie les hommes que par de vains mots et de vains signes. (*à Mello.*) Ouvre la fenêtre. Prenez vos armes. Il n'y a plus qu'une minute.

MENDOCE.

Une minute.

Ils vont s'armer.

SCÈNE QUATORZIÈME.

PINTO *seul.*

Et cette minute sera mortelle à la tyrannie d'un siècle ! La tyrannie... Malheureux ! si tu en fondais une nouvelle... Eh ! d'autres mains la briseront ! ainsi va le monde.

SCÈNE QUINZIÈME.

ALMADA, ALVARE, MELLO, MENDOCE, PINTO, SANTONELLO, LE CAPITAINE FABRICIO.

ALMADA *armant Alvare.*

Tiens, Alvare, tu m'en remercieras.

ALVARE.

Je le souhaite.

PINTO *à lui-même.*

Ou l'état de l'empire, ou nos ames passeront bientôt dans un nouvel ordre de choses.

Il sourit.

MELLO.

Qu'as-tu donc ?

PINTO *brusquement.*

Laisse-moi. (*l'horloge de la place sonne.*) Voici l'heure ! (*il tire un coup de pistolet.*) Partons, et guerre à mort ! Il n'y a que les lâches qui plient ; les braves sont tués ou vainqueurs.

Ils sortent.

ACTE CINQUIÈME.

La décoration est la même qu'au second acte.

SCÈNE PREMIÈRE.

LA VICE-REINE, MADAME DOLMAR, L'ARCHE-VÊQUE DE BRAGUES. HOMMES ET FEMMES DE LEUR SUITE.

LA VICE-REINE.

Laissez-nous, je vous rends grâce de votre zèle... Ah ! je suis toute saisie... Ces cris que j'ai entendus...

MADAME DOLMAR.

Ils m'ont réveillée en sursaut, Madame. Je me suis promptement habillée, accourant chez vous où j'ai cru voir que le tumulte se dirigeait... On se battait, on se fusillait ; j'ai traversé tout le train. Oh ! je suis brave, moi, et curieuse.

LA VICE-REINE.

Comment ! on se bat près du château ?

MADAME DOLMAR.

Devant le fort.

L'ARCHEVÊQUE.

Madame, c'est une émeute, une petite émeute qui se terminera entre vos gardes et la populace. Il n'y avait point de quoi troubler votre sommeil...

LA VICE-REINE.

Je veux aller voir par les fenêtres de l'autre appartement....

L'ARCHEVÊQUE.

Demeurez, Madame, demeurez dans celui-ci, d'où vous ne pouvez rien entendre.

LA VICE-REINE *à un officier des gardes.*

Donnez les ordres nécessaires en cas d'attaque nouvelle devant le château. (*à madame Dolmar.*) Allez, Madame, écrivez à Vasconcellos de se rendre ici à l'instant.

MADAME DOLMAR.

J'y vais. Voici l'amiral qui va tout vous conter.

❋

SCÈNE DEUXIÈME.

LA VICE-REINE, L'ARCHEVÊQUE DE BRAGUES, L'AMIRAL.

LA VICE-REINE.

Ah! monsieur l'Amiral, je vous attendais impatiemment. Des troubles éclatent au nom du duc de Bragance, et je vous somme de m'apprendre le sujet de votre présence chez sa femme.

ACTE V, SCÈNE II.

L'AMIRAL.

Le ton sévère de Votre Altesse me prouve la durée de ses soupçons.

LA VICE-REINE.

Vous étiez chez elle cette nuit?

L'AMIRAL.

L'heure que j'avais choisie m'excuse assez ; l'intérêt qui m'y conduisait n'est pas tel, que j'osasse vous en parler en des momens si funestes.

LA VICE-REINE.

Vous aviez reçu l'ordre du roi d'arrêter le duc.

L'AMIRAL.

J'aurais obéis ce matin, si je n'avais été arrêté moi-même. Ni le devoir, ni l'honneur ne me permettent d'en garder le ressentiment. Mon zèle à vous défendre sera ma justification.

LA VICE-REINE.

Savez-vous quelques détails de la rébellion, Monsieur?

L'AMIRAL.

De très-alarmans. La ville entière est soulevée. La haine pour le roi d'Espagne est le prétexte, et l'on entend crier partout le nom du duc de Bragance.

L'ARCHEVÊQUE.

Quelques misérables las de vivre, ou payés pour se mutiner.

L'AMIRAL.

C'est une révolte ouverte, et l'on a déjà fait une attaque au fort du château.

LA VICE-REINE.

O ciel!

L'ARCHEVÊQUE.

N'alarmez donc pas Son Altesse, ne l'alarmez pas. Il faut envoyer là, pour balayer ces factieux, le premier corrégidor, un fouet à la main.

L'AMIRAL.

Je doute qu'un si grand trouble s'apaise ainsi. Le Duc lui-même est entré dans la ville dès le point du jour; il combat à la tête des siens, et sa troupe, enhardie par ses discours et son exemple, a déjà mis en fuite la garde allemande.

LA VICE-REINE.

La garde allemande!

L'ARCHEVÊQUE.

Impossible! impossible! vous êtes mal instruit.

L'AMIRAL.

Cette révolte pourra devenir une révolution, si l'on n'en prévient les suites. Il me semble que ce sera chaud.

L'ARCHEVÊQUE.

Non, ce n'est que le peuple.

L'AMIRAL.

C'est pour cela même.

LA VICE-REINE.

Déjà vous refusiez de croire aux brigues de dom Juan, en voici d'évidentes preuves.

L'ARCHEVÊQUE.

Eh bien! j'ai eu tort... C'est un rebelle, on le punira.

LA VICE-REINE.

Que devient Vasconcellos?... O grand Dieu! quel conseil suivrai-je? quel parti prendre?

L'ARCHEVÊQUE.

Tant que nous n'aurons pas vu le secrétaire, soyons en repos; s'il avait eu quelque sérieuse alarme, il nous eût fait avertir. Subtil, actif comme il l'est... Nous avons parlé cent fois de ce duc de Bragance... Pauvre tête, étranger aux théories politiques... à l'équilibre des pouvoirs... Peste... Vasconcellos a là-dessus des idées... Comme il dit fort bien, on a les yeux fixés... Une bonne garnison dans la citadelle, l'argent, les hommes, l'autorité du roi... On les pulvériserait... Il n'y a pas un mot à répondre.

L'AMIRAL.

Si la confiance de Madame croit pouvoir réparer l'injustice de ses doutes, qu'elle me donne le commandement de ses gardes, et je marche.

LA VICE-REINE.

Volontiers, Amiral; le secrétaire d'État ne peut tarder, vous concerterez ensemble...

L'ARCHEVÊQUE.

Ils apaiseront tout. Je crains que ce bruit ne vous ait éveillée trop matin, et qu'il ne vous rende malade. O Madame! si vous alliez être malade; restez en paix, je vous en conjure.

✻

SCÈNE TROISIÈME.

LES MÊMES, FRANCISQUE.

FRANCISQUE.

Madame, calmez vos inquiétudes; un avantage signalé

sur les rebelles, rendra bientôt à la ville la paix qu'ils ont troublée.

L'AMIRAL.

Expliquez-vous?

FRANCISQUE.

Pendant la chaleur du combat, les Allemands, dispersés d'abord, se sont ralliés à la voix de leurs braves officiers ; ils ont assailli et environné le prince et ses défenseurs ; on a suspendu le feu, les chefs se sont approchés, et le Duc sera contraint à se rendre.

LA VICE-REINE.

Ah! Monsieur, dois-je vous en croire? quel prix ne mérite pas la nouvelle d'un aussi heureux succès!

L'ARCHEVÊQUE.

Eh bien! ne l'avais-je pas prévu?

L'AMIRAL.

A-t-on fait quelques prisonniers dont les aveux utiles?...

FRANCISQUE.

On a saisi les armes à la main, un homme distingué par son opiniâtreté, à la tête des mutins. Si Son Altesse veut qu'on l'interroge en sa présence, on pourrait en tirer tel renseignement...

L'ARCHEVÊQUE.

C'est donner de l'importance à ces gens-là. Envoyez aux officiers publics... N'abaissez pas votre dignité jusqu'à...

LA VICE-REINE.

Je veux au contraire le voir, le questionner, remonter à la source du mal.

L'AMIRAL.

Oui, gardons-nous de rien négliger.

ACTE V, SCÈNE V.

LA VICE-REINE.

Qu'on amène cet homme, je ne serai tranquille qu'après l'avoir interrogé.

Francisque sort.

SCÈNE QUATRIÈME.

LA VICE-REINE, L'ARCHEVÊQUE DE BRAGUES, L'AMIRAL, ETC.

L'AMIRAL.

Nous connaîtrons par lui les agens secrets de dom Juan, et les principaux auteurs de ce trouble.

LA VICE-REINE.

L'espoir des récompenses ou les menaces lui feront tout révéler.

L'AMIRAL.

Le voici, je pense.

SCÈNE CINQUIÈME.

LES MÊMES, FRANCISQUE, PIÉTRO.

FRANCISQUE.

Approche; tu parleras au moins devant Madame; on n'a pu lui arracher un mot.

L'ARCHEVÊQUE.

Quoi! scélérat...

L'AMIRAL.

Quel est ton nom? qui t'a mis les armes à la main? Il ne s'agit pas de se moquer et de hausser les épaules.

L'ARCHEVÊQUE.

Mais voyez son rire insolent!... Je te ferai bien répondre, moi!

SCÈNE SIXIÈME.

LES MÊMES, **MADAME DOLMAR.**

MADAME DOLMAR.

Ah! ah! le muet de Pinto!

LA VICE-REINE.

Il est muet!

L'ARCHEVÊQUE.

Il était temps de me le dire.

SCÈNE SEPTIÈME.

LA VICE-REINE, L'ARCHEVÊQUE, L'AMIRAL, MADAME DOLMAR, PIÉTRO.

LA VICE-REINE.

Cet homme appartient à M. Pinto.... Nul doute; ce Pinto, l'ame damnée de dom Juan, aura machiné la sédition.

ACTE V, SCÈNE VII.

MADAME DOLMAR.

M. Pinto, machiner! lui qui faisait encore hier tranquillement de la musique avec moi.

L'AMIRAL.

Autorisez-moi, Madame, à prendre d'utiles mesures; une rigueur prompte atteint moins de coupables; une sévérité lente accroît le besoin de punir.

L'ARCHEVÊQUE.

Faites juger cet homme, et s'il est coupable, qu'il soit châtié sans retard.

L'AMIRAL.

Oui. Rien ne tempère l'ardeur des mutins, comme un exemple.

LA VICE-REINE.

Tenez, Amiral, je vais signer les ordres. Rassemblez les soldats, et courez achever vous-même la défaite du prince.

L'AMIRAL.

Je voudrais qu'une occasion plus périlleuse mît à l'épreuve mon fidèle dévouement pour vous; je vaincrais ou je périrais avec gloire.

L'ARCHEVÊQUE.

Mon dieu! rassurez-vous; le calme va renaître. Que Votre Altesse ne se rende point malade [*].

---

[*] Voir à la fin, dans la variante, les changemens réglés par moi et Talma.

SCÈNE HUITIÈME.

MADAME DOLMAR, PIÉTRO.

MADAME DOLMAR.

Ce pauvre valet de Pinto !... S'il allait payer pour tous... Mais comment le soustraire ?... les portes sont gardées... Mon ami, je ne puis te cacher... suis-moi... Non... je dirai... Quoi? qu'il s'est sauvé. J'obtiendrai son pardon... Cette armoire pratiquée dans le mur... Oui, cache-toi, cache-toi là pour le premier moment; il sera facile ensuite... On vient.

Elle le cache dans l'armoire.

SCÈNE NEUVIÈME.

MADADE DOLMAR, VASCONCELLOS.

VASCONCELLOS.

Quoi! Criez, hurlez ! que me voulez-vous ! Me déchirer, me dévorer... Ah! que vois-je !

MADAME DOLMAR.

Vous fais-je peur?

VASCONCELLOS.

Ces furieux... j'ai cru les voir ; ils me suivent, ils me cherchent, me menacent, moi, vous tous, la vice-reine....

MADAME DOLMAR.

La vice-reine ! ô ciel ! je cours l'avertir.

ACTE V, SCÈNE XI.

SCÈNE DIXIÈME.

VASCONCELLOS *seul.*

Demeurez! arrêtez! Quoi donc? elle me fuit... Ma fortune est tombée, plus d'amis... Quel bruit entends-je? Où fuir... Et ces papiers?... Où les cacher?... Il y a de quoi te faire brûler vif... D'où les as-tu sauvés? De ta maison en feu... Oh! les forcenés! Tout a été brisé, jeté par les fenêtres; et toi-même sans la fuite... Réjouis-toi; applaudis-toi. Tu as pillé, ruiné, proscrit; on te pille, on te ruine, on te proscrit. O justice!... Le bruit redouble. On m'appelle. Vasconcellos!... Partout Vasconcellos. Ils viennent, ils approchent... Ces papiers... Ces exécrables papiers... Ah! mettons-les dans cette armoire...

Il ouvre l'armoire, le muet l'y pousse et l'y enferme à sa place.

SCÈNE ONZIÈME.

L'ARCHEVÊQUE, ALMADA, MENDOCE, autres conjurés.

L'ARCHEVÊQUE *rencontrant Piétro qui se sauve.*
Saisissez cet homme! et répondez-m'en sur votre tête.

LES CONJURÉS *entrant par une autre porte.*
Vivent les Portugais?

L'ARCHEVÊQUE.
Pourquoi ces cris? Que voulez-vous?

ALMADA.

Affranchir notre patrie, la soustraire au joug du roi d'Espagne.

MELLO.

La maison de Vasconcellos est en feu ; on le cherche.

MENDOCE.

Nous avons ouvert les prisons d'État.

ALMADA.

Vos troupes castillanes sont battues.

L'ARCHEVÊQUE.

Mais, mais conçoit-on cette audace?... La conçoit-on?

ALMADA.

Si Son Altesse veut épargner le sang, qu'elle envoie au gouverneur de la citadelle l'ordre de la reddition.

L'ARCHEVÊQUE.

Elle ne le fera point. Votre proposition est odieuse. Si vous avez compté sur la faiblesse de son sexe pour la rendre votre complice, renoncez à vos espérances.

ALMADA, MELLO, MENDOCE, *ensemble*.

Monsieur !...

L'ARCHEVÊQUE.

Arrêtez, audacieux !... La citadelle peut foudroyer la ville. On ne cédera point à des factieux qui, ce soir même, seront châtiés sévèrement. Encore une fois, messieurs les brigands...

ALMADA.

Imprudent ! taisez-vous. Apprenez que je n'ai qu'à grand'peine obtenu votre grâce. Taisez-vous, si vous aimez la vie.

L'ARCHEVÊQUE *un peu effrayé.*

Comment?...

SCÈNE DOUZIÈME.

LES MÊMES, LA DUCHESSE DE BRAGANCE.

Les soldats derrière les coulisses s'écrient :

Vivent les Portugais!

L'ARCHEVÊQUE

Quel nouveau bruit? Vous ici, Madame?

LA DUCHESSE.

Le tumulte est partout ; ce palais entouré de soldats.... J'ai tremblé ; j'ai frémi pour les jours de la vice-reine. Où est-elle? Je veux lui parler.

L'ARCHEVÊQUE.

La fortune l'a donc trahie!... Tandis que l'on nous annonçait la capitulation de votre époux...

LA DUCHESSE.

Lui! capituler? il a su vaincre et s'ouvrir un chemin. Déjà les preuves de sa clémence ont suivi celles de son courage. Cependant il n'est pas maître des transports excités dans le peuple par sa victoire. La multitude, les soldats qui cherchent à saisir Vasconcellos, menacent hautement la vice-reine. (*l'archevêque fait un mouvement de crainte.*) Calmez-vous. Je suis accourue pour l'arracher à ses dangers. Messieurs, secondez-moi... Mon dessein ne fut jamais de profiter cruellement des avantages de cette journée. J'eusse même respecté la puissance espagnole, si les perfidies de Vasconcellos ne m'avaient contrainte à chercher des défenseurs pour ma famille. Mes périls m'ont appris à courir au devant de ceux de votre maîtresse. Je sens d'avance tout l'effroi qui doit la troubler... Que je puisse la voir, la sauver, l'entraîner chez moi; mon palais est le plus sûr asile qui reste à celle qui fut jadis mon ennemie. Elle trouvera dans moi une consolatrice, un appui, des larmes pour la plaindre. Monseigneur, Messieurs, hâtons-nous; conduisez-moi vers elle.

LES PORTUGAIS *derrière les coulisses.*

Vivent les Portugais!

L'ARCHEVÊQUE.

Allons tous, allons, Madame; ces cris m'épouvantent pour elle. Si vous ne pouvez la sauver je serai votre première victime.

TOUS.

Voici le duc!

SCÈNE TREIZIÈME.

LA DUCHESSE, LA VICE-REINE, L'ARCHEVÊQUE, ALMADA, MELLO, MENDOCE, LE DUC, PINTO, ET LEUR SUITE.

Le duc entre, tenant la vice-reine par la main et au milieu des acclamations.

LE DUC.

Ah! Madame, soyez sans crainte. Mes défenseurs ont rougi d'avoir un moment oublié les respects dus à votre rang. Ma voix a calmé leur furie; vous êtes en sûreté au milieu de nous. C'est aux soins de la reine, à son cœur que je recommande votre infortune. Dès votre premier désir une nombreuse escorte vous reconduira avec honneur en Espagne.

LA DUCHESSE.

Comme vous tremblez... de grâce, reprenez courage... Nos promesses doivent-elles vous laisser dans l'ame un reste de frayeur?...

LA VICE-REINE.

Ah! quel exemple de générosité me donne une si noble conduite! votre valeur qui m'a défendue...

LE DUC.

Braves Portugais! qui de vous eût permis que l'on souillât l'honneur de ce jour! Des voix terribles s'élevaient de toutes parts, une foule irritée pressait les portes... Madame eut l'aveugle témérité de les ouvrir et de paraître... Oh! sans mon autorité déjà reconnue, sans mon secours... Je m'élance parmi ces furieux, je les écarte, et le ciel qui nous favorise ne veut pas que ma gloire et votre délivrance soient payées par un forfait.

PINTO.

Eh bien! Sire, mon zèle a-t-il trompé le duc de Bragance? Il me reste deux demandes à faire à Votre Majesté, celle de faire poursuivre Vasconcellos qu'on a vu entrer dans ce palais; ordonnez aussi qu'on me rende mon fidèle Piétro, mon muet.

MADAME DOLMAR.

Oh! c'est grâce à moi s'il vous est rendu... Je l'ai caché là.

Elle ouvre l'armoire. Vasconcellos sort tout armé; tout le monde recule avec effroi.

TOUS.

C'est lui !

LE CAPITAINE.

Ah ! ventrebleu !

Le capitaine s'élance sur Vasconcellos qui tire ses pistolets, et se va jeter par la fenêtre.

PINTO.

Nous n'eussions pas fait mieux, et je me félicite que les choses se soient passées sans violence.

LA DUCHESSE.

Ah, Pinto ! ah, Messieurs ! que ne vous doivent point notre famille et l'État ? Sans votre généreuse vaillance nous gémirions encore dans les fers de Vasconcellos. Voyez couler les larmes de ma reconnaissance. Ne redoutez rien de vos ennemis, ils sont trop faibles contre vos vertus.

MADAME DOLMAR.

Quoi ! Pinto, vous m'avez oubliée dans tout ceci ?

PINTO.

Que diable ! on ne faisait pas la guerre aux femmes.

LE DUC.

Monsieur de Bragues, l'archevêque de Lisbonne vous invite à partager ses fonctions dans le ministère.

L'ARCHEVÊQUE.

Vous ne vous offenserez pas de mon refus. Le devoir m'attache au sort de la vice-reine.... Votre caractère vertueux m'est connu, et je suis tranquille.

LE DUC.

Vous aussi, Alvare, vous avez marché !

ALVARE.

Ah ! suis-je jamais le dernier, moi ?

ACTE V, SCÈNE XIII.

LE DUC.

Pinto, tu seras à jamais mon ministre le plus cher. Dites à l'amiral qu'il est libre d'aller annoncer à son roi que ce jour l'enrichit par la confiscation de mon duché et de tous mes biens. Almada, mes amis, je ferai en sorte d'acquitter ma grande dette envers vous. Félicitez vos frères d'armes; leur courage que j'ai eu la gloire de guider, s'est emparé du fort qui menaçait Lisbonne et sa liberté.

PINTO.

Portugais! honneur aux guerriers qui nous défendent, aux écrivains qui nous éclairent, et que des lois sages, inaltérables, succèdent aux caprices irréguliers d'une autorité usurpatrice.

FIN.

VARIANTES.

Corrections du cinquième acte de Pinto, telles qu'elles ont été définitivement arrêtées entre l'auteur et Talma.

SCÈNE SEPTIÈME.

. . . .

L'ARCHEVÊQUE.

Mon Dieu, rassurez-vous, le calme va renaître, que Votre Altesse ne se rende pas malade. La seule précaution à prendre maintenant, c'est de placer une forte garde qui consigne, aux portes, ceux qui pourraient entrer ou sortir sans vos ordres suprêmes. Je m'y soumets le premier, Madame, et je donnerai à tous l'exemple de l'obéissance due à Votre Altesse. Mais je le répète, pour Dieu! qu'elle ne se rende point malade!

La vice-reine se retire.

SCÈNE HUITIÈME.

L'ARCHEVÊQUE ET PIÉTRO.

L'ARCHEVÊQUE.

Ah! coquin! tu es l'un des agens de M. Pinto!... Oh

bien ! oh bien ! tu paieras pour tous, si nous n'en attrapons pas d'autres... Quoique muet, tu n'es pas sourd, et tu entends ce que cela veut dire.... La potence, maraud ! la potence !... Ne prétends pas m'échapper... Tu ne sortiras d'ici que sous bonne escorte... Ah ! ah ! drôle !... Que vient m'annoncer Francisque ?

✸

SCÈNE NEUVIÈME.

LES MÊMES, FRANCISQUE.

FRANCISQUE.

Les chefs des rebelles viennent de se présenter à la vice-reine ; on relève les sentinelles à toutes les issues ; Son Altesse vous en fait avertir, et vous prie, pour sa sûreté et pour la vôtre, de n'opposer aucune résistance.

L'ARCHEVÊQUE.

Moi, bon Dieu ! contrarier ses vues, rompre ses mesures, ses consignes ! Ne lui ai-je pas conseillé moi-même de faire garder le palais ?... Cela est fort bien ! les gardes empêcheront tout mouvement tumultuaire... A merveille ! excellentes dispositions !

FRANCISQUE.

Vous êtes, dès à présent, vous-même, aux arrêts dans cette salle.

L'ARCHEVÊQUE.

Comme le voudra Son Altesse, je ne contreviendrai jamais à son autorité légitime... Allez, Monsieur, le lui dire de ma part... L'attachement, le respect... Je fais profession.... Elle sait d'ailleurs.... Allez, vous dis-je, l'assurer que je me comporterai fidèlement, loyalement; en un mot, convenablement aux circonstances.

SCÈNE DIXIÈME.

LES MÊMES, DES GARDES.

L'ARCHEVÊQUE.

Ah! voici la force armée!... Entrez, camarades! Bon, mes amis!... Tenez, monsieur l'officier, emparez-vous de cet homme-là. (*il montre Piétro.*) C'est un suppôt de M. Pinto, nous en rendrons compte. Il vous reste des gens? mettez encore deux sentinelles ici... Quelqu'un pourrait s'évader par cette issue... Un soldat de plus à l'entrée de ce cabinet... Bon! les voilà postés! Veillez exactement et que personne ne bouge. Je me constitue moi-même votre prisonnier, s'il le faut, tant je respecte l'ordre et le gouvernement établi!... Quel bruit est-ce là?

SCÈNE ONZIÈME.

LES MÊMES, ALMADA, MELLO, MENDOCE, CONJURÉS.

TOUS.

Vivent les Portugais!

L'ARCHEVÊQUE.

Pourquoi ces cris? Que voulez-vous?

ALMADA.

Affranchir notre patrie! la soustraire au joug du roi d'Espagne!

MELLO.

La maison de Vasconcellos est en feu, on le cherche.

MENDOCE.

Nous avons ouvert les prisons d'État.

ALMADA.

Vos troupes castillanes sont battues.

L'ARCHEVÊQUE.

Mais, mais conçoit-on cette audace?...

ALMADA.

Si Son Altesse veut épargner le sang, qu'elle envoie au gouverneur de la citadelle l'ordre de sa reddition.

L'ARCHEVÊQUE.

Elle ne le fera point... Votre proposition est odieuse... si vous avez compté sur la faiblesse de son sexe pour la rendre votre complice, renoncez à vos espérances; moi, qui suis mâle, je vous le dis.

ALMADA, MELLO ET MENDOCE.

Monsieur!...

L'ARCHEVÊQUE.

Arrêtez, audacieux!... La citadelle peut foudroyer la ville... On ne cédera pas à des factieux qui, ce soir même, seront châtiés sévèrement!... Encore une fois, messieurs les brigands....

ALMADA.

Imprudent! taisez-vous. Apprenez que je n'ai qu'à grand'peine obtenu votre grâce.... Taisez-vous, si vous aimez la vie.

L'ARCHEVÊQUE.

Comment?... comment donc?... Mais vous, monsieur l'officier, et vous, sentinelles, est-ce ainsi que vous faites votre devoir!... Deviez-vous laisser forcer votre consigne par ces perturbateurs, et leur permettre ainsi l'entrée du palais? Je cours de ce pas avertir la vice-reine.

ALMADA.

Vous êtes ici aux arrêts, de par le roi...

L'ARCHEVÊQUE.

Quoi?... du roi d'Espagne.

ALMADA.

Non, du roi de Portugal, duc de Bragance.

L'ARCHEVÊQUE.

Quoi! ces gardes-là?...

ALMADA.

Sont les siens.

L'ARCHEVÊQUE.

Et moi, qui, sans m'en douter, prenais le soin de les poser moi-même!...

ALMADA.

C'est le roi de Portugal dont la bonté nous charge de vous retenir, pour votre salut.

L'ARCHEVÊQUE.

Ah! ah!... Comme les choses ont donc tourné!... Ce que c'est que les révolutions; tout s'est fait autour de moi sans que je m'en aperçusse!... Diable!... Mais d'où viennent encore ces gens-ci? Veut-on m'environner d'assassins?

SCÈNE DOUZIÈME.

LES MÊMES, LE CAPITAINE FABRICIO, SANTO-NELLO, ALVARE.

LE CAPITAINE.

Non, mais de braves militaires qui vous protégent.

L'ARCHEVÊQUE.

Je veux sortir... je veux me montrer en personne au peuple.

LE CAPITAINE.

Gardez-vous en bien.

L'ARCHEVÊQUE.

Eh! qu'oserait-il me faire? ma dignité....

LE CAPITAINE.

Il jetterait votre dignité par les fenêtres [1].

L'ARCHEVÊQUE.

Mais, mais, mais, conçoit-on une rage pareille? la conçoit-on?

MELLO.

Ah! voici le roi! voici la reine!.... vivent Leurs Majestés.

TOUS.

Vivent Leurs Majestés!

[1] Mot historique.

SCÈNE TREIZIÈME.

les mêmes, LE DUC et LA DUCHESSE DE BRAGANCE, PINTO, MADAME DOLMAR, suite.

LE DUC.

Vos acclamations de joie, mes amis, sont le plus doux prix de mes efforts pour la conquête de votre liberté! Braves Portugais, qui de vous eût permis que l'on souillât l'honneur de ce jour? Des voix terribles s'élevaient de toutes parts, une foule irritée, pressait les portes.... La vice-reine eut l'aveugle témérité de les ouvrir et de paraître... Oh! sans mon autorité déjà reconnue, sans mon secours... Je m'élance parmi ces furieux, je les écarte, et le ciel qui nous favorise n'a pas voulu que ma gloire, que votre délivrance fussent payées par un forfait.

L'ARCHEVÊQUE.

La fortune a donc trahi la vice-reine!... Tandis que l'on nous annonçait, Madame, la capitulation de votre époux!...

LA DUCHESSE.

Lui, capituler! il a su vaincre, et se frayer un chemin jusqu'à la citadelle dont le gouverneur s'est enfin rendu. Déjà les preuves de sa clémence ont suivi celles de son courage. Cependant il craignit de ne pas maîtriser les transports excités au sein du peuple par sa victoire. La multitude, les soldats menaçaient hautement la vice-reine... Calmez-vous, Monsieur; nous sommes accourus l'arracher à ses dangers. Messieurs, secondez-moi encore. Mon dessein ne fut jamais de tirer un profit cruel des avantages de cette journée. J'eusse même respecté la puissance espagnole, si les perfidies de Vasconcellos ne m'avaient contrainte à chercher des défenseurs pour ma famille. Mes périls m'ont appris à courir au-devant de ceux de votre maîtresse. Elle est en sûreté désormais : on la conduit dans un appartement de la maison royale de Xabrégas, à l'extrémité de Lisbonne.

TOUS.

Vivent les Portugais !

PINTO.

Eh bien, Sire ! mon zèle a-t-il trompé le duc de Bragance?

LE DUC.

Qu'est devenu l'ennemi public? Où s'est caché Vasconcellos?

PINTO.

Dans le fond d'une armoire, sous des papiers, registres de ses crimes, pièces de la condamnation qu'il a subie.

LE CAPITAINE.

Les portes de sa maison sont enfoncées, ses meubles brisés... Il a pillé, ruiné, proscrit : on le proscrit, on le ruine, on le pille. Bonnes représailles !

PINTO.

Cela n'est pas légal... mais juste.

LE DUC.

Et sa personne?

SANTONELLO.

Une vieille servante effrayée nous a montré du doigt sa

cachette ; nous l'avons ouverte : il a tenté de se sauver en nous éblouissant de deux coups de pistolet...

LE CAPITAINE.

Mais moi, ventrebleu! je l'ai... Chut! ne parlons plus de cela. Il ne faut pas s'attrister de ces petites circonstances, au dénouement.

LE DUC.

Ça, mes amis, ne craignez pas de me rappeler vos services : j'acquitterai ma dette envers vous. — Almada, je vous nomme lieutenant-général de mes troupes, et membre de mon conseil.

ALMADA.

Votre Majesté récompense dignement mon zèle pour le pays.

LE DUC.

Mello, vous êtes grand-écuyer : Mendoce, surintendant de mon palais ; et tous deux aussi, de mon conseil.

MELLO.

Sire, je n'attendais pas moins de votre générosité.

MENDOCE.

Sire, je me félicite d'avoir tout risqué pour votre conservation.

LE DUC.

L'archevêque de Lisbonne est monté à la chambre souveraine de *Relation* annoncer au peuple notre victoire et mon avénement au trône. Si je ne fusse resté dans la capitale, c'est à lui que j'aurais confié la régence. Il vous invite avec moi, M. de Bragues, à partager les fonctions que je lui donne dans le ministère.

L'ARCHEVÊQUE.

Vous ne vous offenserez pas de mon refus... le devoir m'attache à la vice-reine... Votre caractère vertueux m'est connu, et je suis tranquille.

PINTO *à M. de Bragues.*

Ça, Monseigneur, n'êtes-vous pas surpris de cette révolution?

L'ARCHEVÊQUE.

Pas trop, pas trop... car, voyez-vous, j'avais dans l'esprit quelque idée de l'événement... Mes pensées, parfois, sont obscures, vagues... Mais, étant de ma nature méditatif, je perce, je débrouille les nuages à la fin... et dans le fond, j'ai toujours pressenti la chose... Je prévois même encore que tout cela ne durera guère... Cela ne peut pas durer, cela ne durera pas.

<small>Il salue et se retire.</small>

PINTO.

Fiez-vous là dessus, pour votre consolation.

SANTONELLO *au duc de Bragance.*

Le plus humble de vos serviteurs ne prétend rien aux biens de ce monde; mais s'il vaque un petit bénéfice, ne m'oubliez pas.

LE DUC.

Vivez dans l'espérance et ayez foi en votre Seigneur. — Quoi! vous aussi, Alvare, vous avez marché?

ALVARE.

Suis-je jamais le dernier, moi? On m'a vu me jeter comme un lion dans la mêlée...

LE CAPITAINE.

Quelle mêlée?...

VARIANTES.

ALVARE.

Parbleu ! devant la garde espagnole, qui faisait un feu du diable.

LE CAPITAINE.

Bah ! de la poudre aux moineaux !... Je le sais, j'y étais.

ALVARE.

Et près du corps de garde allemande, c'était un enfer ! on s'y tuait en enragés.

LE CAPITAINE.

Bah ! des riens, des gourmades, des batteries de cabaret !... Je l'ai vu, j'y ai mis le holà !

ALVARE.

Et sous le château ? n'était-ce pas un vrai carnage ?

LE CAPITAINE.

Quelques frottées... Mais bah ! j'en ai vu bien d'autres !

ALVARE.

Sire, je ne me vante pas ; mais je me recommande à vous.

LE DUC *souriant*.

Mon brave, je vous fais camérier et chef des cérémonies.

LE CAPITAINE.

Et moi, Sire ?

LE DUC, *lui touchant sur l'épaule*.

Commandant de mes gardes. — Mais toi, toi, Pinto, ne demandes-tu rien dans ce nouveau gouvernement ?

PINTO.

Pas la moindre chose, Sire : qu'ai-je fait ?

LE DUC.

Tout.

PINTO.

Mon devoir, en vous obéissant.

LE DUC.

Tel est le langage du mérite! On le doit d'autant plus avancer, que sa modestie le tient en arrière. Le secrétaire du duc de Bragance sera le secrétaire intime du roi de Portugal, et son premier conseiller.

MADAME DOLMAR.

Quoi, Pinto! vous m'avez fait mystère de tout ceci, à moi!

PINTO.

Que vous dire? on ne faisait pas la guerre aux femmes.

LA DUCHESSE.

Le roi me veut-il donner madame Dolmar pour première dame de compagnie?

LE DUC.

Vous prévenez mes désirs.

MADAME DOLMAR.

Et Vos Majestés comblent tous les miens. Grand merci, Pinto! N'est-ce pas vous qui me valez cette honorable faveur?

PINTO.

Un peu, j'imagine. Voyez tous ces gens-là : je serai l'artisan de leur fortune comme de la vôtre; eh bien! la plupart ne me reconnaîtront plus, quand ils seront en place. C'est là le train des cours, et je m'en dépiterais, si je n'étais qu'un sot.

MADAME DOLMAR.

Chut! ne faites plus de confidences qu'à votre muet.

PINTO.

Je veux le faire nommer chancelier.

MADAME DOLMAR *riant*.

Ah! ah! pour qu'il nous taise le reste.

LE DUC.

Pinto, tu seras à jamais mon ministre le plus cher. Dites à l'Amiral qu'il est libre d'aller annoncer à son roi que ce jour l'enrichit par la confiscation de mon duché et de tous mes biens. Mes enfans, je me sens aujourd'hui votre père. Félicitez vos frères d'armes : leur courage, que j'ai eu la gloire de guider, s'est emparé du fort qui menaçait Lisbonne et votre liberté.

PINTO.

Portugais! honneur aux guerriers qui nous défendent, aux écrivains qui nous éclairent! et que des lois sages, inaltérables, succèdent aux caprices irréguliers d'une autorité usurpatrice.

RICHELIEU

ou

LA JOURNÉE DES DUPES.

❀

Comédie historique
EN CINQ ACTES ET EN VERS.

❀

REÇUE A L'UNANIMITÉ PAR LE THÉATRE-FRANÇAIS L'AN 1804.

PERSONNAGES. Distribution des rôles acceptée par les acteurs.

LE CARDINAL DE RICHELIEU, premier ministre. — Talma.
LOUIS TREIZE, roi de France. — Saint-Phal.
ANNE D'AUTRICHE, reine régnante. — Caroline Talma.
MARIE DE MÉDICIS, reine, mère du roi. — Contat.
LE DUC D'ÉPERNON, seigneur français. — Monvel.
BASSOMPIERRE, maréchal de France. — Fleury.
MADAME DUFARGIS, dame d'honneur de la reine. — Devienne.
MARILLAC, garde-des-sceaux. — Baptiste aîné.
VAUTIER, premier médecin de la reine-mère. — Dazincourt.
VÉRONNE, juif astrologue. — Dugazon.
LE PÈRE JOSEPH, capucin, confident de Richelieu. — Grandménil.
GRASSEAU, garde des oiseaux de la reine-mère. — Baptiste cadet.
JACQUE, homme du peuple. — Michaud.
UN VALET DE PIED.

La scène se passe à Paris.

RICHELIEU

ou

LA JOURNÉE DES DUPES.

𝔈𝔬𝔪𝔢́𝔡𝔦𝔢 𝔥𝔦𝔰𝔱𝔬𝔯𝔦𝔮𝔲𝔢.

ACTE PREMIER.

Le théâtre représente une rue voisine du couvent du Val-de-Grâce, à Paris.
Il fait nuit.

SCÈNE PREMIÈRE.

JACQUE *seul*.

Mes hardes et mon croc sont tout mouillés de pluie...
Sans drap pour s'habiller, quelque temps qu'il essuie,
Au vent, tous les hivers, n'ayant ni feu ni lieu,
Un pauvre homme ne vit que par grâce de Dieu !
Nuit et jour il pâtit, gèle, sue et travaille,
Pour nourrir des faquins qui le nomment canaille...

Comment vous appeler, vous, qui dans vos maisons
Babillant et dormant à l'abri des saisons,
Éclairés et chauffés pendant la nuit entière,
Méprisez tant les gueux, sans pain et sans lumière?
Quels soucis avez-vous que de vous amuser?
Vous changez vos manteaux avant de les user;
Vos fils font les bourgeois, parés comme des femmes,
Et vos bourgeoises font partout les grandes dames :
Tandis que, sans le sou, père de trois marmots,
Pour tout bien, j'ai ma hotte ou mes crochets au dos,
Et, pour lit, de la paille en un coin d'écurie :
Si je vais m'y coucher! ma famille me crie :
Papa! papa! la soupe!... Et moi, qui sens saigner
Mon cœur, je leur réponds : « Allez-en donc gagner,
Petits drôles! » Mordié! qu'à vivre on a de peine!
Parfois au cabaret qu'un compagnon me mène
Pinter le broc de vin qu'il s'offre de payer ;
Si chez ma femme après je rentre... m'égayer;
Elle m'appelle chien! dissipateur! ivrogne...
Courage! il faut pourtant nous mettre à la besogne...
Mon amadou est là, mon briquet, mes cailloux,
Le papier qui me sert de lanterne...

SCÈNE DEUXIÈME.

VAUTIER, VÉRONNE, JACQUE *sur le devant de la scène.*

VAUTIER.

Tout doux !

ACTE I, SCÈNE II.

Si l'on nous épiait... Cette rue est très-sombre....
Un argus politique a de bons yeux dans l'ombre.
On ne peut faire un pas qui serve ou nuise aux grands,
Sans hasarder pour eux vingt périls différens.

JACQUE *battant son briquet.*

Feu dès le premier coup !... Allumons ma chandelle.

VAUTIER *faisant un saut en arrière.*

On a tiré sur nous !

VÉRONNE.

Oui, j'ai vu l'étincelle.

JACQUE *chantant.*

La, la, lera, la, la, etc.

VÉRONNE.

Rassurons-nous : ce n'est qu'un homme ivre, je croi.

VAUTIER.

Il chante : le coquin est plus heureux que moi.

VÉRONNE *à Jacque.*

L'ami ! que fais-tu là ?

JACQUE.

Moi !

VAUTIER *impatiemment.*

Réponds et sans feinte.

JACQUE.

Feindre ! à quoi bon ?... J'allume une chandelle éteinte.

VAUTIER.

Pourquoi ?

JACQUE.

Pour voir plus clair.

VÉRONNE.

Si c'est quelque espion,

Il est naïf. (*à Jacque.*) Va-t-en remplir ta fonction.
JACQUE.
Je la fais ; et j'ai droit qu'on me laisse tranquille
Sur le pavé du roi : car c'est mon seul asile.
VAUTIER.
Quel peut être ce drôle ?
JACQUE.
Hélas ! je ne suis rien.
J'amasse des chiffons ; ce qu'on jette est mon bien.
VAUTIER.
Laisse-nous donc en paix. Va-t-en boire, et t'enivre.
JACQUE.
Boire ! m'enivrer ! bon ! je n'ai pas de quoi vivre.
A tous les pauvres gens voilà bien vos discours,
Vous qui faites, Messieurs, trois repas tous les jours ;
Et qui, si trop de vin vous rend les goûts plus fades,
En nous nommant buveurs, vous traitez de malades.
Bonsoir !
Il sort, sa lanterne allumée à la main.

SCÈNE TROISIÈME.

VAUTIER, VÉRONNE.

VÉRONNE.
Ce malheureux était là par hasard.
Je me souviens, docteur, qu'il rôde ici très-tard.
Souvent je l'aperçus et n'en pris nul ombrage :
Mais dès-lors qu'on intrigue, il faut d'un œil si sage
Porter son examen sur le moindre ciron...

A force de prudence on est quasi poltron.
Ce hardi cardinal, qui nous trouble dans l'ame,
Ce Richelieu parfois tremble comme une femme :
Lui-même n'a de paix ni d'esprit ni de corps :
Le soupçon au dedans, le péril au dehors,
L'assiégent; et tandis qu'à sa seule parole
Tout frémit, il a peur d'une mouche qui vole.
S'il eût vu, comme nous, luire un feu de briquet,
Dans l'ombre, il se fût cru visé d'un pistolet.
Le plus vil des marauds eût donc glacé de crainte
Le grand homme qui tient les grands dans la contrainte ;
Ce ministre d'Etat eût pu même avec soin
Interroger, tâter le portefaix du coin :
De ces exemples-là toute l'histoire abonde ;
Et cela fait pitié pour les héros du monde !

VAUTIER.

Par ma foi ! si j'étais Armand de Richelieu,
D'éprouver des frissons je croirais avoir lieu :
Aux haines de la cour par trop d'orgueil en butte,
Je m'attendrais enfin à quelque lourde chute.
Si votre astrologie a pour vous des clartés,
Ne prévoyez-vous pas...

VÉRONNE.

Oui, des calamités.

VAUTIER.

Dites prospérités pour l'État, s'il succombe.

VÉRONNE.

Bonheur pour qui le hait, malheur pour lui, s'il tombe.
Je m'entends; et toujours, en parlant au futur,
De peur de me tromper j'use d'un tour obscur :

C'est le fin du métier : car, au gré des personnes,
Mes paroles sans fond sont mauvaises ou bonnes.
Je mêle un double sens à mes expressions
Comme un vieux diplomate en ses opinions.
Chez les grands, qui ne flatte est une franche bête;
Et qui nous prédit vrai n'est pas notre prophète.

VAUTIER.

Vous ne courez nul risque à prévoir nettement
Du cardinal déchu l'heureux bannissement.
Le vrai sera d'accord avec ce que désire
La reine-mère prête à reprendre l'empire.
Quand, déguisé par moi, vous serez présenté
Mystérieusement devant Sa Majesté,
Dites-lui, là, tout franc : « Je vois Armand qu'on chasse,
» Et votre autorité nomme un autre à sa place. »
Voilà, mon cher Véronne, avec quel compliment
Vous devez l'aborder respectueusement.

VÉRONNE.

Oh! monsieur le docteur, il y faut plus d'emphase;
Et si d'un inspiré je n'affectais l'extase,
Si je ne déchiffrais aux lignes de la main
Ce que j'apprends, ce soir, à deviner demain ;
Roulant les yeux au ciel, où l'homme ne voit guère,
Si je n'y lisais pas ce qu'on me dit sur terre ;
Je passerais pour sot : mon art en discrédit
N'appuirait nullement ce que j'aurais prédit.
Le faux appareil plaît, non la vérité nue :
On est peuple à la cour ainsi que dans la rue.
Hommes, femmes, bourgeois, nobles, grands et petits,
Au joug des charlatans sont tous assujettis :

Convenez-en ; l'erreur nous mit tous deux en vogue :
Vous êtes médecin, et je suis astrologue.
Rions, en nous voyant, comme ont ri ces vauriens
D'augures, qui mentaient...

VAUTIER.

Oui, les prêtres païens ;
Mais les nôtres!...

VÉRONNE.

Oh, point! on brûle en hérétique
Quiconque ne les croit ; j'y crois en fanatique.
Les prêtres excepté, chacun trompe ici-bas.
J'ai bien fait des métiers ; j'ai vu bien des climats,
Et Juif, Chrétien ou Turc, je sais que sans scrupules
Partout les imposteurs vivent sur les crédules.

VAUTIER.

Je le pense de même alors que j'aperçoi
Les faiblesses d'esprit de la mère du roi.
Quoi! que Sa Majesté, veuve de Henri Quatre,
Que Marie, en son rang, sache si peu combattre
Les conseils déréglés dont l'offusquent ses sens,
Que sur elle à tel point les devins soient puissans,
Qu'elle n'ose jurer la perte d'un ministre
Si la nécromancie est pour elle sinistre!

VÉRONNE.

La bonne femme! eh bien! nous la déciderons
A régler l'avenir que nous annoncerons.
Du passé, du présent, détaillez-moi les causes :
Je partirai de-là pour augurer les choses.

VAUTIER.

Le roi veut, las du ton qu'il s'arroge céans,

Chasser le cardinal.

VÉRONNE.

Bon.

VAUTIER.

     Le duc d'Orléans,
Gaston, forme un projet d'en délivrer son frère.
La jeune reine, unie avec la reine mère,
Du pouvoir du prélat a résolu la fin.

VÉRONNE.

Tout cela m'est connu.

VAUTIER.

     Mais notre diable est fin.
On le tient en échec, et si l'on ne fait faute...

VÉRONNE.

Quelque diable qu'on soit, seul contre tous, on saute.

VAUTIER.

L'apparence souvent a déçu notre espoir :
Devant le cardinal, Monsieur même peut choir.
Si le coup manque, il faut, dressant l'autre machine,
Que la mère du roi le frappe et le ruine.
Mais contre le ministre, elle n'ose pousser
Une attaque de front qui peut la renverser.
Sur elle vos efforts sont de grande importance ;
Si vous l'enhardissez, vous sauverez la France.

Il croit entendre du bruit.

Chut !

VÉRONNE.

  Personne.

VAUTIER.

    J'attends madame Dufargis.

ACTE I, SCÈNE III.

VÉRONNE.

J'ai pour la recevoir préparé mon logis.

VAUTIER.

Elle est, avec la reine, entrée au Val-de-Grâce,
A ce couvent tout proche; et seule, en cette place,
Elle me doit, à pied, joindre secrètement.
Nous nous entretiendrons tous les deux un moment,
De crainte qu'à sa piste un furet d'émissaire
Ne guette votre porte et n'évente l'affaire.

VÉRONNE.

Je ne l'ai jamais vue; or, monsieur le docteur...

VAUTIER.

De la reine, mon cher, elle est dame d'honneur;
Et les grâces en elle, étant femme et jolie,
Couvrent l'ambition d'un masque de folie.
Chantant, riant, jasant, mentant sur chaque objet,
Elle conduit le fil du plus grave projet;
Affichant en plein jour mille intrigues galantes,
Pour cacher le secret de ses nuits intrigantes;
Tantôt aux courtisans, que séduit son regard,
Donnant des rendez-vous où l'amour n'a point part;
Tantôt par ses amours charmant la politique
D'un mari confident pour qui tout se complique;
Et des hommes d'État, soumis à ses désirs,
Achetant la faveur, qu'elle paie en plaisirs.

VÉRONNE.

Quelle dame d'honneur!

VAUTIER.

Baste sur ce chapitre.

VÉRONNE.

Elle doit amener?...

VAUTIER.

Deux personnes en titre,
Et que sans leur aveu je ne puis vous nommer?...

VÉRONNE.

Docteur Vautier, il faut néanmoins m'informer
De ce qu'ils sont : assez j'ai subi les férules
Des tribunaux. Je hais les conciliabules.

VAUTIER *souriant*.

En sage craignez-vous l'éclat de l'or trompeur?

VÉRONNE *souriant*.

L'homme d'honneur n'est pas accessible à la peur.

VAUTIER.

Tant mieux ; fidèlement, servez avec mystère
Le roi, l'État et nous ; servez la reine-mère.
Si je ne savais, moi, Vautier, son médecin,
Quel est pour le public son généreux dessein,
Parlez, me fourrerais-je au guêpier politique?
Mais du bonheur commun le vrai zèle me pique.
Faites votre devoir, comme je fais le mien.
Il faut qu'un médecin médicamente ; eh bien !
L'État souffre, me dis-je, agis, cours et t'applique
A trouver quel remède, à chercher quel topique,
Quelle amputation le guérirait. Son mal
Est son cardinal ; donc, détruis son cardinal.
Tu te lèves, la nuit, dès qu'un malade appelle ;
La patrie est malade ; allons ! veille pour elle.
Vous, l'organe du ciel, votre art est d'augurer ;
Augurez donc le bien qu'on est près d'opérer.

Sans crainte et sans remords, content d'un lot modeste,
Visez à la fortune, et Dieu fera le reste.
Véronne, entrez chez vous... J'entends quelqu'un marcher.
Véronne se retire chez lui.

✻

SCÈNE QUATRIÈME.

VAUTIER et MADAME DUFARGIS.

VAUTIER *à part.*
Est-ce elle que je vois dans l'ombre s'approcher?
MADAME DUFARGIS *à part, hésitant.*
Est-ce mon docteur? (*à Vautier.*) Oui, je vous reconnais, masque.
De quelque audacieux je craignais une frasque,
Où plutôt les agens de l'ennemi commun...
VAUTIER.
Sans cesse autour de nous il en rôde quelqu'un.
MADAME DUFARGIS.
Sentez, docteur Vautier, comme mon cœur palpite...
La frayeur jusqu'ici m'a fait courir si vite !
Pour la reine, ce soir, j'ose en mon dévoûment
Plus que femme jamais n'osa pour un amant ;
Et quand je brave tout pour de nobles princesses,
L'injurieux public met mon honneur en pièces.
Cette malice est triste ; et j'avoûrai, ma foi,
Qu'il me paraît plus doux de tout risquer pour soi.
Parlons du cardinal. Monsieur résout sa perte,
Et durant une fête en sa maison offerte,
De sa suite nombreuse il le doit entourer,

Le prendre vif ou mort; tout semble y conspirer.
Je sors du Val-de-Grâce où la reine charmée
Par des avis certains vient d'en être informée.
Elle hésite pourtant; son cœur, plein de vertu,
De pitié pour ce traître est déjà combattu.

VAUTIER.

Les chroniques ont dit qu'en dépit d'un saint zèle,
L'hypocrite souvent jeta les yeux sur elle;
Et les reines n'ont pas le cœur fermé...

MADAME DUFARGIS.

Docteur,

Taisez-vous! Sa vertu repousse un bruit menteur.

VAUTIER.

Pardon! un médecin juge une souveraine
Comme toute autre femme, aimable, tendre, humaine,
Et sans illusion il voit les Majestés.

MADAME DUFARGIS.

La reine, innocemment, n'a d'autres voluptés
Que d'entendre parfois ses serviteurs fidèles
Répéter que sa taille et que ses mains sont belles.
Elle est chaste, elle hait ce cardinal maudit,
Et le plaint par bonté; c'est tout.

VAUTIER.

Sans contredit.

Le ministre à ce compte est sans ressource?

MADAME DUFARGIS.

A terre.

VAUTIER.

Dieu le veuille!

ACTE I, SCÈNE IV.

MADAME DUFARGIS.

Du roi prévenant la colère,
Nous crayonnons d'avance, en charitables traits,
Du ministre puni les différens portraits;
Car le vent, à la cour, est prompt et variable;
Montez, on vous fait dieu; tombez, on vous fait diable.
On vous trouvait l'esprit et le corps sans défauts;
On vous trouve l'air bas, l'esprit et le cœur faux.
Tous ceux qu'éblouissait votre auguste visage
Vont à quelque autre idole, et déchirent l'image
De la divinité sur qui l'on veut venger
Le soin respectueux qu'on prit de la singer.
Maintenant, au parloir, l'ambassadeur d'Espagne
Converse avec la reine, et la presse, et la gagne :
Puis, comme de coutume, après son entretien,
Il ira vous parler chez le nécromancien,
Chez l'astrologue.

VAUTIER.

Bon : c'est un agent fidèle
Prêt à nous seconder des efforts de son zèle.
Qu'aux traités de Madrid la reine accède ou non,
Que le complot formé serve ou perde Gaston,
Mon devin m'a juré, que par sa momerie,
Il ensorcellerait la puissante Marie,
Si bien que Richelieu, frappé de chocs soudains,
Tombera sous ses coups si les nôtres sont vains.

MADAME DUFARGIS.

Et me recevra-t-il moi-même en sa demeure?

VAUTIER.

Certes.

MADAME DUFARGIS.

De nos messieurs, qui viennent tout à l'heure,
A ce charitable homme avez-vous dit le nom?

VAUTIER.

Nommer le chancelier Marillac! mon Dieu, non;
Pas plus que je n'ai fait monsieur de Bassompierre.

MADAME DUFARGIS.

Oh! quant au maréchal, son humeur cavalière
Vous dispense des soins prudens, minutieux :
Nulle part le danger n'apparaît à ses yeux.
Tête haute à la cour comme dans la mêlée,
Il s'y montre en guerrier, emportant tout d'emblée :
Il masque de fierté ses intérêts, et feint
Un suprême mépris pour l'ennemi qu'il craint.
Chevalier, favori, galant, brave, il conspire,
Se bat, aime, boit, joue, et de tout ose rire.

VAUTIER.

Ces gens-là, tôt ou tard, de leurs plaisans propos
Vont rire tristement en quelque endroit bien clos :
De braves étourdis la Bastille est peuplée;
Ce lieu doit être gai.

MADAME DUFARGIS.

Je prendrai la volée
Au premier bruit fâcheux.... Docteur, la liberté,
Et le plaisir, surtout, sont bons pour ma santé.

VAUTIER.

Eh! quel remède est bon pour vos jeunes cervelles?
Vous vivez, près du roi, sémillantes et belles;
Sans réfléchir sur rien, vous vous mêlez de tout,
Et vous voguez sans voir quels écueils sont au bout :

Cela vous rend parfois si jaseuses, mesdames !
Un mot dit au hasard rompt le fil de nos trames ;
Et vous faites frémir les hommes de bon sens,
Qui sont vos serviteurs à leurs propres dépens.
Heureux qui tel que moi, déjà mûri par l'âge,
Ne s'ingère dans rien qui trouble son ménage,
En son coin reste coi, sans ostentation,
Et vaque doucement à sa profession.
Mon soin est la santé de la reine Marie :
De sa bouillante humeur j'apaise la furie ;
Son sang toujours s'allume au seul aspect d'Armand ;
En purger ses regards est pour elle un calmant ;
Et puisque les secrets de la nécromancie
Valent pour son cerveau ceux de la pharmacie,
Mon art chez un devin cherche sa guérison.
Je pense, en m'attachant à sa noble maison,
Que de Sa Majesté le médecin habile
Plus qu'un grand politique au royaume est utile ;
Car, selon que nos chefs digèrent bien ou mal,
Le bulletin public est heureux ou fatal.

MADAME DUFARGIS.

Ainsi donc vous dictez le rôle à l'astrologue,
Comme à l'apothicaire on ordonne une drogue.
J'ignorais qu'Hippocrate, officieux docteur,
Fît d'un bon médecin presque un conspirateur.
La conscience en nous s'arrange à sa manière.

VAUTIER.

On approche à pas lents.

MADAME DUFARGIS.

    Paix ! si c'est Bassompierre.

Un signal convenu pour tous nos rendez-vous...

SCÈNE CINQUIÈME.

LES PRÉCÉDENS ET BASSOMPIERRE.

BASSOMPIERRE *frappant des mains.*

Amour !

MADAME DUFARGIS.

Bonheur ! (*à Vautier.*) Voilà le mot d'ordre entre nous
Quoi ? vous arrivez seul !

BASSOMPIERRE.

Au fond de ma voiture
Marillac est resté de crainte d'aventure ;
Et j'accours au signal, ici, prendre le vent.

MADAME DUFARGIS.

L'ambassadeur d'Espagne, entré dans le couvent,
Doit, au sortir de-là, chez le devin Véronne,
Avec lui s'enfermer et traiter en personne ;
C'est l'ordre de la reine.

BASSOMPIERRE.

Oh ! le garde-des-sceaux
N'obéit qu'à la crainte. En de larges manteaux
S'enfonçant jusqu'au nez, blotti, muet, il tremble
Qu'en ce quartier désert on ne nous voie ensemble.
Vous n'imaginez pas son risible tourment !
Il jure que la ville a le signalement
De nos chevaux changés, de nos gens sans livrée,
Que ma précaution rend sa perte assurée....

ACTE I, SCÈNE V.

Tantôt, il valait mieux, cheminant sans façon,
Visage découvert, écarter le soupçon.
Tantôt, nous n'avons pas, contre la surveillance,
En nos déguisemens mis assez de prudence.
Ce juif mystérieux, si connu de Vautier,
Peut-être nous vendra : c'est un vil usurier.
Du Val-de-Grâce enfin, sa maison trop voisine,
Est-elle sûre et close? Il pèse, il examine ;
Il n'ose respirer l'air qui souffle en ce lieu ;
A chaque angle de rue il croit voir Richelieu,
Tant sa vive frayeur partout se multiplie
L'ennemi qui, je gage, est à table et l'oublie.
J'ai combattu l'effroi dont il se sent ronger.
A quitter la partie il paraissait songer,
Voulait me planter là ; quoi donc? c'est moquerie !
Vengez Anne d'Autriche et l'auguste Marie
D'un traître, d'un méchant, dont tout le vain courroux
Bientôt ne sera plus redoutable pour vous.
N'eussiez-vous nul égard au salut de l'empire,
Des deux partis rivaux n'embrassez pas le pire.
Si votre cardinal reste dans les grandeurs,
Sa vengeance, pour vous, se borne à des froideurs :
Peut-il vous ruiner, protégé par deux reines?
L'épouse de Louis, sa mère? Frayeurs vaines !
Si votre cardinal est de vous appuyé,
Et qu'on l'écrase ; alors, vous êtes foudroyé.
Rester neutre, impossible? Ayant mis à la voile,
Il faut cingler au large et suivre son étoile.
Et je lui dépeignais ce cardinal, sans foi,
Ministre usurpateur, régnant de par le roi.

Si bien que mon flatteur, l'œil brouillé par ses doutes,
Et dont l'esprit diverge en cent petites routes,
Arrivant à ce point qui gêne un courtisan,
D'être d'un parti fixe en zélé partisan,
D'abjurer de son art l'habile fourberie
Qui dans un haut honneur mit sa poltronnerie,
Sorti de l'embarras qui le tient en stupeur,
Conspire par faiblesse, et brave tout par peur.

VAUTIER.

Ne l'abandonnez pas à son incertitude.
Des subtils faux-fuyans il a pris l'habitude...

MADAME DUFARGIS.

Preste! faisons partir votre carrosse; et crac!
Enlevons-en d'abord le confus Marillac.
Docteur, chez le devin montez donc nous attendre.

BASSOMPIERRE.

Oui, notre air conjuré, que cache un air plus tendre,
Échappant dans la rue aux regards des passans,
Ils nous prendront tous deux pour un couple d'amans.
Heureux si vous vouliez, par surcroît de prudence,
Changer l'erreur en fait jusques à l'évidence.
Cela serait agir très-politiquement.

VAUTIER.

Puisqu'un tiers est de trop, je rentre sagement.
Monsieur le maréchal, Madame, bouche close :
Soyez expéditifs, et menez bien la chose.

Il entre chez Véronne.

SCÈNE SIXIÈME.

BASSOMPIERRE et MADAME DUFARGIS.

MADAME DUFARGIS.
Hâtons-nous; ramenons le chancelier captif
Consulter notre sort chez l'astrologue juif.
BASSOMPIERRE.
Je croirai qu'en effet sa science en est une,
S'il m'annonce avec vous une bonne fortune.
Ils sortent.

SCÈNE SEPTIÈME.

LE CAPUCIN JOSEPH *seul*.

Si l'on ne m'a donné de faux renseignemens,
C'est ici près. Guettons. Sous mes saints vêtemens
J'ai des armes, et n'ai de foi qu'en ce remède
Contre les accidens. « Si tu veux que je t'aide,
» Aide-toi, » dit le ciel. Tuer un meurtrier,
C'est se défendre soi. Ce sang peut s'expier.
L'intention fait tout, et, comme par prodige,
Rend l'œuvre ce qu'elle est, selon qu'on la dirige.
L'évêque de Luçon, devenu cardinal,
Richelieu, pour le bien a fait souvent le mal.
Notre loi nous défend d'être orgueilleux, inique;
Pour soutenir son rang il est haut, tyrannique.

Voler autrui n'est pas l'acte le plus chrétien ;
Et des grands pour le fisc il a pillé le bien.
Commettre l'homicide est chose défendue ;
Et, par esprit de paix, sa politique tue.
L'art de l'espionnage est vil à professer ;
Néanmoins à l'oreille il se fait confesser
Des péchés qu'on lui va révéler sans scandales.
Du pauvre saint François j'use ici les sandales,
Autour du Val-de-Grâce, où se glissent, le soir,
Des agens que, dit-on, la reine daigne voir.
Je n'espionne pas, Dieu m'en garde ! j'épie.
Je sers le cardinal, partant c'est œuvre pie.
Disons mon chapelet, prions pour nos desseins...
Quel travail que d'être homme et d'imiter les saints !
Mais je vise au chapeau. Sous ce froc que je traîne,
Ma ferveur n'a de but que la pourpre romaine.
Il faut ramper long-temps avant d'être élevé.
Tout dort ici ; je veille, à pied, sur le pavé...
Est-il un malheureux qu'en mon sort je n'envie?
Vanité ! vanité ! que tu corromps la vie !
Un homme vient à nous...

SCÈNE HUITIÈME.

LE CAPUCIN JOSEPH, JACQUE, *sa lanterne en main,*
GRASSEAU *entrant un moment après Jacque.*

JACQUE *à soi-même.*
L'un par l'autre emmené,

Ils sont allé souper... Gagnons notre dîné.
GRASSEAU *sans apercevoir le capucin, à part.*
Quel maraud est-ce là? Sa lanterne illumine
La route où doucement derrière moi chemine
Monsieur de Bassompierre avec le chancelier.
(*haut.*)
Ho! l'homme!

JACQUE.

Qui va là?

GRASSEAU.

Si tard, en ce quartier,
Que cherches-tu tout seul?

JACQUE.

A l'autre! On se promène
Chaque soir en ce lieu depuis une semaine.
Je ne peux plus en paix un moment y rester.

LE CAPUCIN JOSEPH *à part.*

Sans en être aperçu tâchons de l'écouter.

GRASSEAU.

La police défend que si tard on éclaire,
De peur... du feu.

JACQUE.

Que diantre?

GRASSEAU.

Éteins ton luminaire.

JACQUE.

La police est pour ceux qui se cachent les nuits,
Non pour qui se fait voir.

LE CAPUCIN JOSEPH *à part.*

Découvrons, si je puis,

Quels visages...

GRASSEAU.

Éteins.

JACQUE.

Non.

GRASSEAU.

Cède, ou je t'assomme.

JACQUE.

Si tu peux.

GRASSEAU.

Prétends-tu m'épouvanter, bon homme?

JACQUE.

Si je veux.

GRASSEAU.

Gare à toi!

JACQUE.

Monsieur fait donc le guet!

GRASSEAU.

Obéis.

LE CAPUCIN JOSEPH *à part.*

C'est Grasseau, garde du perroquet
De la reine mère... Ah!

GRASSEAU.

Souffle cette chandelle.

LE CAPUCIN JOSEPH *à part.*

Je l'ai vu; cachons-nous.

JACQUE *écartant son bras en luttant avec Grasseau.*

Jarni! j'ai besoin d'elle;

Le père Joseph souffle la lumière.

Je ne l'éteindrai pas... Peste du coup de vent!

ACTE I, SCÈNE VIII.

GRASSEAU.

Il t'a sauvé des miens. Allons, marche en avant.

JACQUE.

Où marcher? on n'y voit pas plus qu'en une cave.

GRASSEAU.

Nos gens te conduiront...

LE CAPUCIN JOSEPH *à part.*

Leurs gens!

GRASSEAU.

Viens-çà, mon brave.

Il empoigne le père Joseph.

LE CAPUCIN JOSEPH *bas à part.*

Je suis pris.

GRASSEAU.

Ne crois pas échapper de ma main ;
Tu me suivras.

JACQUE *de l'autre côté.*

Du moins montrez-moi le chemin.

GRASSEAU *lâchant le père Joseph.*

Qu'est-ce donc que je tiens?.. Ils sont plusieurs, je pense...
Ah! courons avertir... Fuyons en diligence.

Il s'enfuit.

LE CAPUCIN JOSEPH *à Jacque.*

Rassure-toi, l'ami...

JACQUE.

Comment? un autre encor!...

LE CAPUCIN JOSEPH.

Point de bruit.

JACQUE.

C'est, je crois, le diable.

LE CAPUCIN JOSEPH.

Prends cet or.

JACQUE.

C'est un ange.

LE CAPUCIN JOSEPH.

Viens, viens.

JACQUE *suivant le père Joseph.*

Ça me tombe des nues.
Hai ! comme à tant de gens que j'ai vus dans les rues.

ACTE DEUXIÈME.

Le théâtre représente une des salles du Louvre.

SCÈNE PREMIÈRE.

ANNE D'AUTRICHE et MADAME DUFARGIS.

ANNE *arrangeant une corbeille de fleurs.*
Madame Dufargis, trouvez-vous ces fleurs belles?
MADAME DUFARGIS.
Si Votre Majesté... vraiment... les juge telles...
Son goût toujours exquis...
ANNE.
    Parlez, c'est un cadeau...
MADAME DUFARGIS.
Modeste.
ANNE.
De quelqu'un que j'aime.
MADAME DUFARGIS.
      Ah! qu'il est beau!

On ne peut trop louer les mains industrieuses
Dont l'art...

ANNE.

C'est un travail de mes religieuses.
La mère de Milli m'offrait ce présent-là,
Quand votre avis secret... Mais contez-moi cela.
On vous épiait donc proche du Val-de-Grâce?

MADAME DUFARGIS.

Les gens du cardinal, sans doute.

ANNE.

Quelle audace!
Peu m'importe! Mon cœur lui voue un tel mépris...
Les ravissantes fleurs! Quel brillant coloris!

MADAME DUFARGIS.

Charmant!

ANNE.

Grâce à l'effroi qui toujours l'accompagne,
Marillac n'a donc vu l'ambassadeur d'Espagne,
Ni le docteur Vautier?

MADAME DUFARGIS.

Eh, non. Le médecin
Attendait Bassompierre et lui chez le devin;
Je marchais avec eux; moi, je suis aguerrie;
Le garde des oiseaux de la reine Marie,
Grasseau, nous devançait; il éteint en chemin
Le fallot que portait un vieil homme en sa main.
C'est là, vous ai-je dit, que...

ANNE.

Parlons d'autres choses...
Où mettrai-je ces fleurs?... Séparez-en les roses?

Sur mon sein?

MADAME DUFARGIS.

A ravir!

ANNE.

Sur ma tête.

MADAME DUFARGIS.

Encor mieux!

ANNE.

A quel choix me fixer?

MADAME DUFARGIS.

Consultez-en vos yeux.

ANNE.

Oh! ne me flattez pas.

MADAME DUFARGIS.

Fi donc! est-ce qu'on flatte?

ANNE.

Ainsi le cardinal, dont l'insolence éclate,
Toujours en ce couvent prétend suivre, troubler
Sa souveraine! Il ose encor renouveler
Les persécutions que nos filles sacrées
Ont de sa surveillance une fois endurées,
Quand du roi mon époux, qu'il remplit de soupçon,
L'ordre fit visiter leur austère maison.
Quel outrage! On fouilla jusque dans mes cassettes.
Hélas! que trouva-t-on en leurs chastes retraites?
Des cilices cruels, des livres saints, l'argent
Qu'un charitable soin réserve à l'indigent.
Ce politique vain, qui, noirci d'injustices,
Fait parade souvent de ses superbes vices,
Fut bien honteux de voir, non ce qu'il y cherchait,

Mais que modestement la vertu s'y cachait.

MADAME DUFARGIS.

Un tel homme en public n'agit que par système,
Et d'ostentation traite la bonté même ;
Il ne conçoit jamais qu'on l'exerce pour soi,
Et la nomme artifice, ou duperie.

ANNE.

Eh quoi?
Que me fait cet acteur et son indigne rôle?
Brisons là... Ce bouquet sur ma toque espagnole
S'ajuste comme il faut ; puis il me vengera
Du cardinal à qui son aspect déplaira.
Ennemi de l'Espagne, il croit qu'en étrangère,
Ma trahison vendrait la France au roi mon frère.
Lorsqu'avec ses courriers m'arrivent des bijoux,
Des modes, il enrage, il gronde mon époux ;
Sa malignité perce, et couvre ses murmures
D'intérêt protecteur de nos manufactures.
Notre cour, lui dit-il, se modèle sur nous ;
De la cour aussitôt Paris singe les goûts ;
Et rendant à son gré la mode même esclave,
Il nous prescrit des lois... Mais j'en ris, je le brave,
Et pour ma dignité que je soutiens toujours,
Je porte de Madrid la fraise et les atours.

MADAME DUFARGIS.

C'est là ne point mollir et se montrer en reine.
Mais de lui résister vous n'aurez plus la peine ;
Si le duc d'Orléans prend enfin un parti,
Le ministre à vos pieds tombe, est anéanti.
On prépare le coup ; c'est le jour de la crise.

ANNE.

J'ai fait dire à Gaston qu'en rien je n'autorise
Le parti violent qu'il veut suivre aujourd'hui.

MADAME DUFARGIS.

Madame à Richelieu rend-elle son appui?

ANNE.

Non ; mais s'il résistait, et qu'on tranchât sa vie,
Voudrais-je qu'en mon nom elle lui fût ravie,
Et qu'on renouvelât, sur ce traître puni,
Tous les bruits qu'attira la mort de Conchini?

MADAME DUFARGIS.

Le peuple est loin d'avoir tout l'esprit qu'on lui prête :
Ses propos....

ANNE.

Font beaucoup : le peuple n'est pas bête.

MADAME DUFARGIS.

A-t-il des yeux?

ANNE.

Ses yeux pénétrans, indiscrets,
Percent les murs du Louvre et nos conseils secrets ;
Il démêle nos goûts, nos mœurs, nos caractères,
Librement s'entretient de nos plus grands mystères.
On entend sur les ponts un chansonnier malin
Qui leur apprend, le soir, notre avis du matin.
Ce parterre inquiet raille nos comédies;
Ou de sifflets vengeurs punit nos tragédies;
Et l'applaudissement que nous donnent ses mains,
Volontaire ou payé, nous rend honteux ou vains.
D'un examen subtil son suffrage est la marque.
Paris est plein d'oisifs qui, l'œil sur le monarque,

Savent que, si de lui s'émane toute loi,
Richelieu qui gouverne est le roi de son roi ;
Qu'aux vains loisirs livré, mon époux à la chasse
Laisse, en courant les cerfs, un tyran en sa place ;
Que son frère Gaston, Monsieur, plus faible encor,
Choisit des confidens jaloux d'honneurs et d'or,
Qui règnent sur leur maître, aidés par ses maîtresses,
Et que du cardinal font jaser les promesses.
On sait que contre Armand la reine Médicis,
Marie, en vain s'irrite et parle au roi son fils,
Qu'en femme impérieuse elle en est outragée,
Ligue, soulève tout : la faveur partagée
Tient en suspens le sort de tous les favoris :
Leurs pas, leurs vœux, leurs noms, nos choix partout inscrits,
Et de tous nos débats le spectale mobile,
Juste objet de satire, ont amusé la ville.
La calomnie en vain l'infecte de poisons,
Paris se trompe moins que nous ne le disons,
Et le babil commun l'instruit de nos histoires
Mieux que nos serviteurs écrivant leurs Mémoires.

MADAME DUFARGIS.

Au discours que j'entends de Votre Majesté,
J'admire sa raison et sa sagacité :
Mais il est peu de risque, en de hautes affaires,
De secouer ce joug d'opinions vulgaires.
Hors quelques songe-creux, nos badauds rarement
S'occupent de leurs rois avec discernement :
Sur vos habits, vos airs, leur caquet se consume ;
Quand leur prince éternue ils disent qu'il s'enrhume,
Et la moindre étiquette excite leur babil

Plus qu'un grand coup d'État et qu'un illustre exil.
Bannissez Richelieu, précipitez sa chute;
Et loin d'intimider Monsieur dans cette lutte,
S'il balance, engagez la fière Médicis
A pousser vers le but son courroux indécis.
D'elle seule dépend le succès de la chose.
Si Monsieur succombait, il faut qu'elle s'oppose
Aux coups d'un scélérat ardent à se venger :
Si le ministre est pris au piége, autre danger;
En ce cas Médicis, nous prêtant sa puissance
Du roi son fils qui l'aime obtiendra sa sentence :
Son crédit est le seul assez grave, assez fort,
Pour vaincre le ministre et servir notre effort.
Qu'elle l'attaque enfin, la victoire est certaine.

ANNE.

Si nous la lui devons, je ne serai plus reine :
Médicis, de mon lit détruisant le pouvoir,
Reprendra l'ascendant qu'elle affectait d'avoir.

MADAME DUFARGIS.

Allons au plus pressé ! D'un ministre rebelle
Défaites-vous d'abord : nous vous déferons d'elle.
Mais voici Marillac, le vieux duc d'Épernon,
Bassompierre et Vautier.

ANNE.

   Peut-être de Gaston
Viennent-ils m'apporter les réponses nouvelles.

SCÈNE DEUXIÈME.

LES PRÉCÉDENTES, LE DUC D'ÉPERNON, BASSOM-PIERRE, MARILLAC ET VAUTIER.

D'ÉPERNON.

Madame, recevez les hommages fidèles
Que d'Épernon vient rendre à Votre Majesté.
Les roses de son teint m'annoncent sa santé.

MARILLAC.

Cet éclat de ses yeux....

BASSOMPIERRE.

Cette fraîcheur vermeille
Semble encor....

ANNE.

Ce matin, je me porte à merveille ;
N'est-il pas vrai, docteur?

VAUTIER.

Oh! le premier regard
Le dit à tout le monde aussi bien que mon art.
Vous devez ces beautés à l'esprit sain et libre
Qui maintient des humeurs le calme et l'équilibre.
La reine Médicis n'a pas ce phlegme doux :
Tout à l'heure au lever je lui tâtais le pouls,
Et l'ai senti bondir d'une fièvre soudaine
Au nom de Richelieu qu'a prononcé sa haine.

BASSOMPIERRE.

Elle sait que Monsieur, enfin déterminé,

ACTE II, SCÈNE II.

Lui fait hors de Paris demander un dîné,
Chez lui-même, où sa suite, escorte toute prête,
Saisira le tyran pour égayer sa fête.

ANNE.

Que pense d'Epernon sur le parti qu'on prend?

D'EPERNON.

Que pour tous ces messieurs le danger est très-grand.
Si l'adroit cardinal ne se laisse surprendre,
Ont-ils ainsi que moi, qui pourrais me défendre,
Des vassaux à liguer et des forts à munir,
Afin qu'il négocie au lieu de les punir.
J'ai hanté nos ligueurs; et ma seule personne
De la régente-mère a sauvé la couronne.
Sous trois règnes j'ai su si bien me comporter,
Que ce qu'ils m'ont donné nul ne peut me l'ôter.
Vieux routier dans les cours, je suis las des cabales;
Hormis qu'il attentât aux personnes royales,
Ou que ses favoris sur moi prissent le pas,
Contre le cardinal je ne m'armerai pas.
Si pourtant de Monsieur l'entreprise échouée
Vous mettait en péril, cette main dévouée
Vous ravirait, Madame, à ses ressentimens,
Dans l'un des châteaux-forts de mes gouvernemens.
Ne doutez point du bras, du cœur de La Valette.

ANNE, *après avoir répondu au duc par un signe gracieux, à Marillac.*

Et vous qui vous taisez?

MADAME DUFARGIS *à la reine*.

La prudence est muette.

MARILLAC *d'un air composé.*

Je n'ai pour m'expliquer besoin de nuls détours.
Clairement au conseil je m'exprime toujours.
Étant sans intérêt, sans peur, sans artifice,
Je ne vise jamais qu'à ce but, la justice.
Vous allez bien m'entendre : On doit premièrement,
En se résumant tout, asseoir son jugement.
L'affaire est délicate et les yeux s'embarrassent
A suivre chaque fil où les choses s'enlacent.
Pour le salut public Richelieu fit beaucoup ;
Mais pour l'honneur du roi Monsieur tente un grand coup.
Au joug du cardinal il est quelque avantage ;
Mais seconder Monsieur est d'un noble courage.
Si notre auguste reine au parti mécontent
N'ose prêter secours, on peut oser autant.
Si Madame, et Marie, et le roi, tout incline
A perdre Richelieu, penchons pour sa ruine.
Si tout considéré, sur ce point important,
Flottent Vos Majestés, on doit rester flottant.
En sage chancelier, sur un choix si funeste,
J'ai dit tout ce qu'il faut.

MADAME DUFARGIS.

Nous devinons le reste.

BASSOMPIERRE.

Si c'est là parler net, Monsieur, pour conseiller
Je ne prendrai jamais un sage chancelier.
S'agit-il de choisir, lorsque, dans sa demeure,
Monsieur, j'en ai l'avis, l'environne à cette heure?

ANNE.

Vous m'effrayez ! je tremble...

ACTE II, SCÈNE II.

VAUTIER.
Il est, je crois, perdu.

ANNE.
Dieu! si le roi, souillé de son sang répandu,
S'irrite.

D'EPERNON *souriant*.
Bon! toujours les confidens intimes
Qui délivrent leurs rois par ce qu'on nomme... crimes,
Prennent sur eux l'affront, agissent par hasard;
Vos nobles Majestés jamais n'y prennent part.
Devant les parlemens, même, l'on enregistre
Que c'est contre leur gré qu'on tua leur ministre.
Qui n'a lu, sur les murs, ces déclarations
Où les mots abondans lavent les actions?
Monsieur le chancelier, sauf les préliminaires,
Peut dire là-dessus des vérités très-claires.

VAUTIER.
Si le ministre est pris, ayez soin d'empêcher
Que le roi de vos mains le fasse relâcher.
Après la guérison, le pis c'est la rechute.

ANNE.
A sa vengeance, ô ciel! qui ne serait en butte!

MADAME DUFARGIS.
Nous en serions traités comme des huguenots.

D'EPERNON.
Vous auriez pour le fuir l'abri de mes créneaux.

BASSOMPIERRE.
Par lettre-de-cachet, comme enfant de famille,
S'il est vivant, ce soir, qu'il dorme à la Bastille.

VAUTIER *à Marillac.*

Monsieur peut au besoin intenter son procès,
Comme il dressa pour lui l'acte contre Chalais.
Vous le sûtes convaincre aussi bien qu'il se puisse;
Usez, pour nous venger, de la même justice.

MARILLAC *d'un ton doux.*

Oh! l'embarras n'est point contre le cardinal
De disposer l'arrêt d'un grave tribunal.
Ceux que nous condamnons, ainsi qu'on le désire,
Sortiraient innocens, si nous les laissions dire.
Mais des juges, instruits de ce qu'il faut savoir,
Avant qu'on ait parlé connaissent leur devoir.
Sur ces matières-là j'ai quelque expérience,
Et j'examinerai le tout en conscience.

ANNE.

Ces détails font frémir, et je n'y puis penser,
Messieurs, sans que mon cœur soit prêt à se glacer.

MARILLAC.

Oh! Madame, on est loin de ce que l'on suppose,
Moi, je parle d'arrêts comme d'une autre chose.
Je tiens du cardinal mes biens et mon emploi,
Et ne l'accuserais que par ordre du roi.

ANNE.

Le roi, Messieurs... Il vient! je l'entends, je frissonne.

BASSOMPIERRE.

Du pervers qu'on punit déchirons la personne;
Préparons bien le roi, faisons-lui pressentir
L'événement prochain dont on va l'avertir.

Tous les personnages se rangent, et Louis XIII paraît avec sa suite.

SCÈNE TROISIÈME.

LES MÊMES, LOUIS XIII ET SA SUITE.

LOUIS.

Le cardinal ici n'est point venu ?

ANNE.

Non, Sire.

On présente des papiers au roi.

LOUIS.

Je m'en vais à la chasse, et je ne peux rien lire.
 à d'Epernon.   *à Bassompierre.*
Dieu vous gard', mon cher duc ! Ah ! bonjour, maréchal !
Quoi ! personne de vous n'a vu le cardinal ?
Je l'ai fait demander chez lui, chez la marquise
De Combalet. Sait-on la route qu'il a prise ?
De cette absence-là je me sens alarmé.

D'EPERNON.

Sire, heureux qui de vous est à ce point aimé,
Qu'éloigné sans votre ordre et sans soin de vous plaire,
Il peut vous mettre en peine et non pas en colère !

LOUIS.

J'étais impatient qu'il jetât ses regards
Sur ces dépêches-là.

BASSOMPIERRE.

Doit-il si peu d'égards
Aux instans qu'à l'État Votre Majesté donne ?
Qu'importe un haut talent, si pour votre couronne

On ne signale pas le plus profond respect?
ANNE.
Ce sentiment en lui me paraît bien suspect.
LOUIS.
Souvent même au conseil il tranche en ma présence.
Le chancelier le sait.
MARILLAC.
    Je sais votre indulgence,
Sire.
LOUIS.
  Il est de travail tellement écrasé.
MARILLAC.
Parce qu'il veut tout faire, et tout n'est pas aisé.
LOUIS.
A borner les détails son talent est insigne.
Il voit, prépare, apporte à signer, moi, je signe.
Des soins minutieux il m'épargne l'ennui,
Et très-facilement je règne, grâce à lui.
ANNE.
Si votre autorité, nommant des sécretaires,
Des attributs qu'il a créait trois ministères,
Les gens instruits m'ont dit, car je m'y connais peu,
Que tout marcherait bien; et l'altier Richelieu
N'aurait pas, dans l'État, que son orgueil consterne,
Affecté d'en saisir le timon qu'il gouverne.
LOUIS.
Il montre un peu d'orgueil du rang où je l'ai mis;
Je l'avoue en secret, il n'est plus si soumis.
Je sens que devant lui personne n'est à l'aise.
Je suis son souverain, et, tout franc, il me pèse.

ACTE II, SCÈNE III.

VAUTIER.

De Votre Majesté fidèles serviteurs,
Sa bonté confiante encourage nos cœurs.
Mon art est étranger à toute politique,
Mais votre teint changé, votre air mélancolique,
M'avaient fait observer déjà que Richelieu
Vous troublait les humeurs.

LOUIS.

Oh ! j'en conviens un peu.
Mais qui remplacerait un aussi bon ministre ?

BASSOMPIERRE.

Sa retraite pourtant n'aurait rien de sinistre.
Les valeureux soldats, que sous vous j'ai guidés,
N'iront pas moins au feu si vous les commandez.

D'EPERNON.

Ce n'est pas Richelieu qui tient mes citadelles.
Son joug ne soumet pas tant de seigneurs fidèles,
Qui sous mes étendards sont prêts à se ranger,
Si de vos ennemis il reste à vous venger.

VAUTIER.

Qu'un mal vous l'enlevât le coup serait peu rude.

MADAME DUFARGIS.

Le peuple obéirait, selon son habitude.

BASSOMPIERRE.

Les corps feraient lever de même les impôts.

MARILLAC.

Nos veilles vous tiendraient dans le même repos.

BASSOMPIERRE.

Nos traités marchandés sur le même système...

D'EPERNON.

Par Votre Majesté seraient signés de même.

ANNE.

L'orgueilleux cesserait de répandre en ma cour
Les bruits qu'à votre oreille on porte chaque jour.

MADAME DUFARGIS *bas au roi.*

La belle Haute-Fort pourrait passer pour telle,
Sans qu'il dît en riant qu'elle paraît très-belle
A Votre Majesté.

VAUTIER.

La reine Médicis
Pourrait sans surveillant voir son auguste fils.

ANNE.

Je m'étonnerais peu que Gaston, votre frère,
Fît sur cet imposteur éclater sa colère.

BASSOMPIERRE.

Ses ennemis tendront des piéges sur ses pas.

MADAME DUFARGIS.

Un jour, absent peut-être, il ne reviendra pas...

LOUIS.

On ouvre...

ANNE *effrayée, bas et à part.*
Ah! s'il est mort...

LOUIS.

Voilà qui me rassure
Contre les pronostics... C'est lui!

BASSOMPIERRE *consterné, à part.*

Quelle aventure!

SCÈNE QUATRIÈME.

LES PRÉCÉDENS, RICHELIEU, LE CAPUCIN JOSEPH.

LOUIS.
Monsieur le cardinal, je vous ai fait mander.
RICHELIEU.
Sire, je l'ignorais; et si j'ai pu tarder
De me rendre soudain près de votre personne,
Que Votre Majesté m'entende et me pardonne.
Ce matin, on m'écrit que le duc d'Orléans
Me demande à dîner en ma maison des champs,
Qu'un nombreux domestique, envoyé par avance,
S'en vient pour m'épargner quelque folle dépense :
Instruit par ce billet, et prompt à me lever,
Je sors; et chez le duc m'empressant d'arriver,
Je cours à sa bonté faire un reproche extrême
De me ravir l'honneur de le traiter moi-même :
J'ajoute qu'un devoir m'appelant chez mon roi,
Je le laisse à son gré libre et maître chez moi.
Ainsi j'épargne un crime aux gens de son altesse.
BASSOMPIERRE, *bas à la reine et aux siens.*
La mèche est éventée.
LE CAPUCIN JOSEPH *au cardinal.*
Ils sont dans la tristesse.
LOUIS.
J'avais de votre absence un déplaisir secret.

VAUTIER *avec un sourire contraint.*
Vous vous portez très-bien ?
RICHELIEU.
Mieux que ne le voudrait
Quiconque hait du roi le fidèle service.
MARILLAC.
Ici, Sa Majesté vous rendait bien justice !
Votre Eminence était l'objet de l'entretien :
On disait que l'Etat n'avait pas de soutien
Qui rendît de Louis le nom plus respectable,
Que de vos fonctions le faix épouvantable
A trois ministres même aurait de quoi peser.
Le roi.... dans les hasards.... tremblait à supposer
Qu'un ennemi de tous, par quelque perfidie,
Qu'un excès de fatigue, ou quelque maladie,
Ravît à son conseil vos diligens secours....
Il nous a fallu tous par de sages discours
Rassurer sa tendresse.
RICHELIEU *amèrement.*
Ah ! je vous remercie.
Sire, je suis payé des travaux de ma vie,
Puisque mon souverain daigne les estimer.
MADAME DUFARGIS.
Monsieur de Marillac excelle à résumer.
LOUIS.
Père Joseph, salut ! voulez-vous quelque chose ?
LE CAPUCIN JOSEPH.
Oui, vos dons pour le pauvre ; et que Dieu me dispose,
Sire, à vous devenir utile, et, si je puis,
A garder sans péché l'humble état où je suis.

LOUIS *au cardinal.*

Richelieu, je vous veux rapprocher de ma mère,
Et de ses faux soupçons dissiper la chimère..
Je cours battre un moment les côteaux de Meudon,
Et puis à mon retour nous parlerons raison.
On dit que de son roi l'Angleterre se joue ;
Voyez : ces paquets-ci sont du duc de Mantoue ;
Voyez.

RICHELIEU *haut.*

J'ai maintenant plus d'une chose à voir.

ANNE *minaudant avec flatterie.*

A mon jeu, cardinal, manquerez-vous, ce soir?

RICHELIEU.

De vous faire ma cour j'aurai l'honneur, peut-être.

D'EPERNON *avec familiarité.*

Nul sujet plus que vous n'a l'appui de son maître,
Monsieur le cardinal.

MARILLAC *avec respect.*

Cela charme nos cœurs....
Comptez-nous bien parmi vos zélés serviteurs.

SCÈNE CINQUIÈME.

RICHELIEU ET LE CAPUCIN JOSEPH.

RICHELIEU.

Eh bien ! père Joseph, l'adulation vile
En ceux du plus haut rang est-elle assez servile?

Tous attendaient ma perte ; et le duc d'Orléans
De ma propre maison me fait un guet-apens :
J'échappe ; mon aspect abat leur espérance ;
Ils n'en ont pour mon sort que plus de révérence.
La reine et ses agens sont aux pieds, peu s'en faut,
D'un ministre à leurs yeux digne de l'échafaud.
L'intérêt, la frayeur les courbe ; et tu les nommes
Seigneurs, grands de l'Etat ! Qu'en dis-tu?

JOSEPH.

Qu'ils sont hommes.

RICHELIEU.

J'ai surpris sur leur front le trouble, et la pâleur.

JOSEPH.

La reine et Marillac ont changé de couleur.

RICHELIEU.

Ce flatteur bégayait....

JOSEPH.

D'Epernon seul, plus ferme,
Plus fier....

RICHELIEU.

Non ; mais rétif, orgueilleux, c'est le terme.
La noble fermeté naît du cœur, non des rangs :
Les grands hommes sont fiers ; les grands sont arrogans.
De mes justes dédains tous ont la conscience.

JOSEPH.

Et c'est ce qui de tous aigrit l'impatience,
Ce qui de leurs complots a renoué le fil,
Et les porte à former des vœux pour votre exil.
Si j'ose m'expliquer devant Votre Éminence....

ACTE II, SCÈNE V.

RICHELIEU.

Parlez, mon révérend, parlez en assurance.
Votre amitié m'est chère et j'aime vos conseils.
Tous deux prêtres, tous deux nourris de sucs pareils,
Nos livres, mal connus par les esprits vulgaires,
Nous ont assez appris qu'en Dieu nous sommes frères.
Je dépouille avec vous cette ostentation
Que prescrivent le siècle et ma condition.
Moi, qui parais altier aux personnes altières,
D'un mortel docte et vrai j'honore les lumières,
Et, si mes sots mépris m'en faisaient mépriser,
J'aurais honte en secret de le scandaliser.

JOSEPH.

Puisque Votre Éminence approuve mon langage,
Qu'elle sache qu'enfin la haine devient rage,
Que, si par des clameurs elle n'ose éclater,
Aux oreilles partout on l'entend chuchoter,
Qu'on la lit dans les yeux, dans les traits, dans les gestes,
Que si, n'affectant pas des réserves modestes,
Votre grandeur s'accroît aux regards éblouis,
On fera contre vous tourner même Louis.
D'autres vous flatteraient pour attirer des grâces,
Je parle avec franchise et sans briguer les places :
Dans mon humilité je ne veux au tombeau
Emporter que l'honneur d'obtenir le chapeau.
Vous daignerez, je crois, l'écrire encore au pape?

RICHELIEU *sans lui répondre.*

Mon père, en quelque sens que ma grandeur les frappe,
Jamais les yeux jaloux n'en aimeront l'aspect.
Penses-tu que je sois dupe d'un faux respect?

Je démasque aisément l'inimitié qu'on cache;
Mais, né pour l'exciter, qu'a-t-elle qui me fâche?
La haine à chaque pas m'oppose un ennemi,
Plus j'en blesse en chemin, plus je marche affermi.
En voulant m'avilir c'est elle qui m'élève,
Et ce que je commence elle-même l'achève.
Le complot de Gaston que, par mon bon destin,
J'ai sur de prompts avis prévenu ce matin,
Me force d'écarter du roi, que je révère,
Un prince de son sang, enfin son propre frère.
Si sa femme a trempé dans cette trahison,
Il faut que ses agens sortent de sa maison.
Si sa mère a soufflé l'esprit de cette intrigue,
Il faut qu'en l'éloignant je confonde sa brigue.
Tu sens bien que toujours, poussé par leur courroux,
C'est pour servir mon roi que je les chasse tous.
Ils me vont appeler usurpateur infâme;
Car l'homme est si méchant!

JOSEPH.

Dieu jugera votre ame.
Ne vous laissez surprendre à nulle ambition,
Et qu'opérer le bien soit votre passion.
En taillant, en rognant, laissez crier, médire.
Ces bruits de vos pareils sont le noble martyre.
Dans ma bassesse, hélas! je ne me puis citer;
Mais je ris chaque jour de m'entendre insulter.
On me nomme intrigant, brouillon, dans ma conduite;
Pour m'avoir vu, parfois, en carrosse, à la suite
Du plus haut politique et du plus grand prélat;
Pourtant mon vœu modeste est le cardinalat;

Et protégé de vous, j'y parviendrai, j'espère.
    RICHELIEU *sans lui répondre.*
Jamais l'opinion ne m'arrête, mon père.
Est-ce donc à l'esprit d'un homme tel que moi
De se laisser juger par la mauvaise foi?
Tout ici se trafique, et n'est qu'un vil échange
De refus, de présens, de blâme et de louange.
On me paie en encens, et je paie en écus.
L'éloge, nos pareils en sont tous convaincus,
Est vendu par la fourbe, et moi, qui le méprise,
A sa juste valeur je l'achète et le prise.
Conçois-tu quel dégoût, quel spectacle ennuyeux
Qu'un troupeau de valets cupides, envieux,
Toujours guettant la route et l'endroit où je passe,
Pour me solliciter par leur humble grimace;
Et qui, si la frayeur ne les rend bien discrets,
Me peignent blanc ou noir selon leurs intérêts?
Doit-on de ces gens-là respecter les suffrages?
Et Paris, dont la cour endure tant d'outrages,
Que renferment ses murs? De lourds indifférens
Et de méchans rimeurs qui chansonnent les grands,
Des bourgeois éblouis des pompeuses entrées
Que font dans les palais nos voitures dorées,
Des femmes esprits forts, et de roides savans
Qui pour des morts vantés diffament les vivans.
Un chef d'État, qui vise à quelque haute gloire,
Ne prend que soi pour guide, a pour juge l'histoire,
Et non ces complaisans qui briguent un regard
Qu'en leur cercle assidu je jette par hasard.
Les princes et leurs gens attentent à ma vie;

Mais j'ai deux espions, l'avarice et l'envie,
Qui, soulevant entre eux mille rivalités,
Trahissent les complots des partis irrités.
Ceux-ci, de ma parole attendant leur fortune,
Des trames qu'on ourdit viennent confesser l'une ;
Ceux-là déclarent l'autre, en leur ame espérant
Punir quelques hauteurs ou perdre un concurrent.
Des conspirations par-là je suis la trace.
La reine Anne me hait, Médicis me menace,
Elle imagine encor qu'évêque de Luçon,
Je dois borner mes soins à régler sa maison,
Vivre à ses pieds, garder la même complaisance
Par quoi sous son appui j'ai fondé ma puissance.
Pauvre Marie ! hélas ! s'aperçut-elle alors
Que j'ai par son crédit mû de doubles ressorts ?
Que de peines je pris ! qu'il me fut difficile
De marcher d'un air souple, insinuant, docile,
A ce suprême but où, seul dominateur,
Je suis flatté des grands dont j'étais le flatteur !

JOSEPH.

D'obstacles et de maux cette terre est semée.
Combien, sans recueillir autant de renommée,
Mortifiant leur cœur de tribulations,
Perdent chez des commis leurs génuflexions !
De votre nom du moins l'Europe entière est pleine :
Cette gloire vous paie, encor qu'un peu mondaine.
L'Autriche, à qui je viens de porter vos traités,
Parle ainsi que Madrid de vos prospérités.
Combien de malheureux dont le courage s'use
A faire un petit gain par la force et la ruse !

Moi-même, jour et nuit, je m'épuise en travaux,
Pourquoi? pour être enfin au rang des cardinaux :
C'est tout ; et vos bontés m'y pousseront, sans doute?
RICHELIEU *sans lui répondre.*
L'Europe, je le sais, m'admire, me redoute :
Mais lorsque tout, sous moi, ploye, il me faut ployer
Sous l'instrument royal que j'ai l'art d'employer.
Cette docilité l'assujettit lui-même :
Tout monarque a pour maître un favori qu'il aime :
Et le nôtre à soumettre est d'autant moins aisé
Qu'il est inconstant, mou, soupçonneux et rusé.
Souvent il me trahit pour sa famille entière.
A Rome il me dupa, quand j'ouvris ma carrière,
De la pourpre en secret m'interdisant l'honneur,
Qu'il demandait pour moi par son ambassadeur.
JOSEPH.
De tels déguisemens sont des ruses de femmes.
Ils ne sont pas à craindre en d'héroïques ames ;
Et, par exemple, vous, qui daignez demander
Cette pourpre qu'un jour Urbain doit m'accorder :
J'en ai votre promesse ; et j'y compte, Éminence.
Ne l'obtiendrai-je pas?
RICHELIEU.
J'agrandirai la France.
JOSEPH.
Moi, je vous servirai sans avoir à rougir
Que mon propre intérêt m'ait jamais fait agir.
RICHELIEU.
Que me racontiez-vous du porteur de besace,
Arrêté, cette nuit, autour du Val-de-Grâce?

JOSEPH.

Il m'attend, Monseigneur, sur l'escalier en bas
Parmi les indigens qui marchent sur mes pas.
Ce qu'a dit ce pauvre homme est de peu d'importance.

RICHELIEU.

Qui sait? conduisez-le soudain en ma présence.
Les gens d'État par trop songent aux grands objets ;
Les plus petits souvent ont rompu leurs projets.
Sur un mot, sur un rien, un complot se découvre.
Introduisez cet homme ici.

JOSEPH.

        Quoi? dans le Louvre !

RICHELIEU.

Pourquoi non ? La gazette imprimera demain
Que le pauvre avec vous se montre au souverain.
Pour le peuple toujours cette apparence est bonne.

JOSEPH.

Aussi fais-je en public distribuer l'aumône.

RICHELIEU.

Allez.... Un mot encor : si je m'en souviens bien,
Marillac, disiez-vous, cherchait mon entretien :
Mais loin de profiter ici de ma rencontre....

JOSEPH.

Des yeux l'environnaient ; et jamais il ne montre
Ce qu'il a dans le cœur à de nombreux témoins.

RICHELIEU.

La duplicité perce à travers tant de soins.

JOSEPH.

Il aura par frayeur conspiré pour les reines ;
Par un second effroi voulu trahir leurs haines ;

ACTE II, SCÈNE VI.

Pour vous faire un aveu m'aura d'abord parlé ;
Et d'être délateur ensuite aura tremblé.

RICHELIEU.

Sotte adresse !... En effet, la maudite couleuvre
M'évitait l'autre fois.... il est de leur manœuvre.
Son maintien l'accusait par un sot embarras.
Il n'a parlé que trop en ne me parlant pas.
J'ai vu, comme au miroir, en son visage peintes
Sa pensée indécise et ses mobiles craintes.
Tous deux de nous ouvrir secrètement tentés,
Nous avons su chacun l'état de nos santés ;
Et dans nos complimens, dont un tiers eût pu rire,
Ne nous sommes rien dit ayant trop à nous dire :
Comme un Argus de cour, diplomate tremblant,
Jase musique et vers, pour se taire en parlant.
Mais allez ; hâtez-vous.

SCÈNE SIXIÈME.

RICHELIEU seul.

Quelle fatigue extrême !...
Leur ligue leur paraît plus forte que moi-même.
Les filets où Gaston espérait m'enlacer
Ne sont pas les seuls.... non.... Pour voir, agir, penser,
Il me faut être ensemble et de glace et de flamme,
Tout sentiment, tout yeux, tout esprit et tout ame,
Et, seul cœur de l'État, m'émouvoir pour des sots
Ingrats au soin actif qui maintient leur repos.

SCÈNE SEPTIÈME.

RICHELIEU, LE CAPUCIN JOSEPH et JACQUE.

RICHELIEU *à Joseph.*

C'est l'homme?

JOSEPH. (*à Jacque.*)

Oui, Monseigneur. Tu trembles, imbécille?

JACQUE.

Non, je me sens transir, mais je suis bien tranquille.

JOSEPH *à Jacque.*

Nous sommes à la cour du roi, dans son palais.
Parle ici comme il faut.

JACQUE.

Oh! je ne mens jamais.

(*en montrant le ministre.*)
Est-ce là le roi?

JOSEPH.

Presque. Il faut que tu le nommes....

RICHELIEU *interrompant Joseph.*

Toutes nos qualités ne sont pas pour ces hommes;
Leur bon sens les confond; ce n'est qu'un courtisan
Qui connaît la valeur d'un titre et d'un ruban.

(*à Jacque.*)
Quel es-tu?

JACQUE.

Jacque.

RICHELIEU.

Passe. Un nom n'est rien.

JOSEPH *à part.*

Au Louvre
C'est souvent tout l'honneur d'un faquin qui s'en couvre.

RICHELIEU.

Ton métier?

JACQUE.

Monsieur...

JOSEPH *à Jacque.*

Dis, le duc; dis, Monseigneur.

JACQUE.

Oui, Monseigneur.

JOSEPH.

Butor! pas à moi...

JACQUE.

Que j'ai peur!

(*au cardinal.*)

Monsieur.. Non.. prince.. Non.. mon duc.. Non.. Comment faire?

RICHELIEU *impatienté.*

Trêve aux respects! finis.

JACQUE *au cardinal.*

Oui, mon révérend père.

RICHELIEU.

Ton métier?

JACQUE.

Je n'en fais aucun.

RICHELIEU.

Quoi? tu n'es donc
Qu'un bandit sans état, qu'un méchant vagabond?

JACQUE.

Père de trois enfans, je travaille avec zèle ;
Je ne sais pas comment ce que je fais s'appelle.

RICHELIEU.

Où couches-tu ?

JACQUE.

Par terre, et tout près du couvent.

RICHELIEU.

Du quel ?

JACQUE.

Du Val-de-Grâce, où viennent si souvent
Des seigneurs espagnols qui chez la reine passent
En cachette.

RICHELIEU.

Comment ? et la preuve ?

JACQUE.

Ils me chassent,
Ils soufflent ma lanterne, et me font enrager,
Depuis que vers l'hospice est venu se loger
Un vieux juif.

JOSEPH.

Un vieux juif !

JACQUE.

De chez lui chez la reine,
Un homme à manteau noir avec eux se promène.

JOSEPH.

Vers quel logis ?

JACQUE.

Au coin.

ACTE II, SCÈNE VII.

RICHELIEU.
Ce juif, qu'est-ce?
JACQUE.
Un sorcier.
Tous le sont, car ils sont riches.
JOSEPH.
Quelque usurier.
Mais l'homme qui va, vient, connais-tu sa figure?
Son nom?
JACQUE.
Vautier. Le juif dit la bonne aventure.
RICHELIEU.
Vautier! j'y suis.
JACQUE.
Un soir qu'ils babillaient tout bas,
Ce nom-là m'a frappé; mais je n'écoutais pas.
Dans la boue il vaut mieux ramasser mes guenilles,
Que d'être espion. Fi!
JOSEPH *souriant*.
Gueux! comme tu babilles!
Tu n'en sais pas plus?
JACQUE.
Non.
RICHELIEU *lui jetant une bourse*.
Va pour moi prier Dieu.
JOSEPH.
Sur cet interrogat, silence! ou Richelieu,
Dans le fond d'un cachot, te...
JACQUE.
Richelieu! Malpeste!

Il est craint dans la ville !

RICHELIEU.

On en dit?

JACQUE.

Ah ! de reste !
Qu'il s'est plus que le roi fait le maître céans.

RICHELIEU.

(à part.)

C'est ce que dit le peuple.... On le dira mille ans.
(au capucin Joseph.)
Ses aveux m'ont suffi. Le juif est l'astrologue
Que je cherchais. Vautier ici le met en vogue.
Ces Espagnols, ce sont les ténébreux agens
De Madrid. C'est assez. Je reconnais mes gens.
L'ambassadeur d'Espagne est repoussé du Louvre,
Et c'est au Val-de-Grâce... Enfin, tout se découvre !
La reine est du complot.

Il rentre dans un cabinet voisin.

※

SCÈNE HUITIÈME.

LE CAPUCIN JOSEPH ET JACQUE.

JOSEPH.

Mon ami, dans ta main
Tu tiens de l'or. Un grand, chéri du souverain,
Sous de riches lambris t'accorde une audience ;
Grâce dont seraient fiers les seigneurs de la France !

Et tu balbutiais, rougissais, pâlissais ;
Ces tourmens sont les leurs. Va travailler en paix.
Libre, et sûr de coucher auprès de ta famille,
Pauvre homme, garde-toi d'envier ce qui brille.

ACTE TROISIÈME.

Le théâtre représente un salon de l'appartement de la reine, au Louvre.

SCÈNE PREMIÈRE.

MADAME DUFARGIS et BASSOMPIERRE.

BASSOMPIERRE.
Hein? n'admirez-vous pas le bonheur obstiné
De ce damnable Armand? Sous quel astre est-il né?
MADAME DUFARGIS.
Ma foi, plus de son sort le cours se développe,
Plus il est clair que c'est au tireur d'horoscope
A deviner où va tant de prospérité.
Le merveilleux me force à la crédulité.
Prête à questionner l'astrologue Véronne,
La reine-mère agit en prudente personne ;
Car, elle nous répond qu'il lira dans son art
La fin de l'aventure.

BASSOMPIERRE.

Il faut un bon regard.
Ce juif prévoyait-il qu'en lui rendant visite
On eût pu, cette nuit, nous saisir en son gîte,
Et prendre, en cet abri secrètement cherché,
De Madrid avec nous l'ambassadeur caché?
Si Grasseau, pas à pas sondant pour nous la trace,
Ne nous eût arrêtés, nous étions dans la nasse.

MADAME DUFARGIS.

Ah! souvent je me suis aperçue en effet
Qu'il s'en est peu fallu qu'on me prît sur le fait.
Cela n'empêche pas que je ne recommence
A courir volontiers quelque nouvelle chance.
Un homme jusqu'au Louvre est venu me trouver,
Mon cousin, et de Metz s'empressant d'arriver ;
Car aux valets de pied c'était là son langage.
On l'introduit : jamais je n'ai vu son visage...
Il entre ; de Vautier l'anneau brille à sa main.
Leste, je saute au cou de mon cousin germain.
On pense à mes transports que j'adore mon homme,
On sort ; je lui demande alors comme il se nomme ;
Car on se fait cousins, chez nous, sans s'être vus ;
Mais au premier faux bond on ne se connaît plus.
Mon parent déclaré c'était le juif prophète
Que Vautier m'envoyait. Il est là.

BASSOMPIERRE.

Quelle tête !
Sexe né pour la ruse! en garde à chaque assaut,
Votre esprit attentif n'est jamais en défaut.
Cet art de s'observer dans les moindres affaires,

Aux hommes si pénible, aux femmes ne l'est guères.
C'est le premier talent en matières d'État.
Oui, quoique Richelieu soit plus qu'un potentat,
Qu'il donne l'épouvante aux plus superbes ames,
Si vous voulez sa chute, il tombera, Mesdames.
Toujours minant sous main, agissant contre lui,
Les deux reines et vous, ferez plus aujourd'hui
Que nos inimitiés chevaleresques, folles,
Qui par mille actions démentent nos paroles.
Témoins les huguenots dont il fut l'assiégeant :
Ils nous virent pour lui combattre en enrageant ;
Et même j'annonçai que, l'illustrant par zèle,
Nous serions assez fous pour prendre La Rochelle.

MADAME DUFARGIS.

J'entends la reine. Allez, Monsieur, chez Médicis
Disposer contre Armand son pouvoir sur son fils,
Et ramenez-nous-la fermement résolue.

Bassompierre sort.

SCÈNE DEUXIÈME.

ANNE D'AUTRICHE, MADAME DUFARGIS.

ANNE.

Richelieu me demande une courte entrevue.
Effrayé du complot qu'il a su déjouer,
Il pressent la tempête ; il tremble d'échouer.
Contre lui maintenant tout conspire et se lie ;

Et sous ce grand orage en habile homme il plie.
Je le soupçonne au moins, et je vais l'écouter.
MADAME DUFARGIS.
Gardez à ses douceurs de vous laisser flatter,
Sage reine; il est fin. Mon zèle vous conseille
D'étouffer le serpent s'il siffle à votre oreille.
ANNE.
Le voici! laissez-nous.

※

SCÈNE TROISIÈME.

RICHELIEU, ANNE D'AUTRICHE.

RICHELIEU.
Que Votre Majesté
Souffre en un serviteur son importunité.
Mon dévoûment pour elle est le soin qui me touche.
Lui seul jusqu'à la mort fera parler ma bouche.
Car Dieu même voulut couronner vos attraits,
Afin que la beauté régnât sur les Français,
Et, vous comblant des biens où sa faveur abonde,
Il mit le sceptre aux mains les plus belles du monde!
ANNE.
Point de galans propos, monsieur le cardinal;
A votre saint devoir la fleurette sied mal,
Et je m'offenserais que votre souple adresse,
D'aimer les complimens me prêtant la faiblesse,
Pour mieux me gagner l'ame empruntât ces discours.

RICHELIEU.

A tort m'imputez-vous d'y chercher nul recours.
Doit-on en vous louant être accusé de feindre?
D'ailleurs, je ne viens pas demander, mais me plaindre :
J'entends au nom du roi, Madame! et mon respect
Remplit ses volontés en cherchant votre aspect.
Vous savez qu'aux partis dont la France est troublée
Par des traités obscurs l'Espagne s'est mêlée;
Que le duc d'Orléans, qui doit, pour son honneur,
Du royaume d'un frère assurer le bonheur,
Des agens de Madrid sert les intelligences.
Je les romps, je deviens l'objet de ses vengeances.
Même.... de cette horreur eût-il pu se souiller?
Mais je m'abstiens... Le temps saura tout débrouiller.
Bref, l'Espagne l'appuie, et contre le royaume
Son ambassadeur même use de son diplôme.
Le roi qui redouta qu'un esprit si rusé
Ne s'emparât du vôtre un moment abusé,
A désiré du Louvre écarter sa visite;
Et n'osant lui rouvrir votre porte interdite,
Vous accueillez sa vue aux grilles d'un couvent,
Où de Gaston, peut-être, on s'entretient souvent...
Excusez mes discours! le roi qui le soupçonne,
Gronde, et c'est par ma voix lui qui vous questionne.

ANNE *froidement*.

Ce n'est pas mon époux, homme artificieux,
Ce n'est que vous, auteur de bruits calomnieux,
Qui, m'outrageant ainsi d'un interrogatoire,
Prouvez à votre reine une malice noire.
Prétendre que ma cour subisse votre loi,

C'est faire avec audace abus du nom du roi.
Mes gens encourent-ils votre injuste disgrâce?
Soudain au nom du roi votre pouvoir les chasse.
Mes amis raillent-ils vos dehors soucieux?
Au nom du roi bientôt vous en privez mes yeux.
Soupçonnez-vous d'un grand la visite innocente?
Il faut, au nom du roi, que je me dise absente.
Veux-je appeler quelqu'un à l'ombre d'un parloir?
Je dois, au nom du roi cesser de le vouloir.
Ma belle-mère, moi, la famille royale,
Que lassent vos excès arrivés au scandale,
Opposons-nous le rang à vos inimitiés?
Il faut, au nom du roi, que vous nous insultiez.
Pour tout violenter, édit, arrêt, subside,
Le nom du roi vous sert de talisman, d'égide,
A la cour, à la ville, en province, et je voi
Que partout en son nom vous vous jouez du roi.

RICHELIEU.

De Votre Majesté ce cruel badinage
Punit avec rigueur mon imprudent langage.
Ah! si tant d'ennemis, de la France jaloux,
Disent qu'au nom du roi je nuis au bien de tous,
J'en reconnais la cause, et j'apprends avec peine
Que leur ressentiment parle au nom de la reine.

ANNE *piquée*.

Des droits de mon époux c'est encor peu d'user,
Vous l'excitez sans cesse à me tyranniser.
Alors que, revêtu d'un grave caractère,
Le jeune Buckingham arriva d'Angleterre,
Des fêtes qu'il donna quel rapport semiez-vous?

Son rappel obtenu rassura mon époux.
Ai-je depuis ce temps été plus fortunée?
Quand Monsieur embrassa le joug de l'hyménée,
Je craignais que Louis, qui n'a point d'héritier,
De se voir des neveux ne gémît le premier.
J'entravai cet hymen; tarda-t-on à répandre
Qu'à la main de Monsieur mon cœur pouvait prétendre,
Si Dieu de mon époux abrégeait le destin?
Gaston, se mariant, vous confondit enfin.
Ce bruit qu'on renouvelle a suivi son veuvage.
Au cœur de votre maître ayant jeté l'ombrage,
Vous dites qu'avec nous se ligue Médicis;
Et divisant l'épouse, et la mère, et les fils,
Les rapprochant au gré de diverses intrigues,
Vous seul nous agitez et régnez par ces brigues.
Les derniers malheureux entre tous mes sujets,
A l'abri de votre œil, sont plus que nous en paix.
J'ignore dans l'État pourquoi l'on vous renomme;
Et vraiment je vous crois, Monsieur, un méchant homme.

RICHELIEU.

Nul avocat du roi, Madame, ne pourrait
Sur autant de griefs conclure mon arrêt.
Adoucissez un peu ce qu'il a de sévère.
Vous m'accusez en tout de vous être contraire :
Dans les opinions quelle diversité !
Selon qu'en nous on voit l'un ou l'autre côté,
Chacun sous un aspect nous juge, nous condamne.
Madame, du public serai-je ici l'organe?
Voilà sur vous, sur moi, les discours répétés :
Anne d'Autriche unit toutes les qualités,

ACTE III, SCÈNE III.

Grâces, appas, jeunesse, en sa beauté suprême
Tout ravit! Je le sens, et, dit-on, je vous aime.
Du rang sacerdotal l'austère dignité
Rend muet cet amour en silence irrité.
Mon cœur ne peut souffrir quiconque vous approche.
Jaloux même du roi... (Songez que ce reproche
Par le public jaseur m'est fait injustement.)
Lui soufflant des soupçons qui n'ont nul fondement,
J'inspire à votre époux son oubli de vous plaire;
Je l'entoure d'objets choisis pour le distraire;
Je veux qu'il chasse et joue, et soit environné
Des belles Mont-Bazon, Haute-Fort, Guémené.
Pour vos appas encor je crains sa préférence.
Lorsque ce duc anglais, ambassadeur en France,
De ses séductions amusa vos loisirs,
Je pressai son renvoi pour frustrer ses désirs.
Me trompais-je? Il brûlait de quitter l'Angleterre.
Pour déclarer ses feux il déclara la guerre;
Prêtant à rire aux gens, s'ils savaient ici-bas
A quoi peu tient le sort des plus vastes États!
Votre illustre beau-frère a de grands apanages,
Admire vos attraits, vos nobles avantages,
Et si Dieu nous privait de notre souverain,
Ce jeune successeur vous offrirait sa main.
Médicis en conçoit, en nourrit la pensée.
Voilà pourquoi mon ame est par elle offensée;
Voilà pourquoi je brouille, en mes dépits jaloux,
Et les fils, et la mère, et l'épouse, et l'époux;
Je dévore en secret d'amoureuses alarmes,
Contre moi, contre vous, mes rigueurs sont mes armes,

Mon amour se signale en persécution
Qui sert ou qui combat ma folle passion...
Madame, le public raconte ainsi l'histoire
De mes crimes divers. Veuillez bien n'y pas croire,
Et ne point soupçonner un ministre, un prélat,
Qu'une fausse apparence accuse avec éclat.

ANNE *embarrassée.*

Ah! je ne concevrai jamais... qu'on vous accuse...
De m'aimer... Ni pourquoi cette apparence abuse.

RICHELIEU.

Votre beauté, Madame, explique cette erreur.

ANNE.

Puis, telle est du babil la maligne fureur
Que sur la moindre marque elle cherche un coupable.

RICHELIEU.

D'inspirer tant d'amour votre vue est capable!

ANNE.

Mais, point à vous... D'ailleurs quels garans en a-t-on?

RICHELIEU.

Pas plus que l'on n'en a de mon aversion.
En m'imputant la haine, ou l'amour, sans indice,
Vous me feriez, Madame, une égale injustice.

ANNE *avec douceur.*

Oui, des préventions on doit se défier...
Et la cour a souvent pu vous calomnier.

RICHELIEU.

On m'accuse de haine! et quelle preuve claire
Me confond! quelques mots échappés par colère.
On m'accuse d'amour! sur quels signes certains!

Des éloges de vous et de vos belles mains :
Sont-ce là des griefs?

ANNE *souriant*.

Ils sont bien excusables.

RICHELIEU.

Si Votre Majesté les trouve pardonnables,
Que ses bontés au moins me daignent assurer...

ANNE.

Retirez-vous. J'entends ma belle-mère entrer ;
Évitez son aspect, attendez qu'elle oublie
Sa colère, et qu'ensemble on vous réconcilie.

Elle répond au salut du cardinal par un signe de faveur.

SCÈNE QUATRIÈME.

MARIE DE MÉDICIS, ANNE D'AUTRICHE, BASSOMPIERRE, VAUTIER, MADAME DUFARGIS.

MARIE *précipitamment*.

Quoi! vous étiez, ma fille, avec cet homme ingrat,
Perturbateur, cruel, perfide, scélérat,
Artisan du malheur de son maître, du vôtre,
De la cour, de l'État, de l'Europe, du nôtre,
Homme dont l'arrogance a perdu tout respect,
Qui n'est qu'un monstre... Ah! fi! cela m'est très-suspect,
Madame, et j'ai besoin de toute ma tendresse
Pour vous en excuser, mon cœur vous le confesse.

ANNE.

Madame, devez-vous, cédant à ce transport?...

MARIE.

L'aspect de cet Armand avancera ma mort,
Tant l'indignation bouleverse à sa vue
Mon sang et mon cerveau... Sa présence me tue.
Demandez à Vautier.

VAUTIER.

Oui, ce fatal prélat
Fait chaque jour, Madame, empirer votre état.
Votre rougeur en est un évident symptôme.

MARIE.

Un siége...

Elle se laisse tomber sur un fauteuil.

MADAME DUFARGIS.

Si ce n'est pour la paix du royaume,
Au moins pour le salut de Votre Majesté,
On doit bannir cet homme.

MARIE.

Oh ! oui ; pour ma santé.

ANNE.

Il témoignait, Madame, un peu de repentance.
Les accens de sa voix, son air, sa contenance,
Annonçaient en son ame un sincère remords ;
Il se justifiait si bien de tous ses torts,
Qu'il m'a, vraiment, touchée...

MARIE.

Ah ! fuyez l'artifice
Qu'à ce maître hypocrite inspire sa malice.
J'ai cent fois à mes pieds vu ses larmes couler.
Il a l'art de rougir, de pâlir, de trembler.
Tour à tour il se montre insolent ou docile.

Son visage menteur est un masque mobile.
Ce vil caméléon prend toutes les couleurs,
Et son seul intérêt feint la joie ou les pleurs.
Distinguez, scrutez mieux sa conduite funeste.
Je frémis d'exposer le crédit qui me reste...
Mais a-t-on introduit l'astrologue en ces lieux?

MADAME DUFARGIS.

Il attend le loisir de paraître à vos yeux.

MARIE.

D'un succès non douteux s'il sait bien me convaincre,
J'attaque l'ennemi, sûre alors de le vaincre.

Madame Dufargis va le chercher.

Qu'il entre... Les secrets qu'il va me révéler
M'apprendront s'il est temps d'agir et de parler.
Votre homme est-il savant dans l'art de bien prédire?

VAUTIER.

Lui, Madame! il prédit tout ce que l'on désire...
Le voici.

SCÈNE CINQUIÈME.

LES MÊMES ET VÉRONNE *amené par madame Dufargis.*

MARIE.

Qu'il a l'air auguste et vertueux!

VÉRONNE.

Ah! de tous vos sujets le plus respectueux
Devant Vos Majestés tremble ici de paraître.

ANNE.

Approchez-vous.

MARIE.

En moi sa science fait naître
Un je ne sais quel trouble, une appréhension...
(*à Vautier.*)
Tâtez ma main.

VAUTIER.

Calmez cette agitation.
Si ce qu'il prédira vous émeuvait trop l'ame,
Permettez que mes soins l'interrompent, Madame.

MARIE.

Non, je veux tout apprendre, en dussé-je mourir!
(*à Véronne.*)
Dites ce que votre art, Monsieur, put découvrir
Sur l'avenir prochain favorable ou sinistre
De vos reines, du roi mon fils et du ministre.

ANNE.

Il se tait.

MADAME DUFARGIS.

Il médite.

VAUTIER.

Oui, dans son souvenir
Les astres, chaque nuit, tracent tout l'avenir.
Il n'est point charlatan, et n'a point de grimoire.
Les mouvemens du ciel sont peints dans sa mémoire.
C'est là qu'il lit le sort.

BASSOMPIERRE.

Il va parler.

ACTE III, SCÈNE V.

MARIE.

Eh bien?

Le livre s'est ouvert. Vous apercevez?...

VÉRONNE.

Rien.

MARIE.

Rien, mon Dieu!

ANNE.

Rien.

BASSOMPIERRE.

Quoi! rien?

MADAME DUFARGIS.

Rien, Madame, c'est triste!

VAUTIER *à la reine.*

Par quels redoublemens votre pouls me résiste!
Modérez les transports qui soulèvent vos sens.

MARIE.

Quelle tête inspirée, et quels regards perçans!
Paix.

ANNE.

Silence.

BASSOMPIERRE.

Voilà ses visions plus nettes.

VÉRONNE.

Au centre luit un astre entouré de planètes :
Un autre astre brillant lui dispute aujourd'hui
La puissance, l'honneur d'attirer tout à lui...
Que de chocs! de combats! Quel tourbillon dévore
Un des astres qui tombe?...

MARIE.
      Et lequel?
VÉRONNE.
            Je l'ignore.
ANNE *à la reine-mère.*
Cet astre, centre unique attirant tout à soi,
C'est vous, Madame.
      MARIE *à la reine.*
         Vous, Madame ; et non pas moi.
            ANNE.
Serait-ce Richelieu?

VÉRONNE.
            Voyez-vous, sous des voiles,
Fuir, pâlir, s'éclipser mille fausses étoiles,
Tandis qu'en rayonnant sur les mondes entiers,
L'astre vainqueur conduit ses satellites fiers?
D'une planète encor l'influence bénigne
Partout répand l'éclat.
            ANNE.
         Qu'est-ce qu'elle désigne?
            VÉRONNE.
Notre adorable reine, épouse de Louis.
Enfin tout se débrouille à mes yeux éblouis...
            MARIE.
Je languis, je me meurs ; parlez, monsieur Véronne,
Quel est l'astre vainqueur?
            VÉRONNE.
            Votre noble personne,
Vous, illustre Marie, auguste Médicis,
Point fixe dans l'État où règne votre fils,

Vous, qui du premier choc allez briser, dissoudre
L'astre du cardinal.

MARIE *impétueusement.*

Je vais le mettre en poudre!

· Véronne lui prend les mains et les examine.

Que trouvez-vous là?

VÉRONNE.

Tout. Son sort est dans vos mains.

BASSOMPIERRE.

Il parle comme un dieu.

VAUTIER *à la reine-mère.*

Calmez ce feu, je crains...

MARIE.

N'arrêtez pas, docteur, les effets de ma joie!
Elle m'est nécessaire; oui, que mon cœur s'y noie!
Oui, l'astre impérieux que le mien doit briser,
Sous sa force et son poids va se pulvériser!
On reverra briller nos splendeurs souveraines,
Et la France en nous deux reconnaîtra ses reines!

ANNE.

Expliquez-nous quel est ce nombre pâlissant
De faux astres en fuite à vos yeux s'éclipsant?

MARIE.

Que signifie aussi l'ordre des satellites?

VÉRONNE.

De vos astres puissans ce sont les favorites,
La vertu, la noblesse, et nos fidélités
Contre le cardinal marchant à vos côtés,
Madame Dufargis, monsieur de Bassompierre,
Et nous, qui ne brillons que de votre lumière.

MADAME DUFARGIS.

Que de grâce il allie au sujet le plus haut!

BASSOMPIERRE.

Toujours un grand génie a l'esprit qu'il lui faut.

VÉRONNE.

Ces feux follets rentrant au sein des nuits obscures,
Ce sont de Richelieu toutes les créatures,
Ces gens que la faveur tourne ainsi que le vent,
Qu'attire la vertu de tout soleil levant,
Et dont les dignités, fortunes éphémères,
Sont comme un météore en ces lieux passagères;
Ces sots, enorgueillis de rayons empruntés,
Qui languiront obscurs loin du centre écartés,
Dont l'ami, désormais voisin des nouveaux astres,
Fuit la contagion, méprise les désastres,
Et sur qui leurs flatteurs, qui saluaient si bas,
Glissent un œil distrait s'ils rencontrent leurs pas.
Autour du roi, voilà les phosphores sans nombre
Qui brillent aujourd'hui, demain meurent à l'ombre.

BASSOMPIERRE.

Des cercles de la cour ce sont bien là les traits.

MARIE.

L'admirable talent pour lire en nos secrets!
Doit-on de ces devins rejeter la créance?
Omet-il en mon sort la moindre circonstance?
N'a-t-il pas découvert quelle lutte aura lieu
Entre vous, moi, nous tous, et l'altier Richelieu?
N'a-t-il pas dit pourquoi, comment il veut nous nuire?
De mystères pareils qui put si bien l'instruire?
Comptez sur moi, Monsieur, usez de ma faveur,

ACTE III, SCÈNE VI.

Je vous regarde ici comme un ange sauveur!
Il est un dernier point qu'il faut qu'on m'éclaircisse.
Pour tenter le combat ce jour est-il propice?
Les instans font souvent les succès.

ANNE.

A la cour.

VAUTIER.

Dans notre art.

VÉRONNE.

En affaire.

BASSOMPIERRE.

A la guerre.

MADAME DUFARGIS.

En amour.

VÉRONNE.

Madame, à deviner c'est chose difficile.

MARIE.

La foi de votre oracle en ceci m'est utile.
Je vais hâter la lutte, ou bien temporiser,
Selon que le destin va nous autoriser.
Parlez...

ANNE.

Que veut Grasseau?

SCÈNE SIXIÈME.

LES MÊMES, GRASSEAU.

GRASSEAU.

De la salle où mon zèle

Fait pour Vos Majestés exacte sentinelle,
J'ai vu le roi venir. Monsieur l'augure ici
Va par son ordre exprès, dit-on, être saisi.

ANNE.

Chez moi!

MARIE.

De Richelieu c'est un nouvel outrage.

GRASSEAU *à part.*

Ainsi que mes oiseaux on va le mettre en cage.

VÉRONNE.

Oh! j'ai lieu d'espérer que vos protections...

ANNE.

Ce Richelieu sait tout par ses vils espions.

MADAME DUFARGIS.

Sa police se fait sur la police même.

VÉRONNE.

Daignez me garantir...

ANNE.

C'est une injure extrême.

MARIE.

Plaignez-vous à mon fils.

VÉRONNE.

Veuillez me préserver...

MARIE.

Cet homme nous perdra.

VÉRONNE.

Me pourrez-vous sauver?

MARIE.

J'y songerai, mon cher, allez; soyez tranquille.

VAUTIER *à Véronne.*

On se sert d'un petit tant qu'on le croit utile ;
Puis on le jette là.

VÉRONNE.

Toujours vaine leçon !

BASSOMPIERRE *à Véronne.*

Suivez Grasseau, fuyez, s'il est temps, la prison.

Grasseau emmène Véronne.

MADAME DUFARGIS.

Confondez Richelieu qui perd toute mesure,
Madame, et hautement...

MARIE.

L'affaire n'est pas mûre.

MADAME DUFARGIS.

Quoi ! Votre Majesté tarde à le démasquer...

MARIE.

Mal choisir le moment ce serait tout risquer ;
Et je dois... Laissez-nous parler à votre maître.

Bassompierre et madame Dufargis sortent.

SCÈNE SEPTIÈME.

MARIE DE MÉDICIS, ANNE D'AUTRICHE ET LOUIS XIII.

LOUIS.

On s'attendait plus tard à me voir reparaître,
Mesdames.

MARIE.

J'attendais que Votre Majesté

Aborderait sa mère avec plus de bonté.

ANNE.

Moi, Sire, j'attendais, de votre honneur jalouse,
Les égards qui sont dus au rang de votre épouse.

LOUIS.

Ah! fort bien : vous blâmez qu'un mandat de ma main
Arrête un juif maudit, rebut du genre humain,
De qui l'art diabolique en ce lieu développe
Les secrets de l'enfer, et tire un horoscope
Contre moi, contre un homme enfin que je chéris
Et placé le premier entre mes favoris.

MARIE.

Eh! nommez-le, mon fils, sans m'épargner la peine
D'entendre encor ce nom qui révolte ma haine !
Comprimez, déchirez nos cœurs humiliés !
Sire, nommez cet homme, et lui sacrifiez
Et mère, et femme, et frère, et royaume, et vous-même.

LOUIS.

Oui, Richelieu, lui seul, soutient mon diadême :
C'est pour me le ravir que le duc d'Orléans
Contre ce serviteur fait conspirer ses gens;
Madame de Conti trempe en cet artifice
Que tout autre qu'un prince eût payé d'un supplice....
Oui, Madame, il est temps de ne rien déguiser,
Mon frère se promet....

ANNE.

Quoi?

LOUIS.

De vous épouser.

ACTE III, SCÈNE VII.

ANNE.
Sire, quel monstre osa vous souffler ce langage?

MARIE.
Mon fils.... sans le respect... je suffoque de rage.
Mieux vaut me taire.

ANNE.
O ciel!

MARIE.
Avez-vous oublié
Que déjà par mes soins Gaston fut marié?

LOUIS.
Ah! pour faire tourner ma cour vers sa famille.

MARIE.
J'ai du duc de Nevers fait enlever la fille
Afin que Gaston veuf ne se mariât point.

LOUIS.
Ah! pour qu'après ma mort à la reine il fût joint.

ANNE.
Ainsi, mêmes soupçons, qu'il soit célibataire,
Marié, veuf, n'importe! hélas! Sire, eh! que faire?

LOUIS.
Eh bien! qu'il se marie, et qu'il n'attende pas
Mon trône et votre main au jour de mon trépas.

ANNE.
Vous n'avez point d'enfans : des neveux pourraient naître,
Héritiers présomptifs, alarmans pour leur maître.

LOUIS.
Eh bien! qu'il reste veuf pour m'ôter cet ennui.

ANNE.
Et vous m'accuserez de me garder à lui.

LOUIS.

Morbleu ! je ne suis pas un tyran qui soupçonne,
Et dès qu'on marche droit je ne gêne personne.
Tenez, j'excuse encor le complot infernal
De vous et de Gaston contre le cardinal,
Si votre repentir, sincère, sans grimace,
Signe : « J'étais coupable, et Louis m'a fait grâce. »
Madame, ce sera votre seul châtiment.

ANNE.

Plutôt, Sire, affronter un mortel jugement
Que d'avilir ainsi mon rang, votre couronne !
Innocente, de quoi faut-il qu'on me pardonne ?
Compagne des travaux du plus humble artisan,
Tu ne crains pas chez toi qu'un hardi courtisan
Au cœur de ton mari verse une haine affreuse ;
Dans ton ménage obscur que je te trouve heureuse !

MARIE.

A peine je reviens de ma confusion....
Elle est au comble.... hélas ! au retour de Lyon,
N'avez-vous pas promis d'écraser la vipère
Qui souille de venin la reine et votre mère,
Qui siffle en votre cœur avec méchanceté
Les récits ?.... Je le vois ! il entre, l'effronté !

SCÈNE HUITIÈME.

LES MÊMES ET RICHELIEU.

RICHELIEU.

Vos Majestés de moi s'entretenaient, je pense?

ACTE III, SCÈNE IX.

Je ne suis pas de trop ?

ANNE *au roi.*

Souffrez que ma prudence
Respecte les secrets que vous pourriez avoir,
Sire, et cache l'horreur que je sens à le voir.

Elle sort.

RICHELIEU.

Quoi? serais-je indiscret?.... quoi? ma soudaine entrée...

MARIE.

Est un excès d'audace, une insolence outrée,
Perfide! ignores-tu que depuis tout un mois
Je fuis avec courroux dès que je t'aperçois?
Oui, Sire, votre mère abandonne la place
De peur de s'échauffer et d'éclater en face.

Elle sort.

※

SCÈNE NEUVIÈME.

RICHELIEU ET LOUIS XIII.

LOUIS *se jetant dans les bras de Richelieu.*
Ah! mon cher cardinal, suivez-moi : je ne puis
Résoudre rien encore, et ne sais où j'en suis.

RICHELIEU.

O bon roi! permettez qu'un sujet vous conseille
D'étouffer les clameurs, d'y fermer votre oreille.
Restez maître vous seul, et, sans nous regarder,
Ni par eux ni par moi ne vous laissez guider.
D'autres qu'on traiterait ainsi que l'on me traite

Imploreraient, par feinte, une prompte retraite :
Je méprise un tel art, et j'ose franchement
Vous prier de confondre un vain ressentiment,
De redoubler sur moi le poids du ministère,
Si cela doit encor vous être salutaire,
De forcer devant moi les haines à ployer,
Afin que du conseil fiers de me renvoyer,
Votre cour, vos parens jamais ne s'imaginent
Que vous leur céderez si leurs brigues s'obstinent.
Défendez-moi contre eux ; et de votre seul gré
Chassez-moi, par la suite.

LOUIS.

Allons : j'y penserai.

RICHELIEU.

Alors, suivant mes goûts, dans quelque lieu champêtre,
J'irai vivre paisible et prier pour mon maître.

ACTE QUATRIÈME.

Le théâtre représente un salon du Luxembourg.

SCÈNE PREMIÈRE.

LOUIS XIII et MARIE DE MÉDICIS.

LOUIS.

Madame, je ne peux trop vous remercier
De daigner avec lui vous réconcilier.
Vous tirez mon esprit de son incertitude :
Car ce métier de roi de tous est le plus rude,
Lorsqu'il faut du dehors surveiller les débats,
Et qu'au dedans la haine excite des combats.
Portons-nous nos regards sur la guerre intestine,
L'étranger attentif nous surprend ou nous mine :
Si nous tournons les yeux sur nos voisins, alors
La discorde en profite et redouble d'efforts.

MARIE.

Mon fils.... aimez encor que de ce nom si tendre,
Sire, je vous appelle.

LOUIS.
Il m'est doux de l'entendre.
MARIE.
En tout ce que je fais, Dieu m'en est le témoin,
Votre bien est toujours mon seul vœu, mon seul soin.
Contre le cardinal si je fus irritée,
C'est que de votre cœur il m'avait écartée :
Je gémissais tout bas de prévoir l'ascendant
Que prenait sur l'État ce factieux prudent :
Mais puisqu'au Luxembourg Louis me vient lui-même
Assurer en bon fils qu'il m'honore, qu'il m'aime,
Que par lui Richelieu demandant mon accueil
S'engage à réparer les torts de son orgueil,
Je vais à son approche oublier ma colère,
Et recevoir l'ingrat de mon mieux, pour vous plaire.
LOUIS.
Votre esprit se le peint sous des traits odieux :
Toujours vous le nommez ingrat et factieux.
MARIE.
Oh! c'est qu'il l'est, mon fils : pour vous plaire, sans doute,
Je ne lui dirai pas cela; mais il m'en coûte.
Mon ame est franche, vive, et sans d'affreux tourmens
Ne s'abaisse jamais à des déguisemens.
LOUIS.
De vos préventions tâchez de vous distraire;
Nulle feinte dès-lors ne sera nécessaire :
Regardez Richelieu tel qu'il est en effet....
MARIE.
Ah! mon fils; l'examen en sera bientôt fait.
C'est un insolent.

ACTE IV, SCÈNE I.

LOUIS.

Quoi? votre esprit se décide
A garder ses soupçons....

MARIE.

Non ; mais c'est un perfide.

LOUIS.

Vous l'envisagez donc sous les mêmes rapports
Malgré mes discours?

MARIE.

Non ; je lui crois des remords :
Mais ils prouvent que c'est un ministre coupable.

LOUIS.

Si rien ne vous détrompe, il est indubitable
Qu'il lira dans votre air vos mécontentemens.
Richelieu m'a promis que, sans ressentimens,
Quelque reproche amer que vous fissiez entendre,
Il le supporterait sans même se défendre.

MARIE.

Eh ! qu'en a-t-il besoin? vous savez quel penchant
Ma faveur témoigna jadis pour ce méchant.
J'estime ce qu'il a d'esprit et de science,
De ma bonté long-temps il fit l'expérience :
Seule à son haut crédit elle a donné l'essor ;
Je vais, s'il se repent, la lui promettre encor.
Il vient !.... Reconnaissez que votre mère, Sire,
Ne fait pas à demi ce que son fils désire.

SCÈNE DEUXIÈME.

LES MÊMES ET RICHELIEU.

LOUIS.

Paraissez, cardinal : ma mère m'a promis
Qu'elle vous compterait au rang de ses amis,
Et que de ses soupçons le malheureux nuage
Passerait sans retour.

MARIE.

Je promets davantage,
Monsieur le cardinal : oui, mon cœur, grâce au ciel,
De la haine jamais ne sut nourrir le fiel.
Prenez-en pour garant la main que je vous donne.

Richelieu lui baise la main.

Je promets de vous rendre auprès de ma personne
Les droits que votre esprit, vos rares qualités,
Votre zèle constant ont jadis mérités.
La rancune me pèse et j'étais affligée....

Richelieu lui baise encore la main avec plus de respect.

Oui, baisez cette main. Vous m'avez outragée,
Moi qui seule, hâtant vos progrès surprenans,
Vous frayai le chemin des postes éminens.

Elle se tourne vers le roi avec tendresse.

Ce rapprochement, Sire, ai-je assez de faiblesse?
M'émeut jusqu'à verser des larmes d'allégresse.
Jugez quelle je suis ! doit-il si follement
M'accuser désormais d'un noir ressentiment.

(au cardinal qui fait un mouvement pour répondre.)
Homme injuste! est-ce moi, moi, votre bienfaitrice,
Qui cherchais à vous nuire? Eh quoi? par quel caprice
Renverser aujourd'hui ce qu'hier j'élevai?
Car, si dans le conseil vous êtes arrivé,
Quel pouvoir que le mien vous en ouvrit l'entrée?
De qui votre sagesse était-elle admirée,
Lorsque, modeste abbé, vos talens à la cour
Entre de Luine et moi manégeaient mon retour.
Je les fis éclater de toute ma puissance,
Bientôt de ma maison vous donnai l'intendance,
Du nonce vous obtins le rang de cardinal,
Et vous rendis du roi ministre principal.
Sa Majesté pourrait avouer elle-même
Que de ses courtisans la répugnance extrême
Combattit dans son cœur ce choix sollicité
Par mon crédit, soutien de votre autorité.
C'était moi qui vantais vos prudentes manières,
Votre discernement si pourvu de lumières,
Votre esprit attentif à profiter de tout,
Et qui ne tente rien sans regarder au bout.
Ce fut moi qui prédis que vous seul à la France
Rendriez sa splendeur et sa magnificence,
Et que le roi par vous relèverait nos lis
Par la Ligue, et l'Espagne, et l'Autriche avilis.
Il me crut, vous choisit, vous combla de largesses.
Enfin vous me devez grandeurs, pouvoir, richesses.
De mon ouvrage heureux mon cœur était épris...
Eh bien! quels procédés en ont été le prix?
Bientôt à mes souhaits opposant vos scrupules,

Vous m'osâtes blesser de refus ridicules.
C'était peu ; non content de trahir ma maison,
Vous avez accusé mes gens de trahison,
Afin d'en exiler des confidentes sûres,
Et de ne la remplir que de vos créatures.
Vous m'avez disputé sans égards et sans foi
Le tendre amour d'un fils, le cœur de votre roi!...
Sire, je ne veux pas récriminer, sans doute ;
Mais pour mieux me juger, il est bon qu'il écoute
Combien de nos faveurs abusèrent ses torts.
Sa patience au moins prouvera ses remords.
Ils le rongent, l'ingrat, s'il est encor sincère.

(*s'emportant toujours de plus en plus.*)

Ah! parlez, eussiez-vous, respectant ma colère,
Fui ma vue, et tardé d'embrasser mes genoux,
Si mon pardon tout prêt vous eût paru plus doux?
Un autre se serait jeté sur mon passage,
Eût forcé l'indulgence, eût lavé son outrage.
Mais vous, point! démentez ce comble de hauteur...

Richelieu veut prendre la parole.

Votre silence froid est votre accusateur...

Richelieu s'avance pour se justifier.

Épargnez-vous la feinte ; elle n'a rien qui touche.
Sire, défions-nous des discours de sa bouche ;
Je lis dans son maintien, dans ses traits, dans son œil ;
Un sujet à ses rois montrer autant d'orgueil !
Voilà ce qui m'irrite!... Ah! quand je me rappelle
Que le public sous lui nous croit presque en tutelle,
Que moi, moi, votre mère et veuve de Henri,
Vous, la cour, nous plions devant ce favori,

Que vos accroissemens sont comme ses conquêtes,
Que si nous paraissons dans les publiques fêtes,
Le peuple sur lui seul tient les yeux attachés,
Et que par son éclat nous semblons tous cachés,
Qu'il vous trompe, bannit, emprisonne vos frères,
Couvre de votre sceau mille actes arbitraires...
Non, Sire, non, mon fils, je ne peux dominer
Le cours de ma fureur que je sens bouillonner.
Dût-il hâter ma mort, je dois, pour votre gloire,
Vous forcer d'être roi, mon fils. Veuillez m'en croire,
Chassez-le; vengez-vous, épargnez à mes yeux
L'insupportable aspect de cet ambitieux.

RICHELIEU *au roi.*

Est-ce ainsi qu'elle accable un serviteur fidèle,
Sire, qui par votre ordre est venu devant elle?

LOUIS.

C'est ma mère; à son rang un juste égard est dû...
Laissez-nous un moment.

RICHELIEU *troublé.*

(*à part.*)
Sire.... Je suis perdu.
Le roi lui fait signe de se retirer.

SCÈNE TROISIÈME.

LOUIS XIII et MARIE DE MÉDICIS.

LOUIS.

Qu'avez-vous fait, Madame? et de quelle tempête

Avez-vous donc lancé les éclats sur sa tête?
J'en reste encore ici dans l'étourdissement.

MARIE *toute hors d'elle.*

Dieu seul a par ma voix tonné subitement.
Ce transport imprévu qui m'a soudain saisie
Me vient du ciel, sans doute, et je l'en remercie!
Il chasse loin du trône et sans rémission,
Un fourbe qui trompait votre religion!

LOUIS.

Quel est donc votre espoir? Cet homme est nécessaire.
Il conduit bien l'État, je ne puis m'en défaire.
Quel ministre, Madame, eut les regards plus nets
Et les yeux mieux ouverts sur tous les cabinets!
Il contient l'Italie et toute l'Allemagne;
Ferdinand en Autriche, et Philippe en Espagne,
Ne peuvent de sa marche arrêter les progrès.
Richelieu bat partout le comte Olivarès.
L'affaire de Cazal est la dernière marque
De son habileté. Certe, il fait le monarque,
Et m'a par ses hauteurs offensé quelquefois :
Mais j'attends qu'il ait mis nos rivaux aux abois
Pour le congédier sans péril, sans secousse.
Faut-il qu'imprudemment mon dépit le repousse,
Et me précipiter en d'affreux embarras,
Et voir mille étrangers me tomber sur les bras?
Ne m'a-t-il pas couvert d'une gloire immortelle
En Flandre, en Valteline, à Rome, à La Rochelle?
Il me rend de la foi l'honorable soutien,
Saisit le fil de tout, le débrouille si bien,
Que je craindrais sans lui, qui connaît leur système,

Les huguenots, le pape, et ma cour, et moi-même.
MARIE.
Dites, dites plutôt qu'il a tout compliqué
Pour qu'entre mille écueils une fois embarqué,
Son maître de ses mains ne pût ôter la rame.
LOUIS.
Si le mal est ainsi, quel remède, Madame?
MARIE.
De ce pilote-là vous pouvez vous passer,
En nommant Marillac, fait pour le remplacer.
C'est un grand travailleur, un homme docte et grave,
Et sous qui votre cour ne sera point esclave.
Son frère d'une armée a le commandement.
Ils seront à vos lois plus dociles qu'Armand.
Venez, signez un ordre, et chargez Bassompierre
D'exécuter...
LOUIS.
Il faut peser cette matière...
MARIE.
Mon Dieu? vous hésitez?... Ah! je sens qu'en ce jour
C'est Médicis qui doit s'exiler de la cour.
LOUIS.
Comment?
MARIE.
A mes dangers, oui, mon fils m'abandonne.
J'ai tout risqué pour vous et pour votre couronne.
LOUIS.
Pensez...
MARIE.
C'est fait de moi, Sire, après mes discours...

LOUIS.

Peut-il ?...

MARIE.

Le cardinal me poursuivra toujours.
O triste mère ! ô ciel ! Je frisonne... je tremble...

LOUIS.

Rentrez vous reposer.

MARIE *affaiblie et en larmes.*

Mon fils !...

LOUIS *tendrement.*

Allons ensemble.

Ils entrent dans un cabinet voisin.

SCÈNE QUATRIÈME.

RICHELIEU et LE CAPUCIN JOSEPH.

RICHELIEU.

Le roi la suit, s'enferme... Il faut fuir.

JOSEPH.

Monseigneur...
Qui vous retient encor?...

RICHELIEU.

Que sais-je ? mon malheur.
J'attends peut-être ici qu'un arrêt me proscrive.

JOSEPH.

Le craignez-vous?

RICHELIEU.

Prêtons une oreille attentive.

ACTE IV, SCÈNE IV.

Si de leur entretien je tirais quelque fruit...

Il va écouter.

JOSEPH *à part.*

Puissant ministre, à quoi son destin le réduit !
Lui, que redoute et sert une foule idolâtre,
Écouter à la porte en valet de théâtre !

RICHELIEU.

Je n'entends rien... Joseph, hâtons-nous d'emballer
Mes trésors, mes papiers... J'en ai qu'il faut brûler...
Ne laissons au grand jour que ces lettres serviles
De tant de louangeurs cupides, imbéciles,
Qui sans honte demain oseront déchirer
Le dieu que leur bassesse affectait d'adorer.

JOSEPH.

Où vous retirez-vous ?

RICHELIEU.

Aux terres de Brouage.
J'ai dit qu'on attelât soudain mon équipage.
Dans une heure je pars.

JOSEPH.

Le bruit n'en est pas su ?

RICHELIEU.

Non.

JOSEPH.

Le congé du roi vous l'avez donc reçu ?

RICHELIEU.

Point.

JOSEPH.

Ne vous pressez pas.

RICHELIEU.

Je sais de mes journées
Lire le lendemain ; j'ai lu dans les années.

JOSEPH.

Le sort, en un instant, souvent change.

RICHELIEU.

Ce soir
Ton frère Dutremblai me peut-il recevoir?

JOSEPH.

Quoi? vous vous cacheriez au fort de la Bastille?

RICHELIEU.

Si je ne puis partir.

JOSEPH.

J'aurais peur que la grille
Ne se fermât sur vous, comme, pour obéir,
Il la fermait sur ceux qui vous osaient haïr.

RICHELIEU.

Lorsqu'un de mes pareils tombe, il est sans ressource ;
En quelque endroit qu'il aille, on harcelle sa course.

JOSEPH.

L'honneur de vos travaux vous fera respecter.

RICHELIEU.

Ma splendeur ne m'a fait qu'envier, détester.

JOSEPH.

Ennemi, tour à tour, ami des hérétiques,
Vous avez agi contre et pour les catholiques.
Notre Église pourrait vous reprocher cela.

RICHELIEU.

Non, révérend, mon bref s'étendait jusque-là.
Rome, lieu d'indulgence, est le plus sûr asile

Où m'attend un appui, si ma fuite est utile....
Mais quoi? de tous les grands le parti réuni
Me va mettre en lambeaux, comme il fit Conchini....
Ah! de la reine-mère imagine la rage....
Elle a vomi sur moi l'imposture, l'outrage,
Par ses cris véhémens le roi même accusé
N'a proféré qu'un mot.... et j'en suis écrasé.

JOSEPH.

Celui qui sagement sur soi-même se fonde
Méprise, Monseigneur, les changemens du monde;
Et portant devant lui des yeux moins effrayés
Marche en paix tant qu'il sent la terre sous ses pieds.
Qui vous reconnaîtrait à ce morne visage?
De votre fermeté s'il fallait faire usage....

SCÈNE CINQUIÈME.

LES PRÉCÉDENS, MARILLAC ET LE DUC D'ÉPERNON.

MARILLAC.

Eh quoi? vous, Monseigneur, en cet appartement!
RICHELIEU *d'un front riant et ouvert.*
Pour vous y saluer, Messieurs : en ce moment
Nous ne pouvons entrer chez la reine Marie :
Elle entretient le roi....
D'ÉPERNON.
De vous, je le parie :
Et votre front serein, si je ne suis trompé,
M'annonce qu'un orage est enfin dissipé.

RICHELIEU.

Monsieur le duc m'honore! il est vrai que des haines
Ont du roi trop souvent renouvelé les peines ;
Et je ne suis heureux que de les prévenir.
(*après un silence.*)
A ma table demain daignez vous réunir,
Dînez chez moi, Messieurs.

D'ÉPERNON.

Cet honneur que j'accepte
Me comble.

MARILLAC.

Monseigneur, un devoir m'en excepte.
Le marquis de Créqui chez moi-même engagé....

RICHELIEU *sèchement*.

J'en ai regret.

MARILLAC.

Et moi, j'en suis plus affligé.

D'ÉPERNON *bas à Marillac*.

Votre refus le blesse.

RICHELIEU *bas à Joseph*.

Il craint dans ma disgrâce
De se mêler un peu : sait-il ce qui se passe?

MARILLAC.

Je vois avec plaisir qu'aux travaux entassés
Votre vigueur résiste.

RICHELIEU.

Oui, je résiste assez.

MARILLAC *d'un ton troublé et emphatique*.

Vous êtes.... immortel !

ACTE IV, SCÈNE V.

D'ÉPERNON.

Sait-on quand vient le frère
Du roi?

MARILLAC.

Non.

RICHELIEU *en raillant un peu.*

Et de moi que dit-on chez sa mère?

MARILLAC.

On porte à votre nom un sincère respect.

RICHELIEU *de même.*

Mes ennemis vont là.

MARILLAC.

Je leur serais suspect.

RICHELIEU *gravement.*

Qu'ils redoutent le sort de Chalais et d'Ornane,
S'ils conspirent.

D'ÉPERNON *montrant Marillac.*

Sa voix d'avance les condamne.

SCÈNE SIXIÈME.

LES MÊMES, UN VALET DE PIED.

LE VALET *au cardinal.*

Ce billet est pressé, Monseigneur.

Il sort.

RICHELIEU *à d'Épernon et à Marillac.*

Permettez,
Messieurs, que sans retard ces mots décachetés....

D'ÉPERNON *se retirant.*

A demain.

MARILLAC *se retirant.*

Je salue aussi Votre Éminence.

RICHELIEU *gaiement.*

Messieurs, de vous revoir j'ai grande impatience.

SCÈNE SEPTIÈME.

RICHELIEU ET LE CAPUCIN JOSEPH.

JOSEPH *à part, tandis que le cardinal lit la lettre.*
Moi, qui l'encourageais.... Oh! les ambitieux
Se masquent aussi bien que les religieux.

RICHELIEU.

Victoire! Saint-Simon, dans la chambre prochaine,
A vu la reine-mère et le roi très en peine.
Louis va, m'écrit-il, sortir par ce salon;
Il m'engage à l'attendre en chemin.

JOSEPH.

Saint-Simon!

Le grand-écuyer?

RICHELIEU.

Lui!

JOSEPH.

Quelle bonne nouvelle!

RICHELIEU.

Quel témoignage heureux de dévoûment, de zèle!
Ah! mes chers courtisans, vous serez consternés

ACTE IV, SCÈNE VIII.

Vous qui déjà n'osiez accepter mes dînés !
Lorsqu'à jouer ce jeu, Messieurs, on se hasarde,
A la moindre vétille il faut bien prendre garde.
Un mot est payé cher. Mes pieds vous fouleront,
Reptiles insolens, qui releviez le front !

JOSEPH.

Il valait mieux pour eux, sans courir la fortune,
Ne s'attacher qu'à vous. Moi, qui n'en cherche aucune,
Je vous suivais pourtant dans ce péril nouveau,
Et ne me flattais plus d'obtenir le chapeau.

RICHELIEU.

Le temps m'acquittera d'un intérêt si tendre,
Mon père. En mon palais allez, allez m'attendre.

JOSEPH.

Vous obtiendrez la palme et j'en serai ravi.
Car, dit le psaume, *in te, Domine, speravi*

SCÈNE HUITIÈME.

RICHELIEU *seul*.

Superbe, aux yeux du roi que ton front s'humilie ;
Prends un ton doux, apaise et caresse, et supplie ;
Flatte, en un mot. Ton cœur ne doit pas répugner
Aux adulations qui mènent à régner.
En de hauts intérêts nul soin ne nous abaisse ;
Et loin d'être fierté, ce serait petitesse
Qu'au sein de son malheur follement se roidir,
Quand des soumissions nous doivent agrandir.

Qu'un sage obscur et vain de scrupule se pique,
Tout change en mes pareils : souplesse est politique.
On marche ; c'est le roi.

※

SCÈNE NEUVIÈME.

RICHELIEU et LOUIS XIII.

LOUIS *froidement*.
　　　　　Je ne m'attendais pas
A vous trouver encore en ce lieu, sur mes pas.
RICHELIEU.
De Votre Majesté ce reproche sensible
Redouble mes chagrins, Sire ; il n'est plus possible
Que rien, non, rien au monde, ébranle le projet
Qui conduit devant vous un fidèle sujet.
Mais puis-je m'expliquer sans que mon roi s'offense ?
LOUIS.
Parlez.
RICHELIEU.
　　　　J'ai cru tantôt qu'avec persévérance
Je devais, repoussant un parti détracteur,
De mes charges encor souffrir la pesanteur.
La haine s'en accroît, qu'elle soit satisfaite.
Je viens comme un bienfait demander ma retraite ;
Et n'aurai point l'orgueil de prétendre asservir
La mère d'un grand roi que je voulais servir.
Mon vaste ministère excite des cabales
Qui prêtent au public trop d'objets de scandales,

ACTE IV, SCÈNE IX.

Et je dois, de la cour enfin me séparant,
M'immoler à mon roi, que je quitte en pleurant.

LOUIS.

Où comptez-vous aller?

RICHELIEU *à part.* (*haut.*)
Quel mot ! Dans les domaines
Que je tiens de vos dons, salaire de mes peines;
A Brouage.

LOUIS.

Comptez sur mon affection.

RICHELIEU.

Mon maître, conservez votre protection
A l'homme que punit l'inimitié des princes
D'avoir fait refleurir le sceptre et vos provinces.
Je ne m'étonne pas de blesser leurs regards.
J'ai de vos ennemis mérité les poignards.

LOUIS.

Monsieur le cardinal, j'apprécie et j'admire
Vos services nombreux, et mon plus grand martyre
Est de n'avoir nul prix digne de les payer.
Ma mère cependant m'a su presque effrayer :
Elle a dit, à travers ses clameurs peu sensées,
Des choses qui d'avance étaient dans mes pensées.
N'humiliez-vous pas les princes de mon sang?

RICHELIEU.

Oui, lorsque leur orgueil méconnaît votre rang.

LOUIS.

Vous soufflez aux voisins le feu du calvinisme.

RICHELIEU.

Oui, comme en vos États j'en ruine le schisme.

LOUIS.
Vous privez les seigneurs de leurs gouvernemens.
RICHELIEU.
Oui, si pour vous combattre ils font des armemens.
LOUIS.
Vos rigueurs ont sévi sur mes parens eux-mêmes.
RICHELIEU.
Oui, quand ils s'alliaient à d'autres diadèmes.
LOUIS.
Vous écartez toujours ma mère du conseil.
RICHELIEU.
Oui, quand d'une régente elle y prend l'appareil.
LOUIS.
Vous traînez sur vos pas une force imposante.
RICHELIEU.
Oui, partout où je vais, je vous y représente.
LOUIS.
Pourquoi détournez-vous mes choix et mes souhaits?
RICHELIEU.
J'ose tout pour mon roi, ce sont là mes forfaits :
Et son cœur me rendra justice encor, peut-être.
LOUIS.
Monsieur le cardinal, vous avez un bon maître.
Pour vous en mon esprit, parfois irrésolu,
La confiante estime a toujours prévalu.
Ma mère m'indignait quand ses paroles dures
A quelques vérités mêlaient des flots d'injures.
Sa fougue m'outrageait, et m'avait animé
D'un dépit dont mon sang est encore enflammé.
Je veux qu'on me respecte, et faire voir au monde

Que sur mon inconstance en vain chacun se fonde,
Qu'en vain des intrigans s'efforcent d'entacher
Un ministre zélé qu'on prétend m'arracher,
Que je sais à la fois le conserver sans honte,
Et de ses actions lui demander le compte.

RICHELIEU.

Mes actes, en effet, qui les ont indignés,
De votre propre main sont notés et signés.
C'est vous attribuer, Sire, une ame crédule...

LOUIS.

L'insulte qu'ils vous font me prête un ridicule.

RICHELIEU.

Lorsque je dirigeais la guerre, était-ce moi?
Vous commandiez l'armée en héros, en grand roi.

LOUIS.

Mon frère, un peu jaloux, veut donner lieu de croire
Qu'à mes seuls conseillers mon règne doit sa gloire.

RICHELIEU.

D'en usurper le lustre ai-je quelque moyen?
Par vous seul je suis tout, sans vous je ne suis rien.
Il en est autrement de Monsieur, des deux reines;
Leurs titres, le beau sang qui coule dans leurs veines,
Leur donnent comme à vous des défenseurs soumis.
Moi, si vous n'étiez plus, aurais-je des amis?

LOUIS.

Contre ses intérêts on ne travaille guère,
Il est bien vrai.

RICHELIEU.

   Le mien est que Louis prospère ;
Le leur n'est pas le même.

LOUIS.

     Oh ! Gaston trop souvent
Se flatta d'hériter, même de mon vivant.

RICHELIEU.

D'un tel espoir sans doute il repousse l'idée.
Mais par mes surveillans sa cour intimidée
Avec moins de scrupule a pu le concevoir.

LOUIS.

Ces gens-là vous perdraient pour fonder leur pouvoir,
Si votre souverain sage, ferme, équitable,
Seul ne vous maintenait par sa volonté stable,
Et n'était résolu de vous y protéger,
Dussent de mes faveurs les partis enrager.

RICHELIEU.

Pour la première fois souffrez que je résiste
A votre ordre suprême ; oui, Sire, je persiste
Dans le sincère vœu de quitter mes emplois :
Car, pour remédier aux maux que je prévois,
Le conseil rigoureux qui serait salutaire
Me noircirait encore, et j'aime mieux le taire.

LOUIS.

Parlez ; vous le devez au salut du pays,
Au mien : je vous l'ordonne.

RICHELIEU.

     Eh bien donc, j'obéis.
Que vous suiviez, ou non, mon avis profitable,
Ma retraite en tout cas devient indispensable.
La reine votre mère a fait trop hautement
Éclater la fureur de son ressentiment

ACTE IV, SCÈNE IX.

Pour que j'espère encore un pardon de son ame.
Rarement on échappe aux haines d'une femme.
Après tant de bienfaits dont elle m'a comblé,
De pamphlets odieux je serais accablé,
Si, restant près de vous, mes conseils nécessaires
L'éloignaient de Paris, de vous et des affaires.
Cette rigueur pourtant préviendrait les dangers.
Sa faction, espoir des jaloux étrangers,
De tous les mécontens est le centre funeste :
C'est de là qu'avec vous la cabale conteste.
L'un, par choix, ou dépit, va s'y précipiter :
L'autre y penche à dessein de se faire acheter :
Les pertes qu'au dedans ce désordre vous coûte
Réparent l'ennemi qui dehors vous redoute,
Et nos voisins ligués attisent à jamais
Ce foyer de discorde, obstacle de la paix.
Mais si vous dissipez la cour de votre frère,
Mais si vous éloignez la reine votre mère,
Ils verront tristement à vos dons chaque jour
Leurs nombreux partisans se vendre tour à tour.
Vous confondrez alors les factions rebelles.
Ces mesures, vraiment, sont pénibles, cruelles :
Mais, dans ce mal extrême, il faut, pour le guérir,
Ne point toucher la plaie ou largement l'ouvrir.
Tel est mon sentiment ; sans crainte je l'avoue.

LOUIS.

De votre fermeté, Cardinal, je vous loue :
Car, ma mère vous hait : j'en juge par ses cris.
Mais si je la retiens hors des murs de Paris,
Ne dira-t-elle pas qu'on la fait prisonnière ?

RICHELIEU.

Grand Dieu ! prisonnière ! elle ! en aucune manière.
Qu'elle aille en de beaux lieux, où, de peur de dangers,
Une garde d'honneur....

LOUIS.

Oui, mes chevau-légers....

RICHELIEU.

Prendront ses ordres.

LOUIS.

Bien.

RICHELIEU.

Le maréchal d'Estrée
Ouvrirait de la ville ou fermerait l'entrée :
Quiconque sortirait ou viendrait, pour la voir,
D'un visa bien signé recevrait ce pouvoir :
Mais elle vivrait libre.

LOUIS.

Eh oui ! quoi qu'il arrive,
Ce serait une horreur de la tenir captive.
Ça, loin d'elle, avant tout, exilons cet essaim
D'hommes brouillons ; Vautier, son premier médecin,
Madame Dufargis, femme pleine d'audace,
Marillac que déjà l'on m'offre à votre place....

RICHELIEU.

Marillac !

LOUIS.

Oui.

RICHELIEU.

D'avance on réglait donc vos choix ?
C'est un crime à punir par la rigueur des lois.

ACTE VI, SCENE IX.

Par où finirait-on, puisqu'ainsi l'on commence?
LOUIS.
C'est dégrader mon trône et lasser ma clémence.
RICHELIEU.
Et c'est moi qui, dit-on, ose tout dominer!
LOUIS.
Les reines et Gaston espèrent m'enchaîner :
Vraiment, je suis outré d'une telle insolence,
Et leur exil sera ma première sentence.
RICHELIEU.
Vous le décidez, Sire : eh bien! dans votre sein
Ils prétendront encor que j'ai mis ce dessein.
LOUIS.
Manqué-je de clartés qui me puissent conduire?
Ne saurais-je pas seul perdre qui veut me nuire?
RICHELIEU.
A Marillac enfin quelque appui qu'on prêtât,
Est-il d'espèce à faire un ministre d'État?
Château-Neuf suffirait au poste qu'il occupe.
LOUIS.
C'est leur ame damnée.... Ah! je suis peu leur dupe.
Marillac n'aura point votre rang élevé :
A le priver des sceaux j'avais même rêvé.
Ce même Château-Neuf, pour la chancellerie,
Est mon homme.
RICHELIEU.
      Ce choix va les mettre en furie....
Mais l'idée en est saine et de vous elle part.
Car Votre Majesté saisit tout d'un regard,
Et les plus heureux plans que mon zèle exécute

Vous me les inspirez.... je plains donc peu ma chute,
Et du Louvre à jamais je quitte le fracas,
Sûr que les bons conseils ne vous manqueront pas.

LOUIS.

Non, restez.

RICHELIEU.

Je ne puis.

LOUIS.

Je le veux, le commande.

RICHELIEU.

Je tombe à vos genoux, mon maître, et vous demande...

LOUIS.

Je vous garde. Ployez sous ma suprême loi.

RICHELIEU.

En docile sujet, j'obéis donc au roi.

LOUIS.

Ils pensent triompher : prenez bien vos mesures ;
Et cachez notre accord pour les rendre plus sûres.

Il sort, et Richelieu prend un flambeau pour l'éclairer. Le roi l'arrête par un signe d'amitié.

RICHELIEU.

Ah! je suis le premier de tous vos serviteurs.

Le roi le quitte.

seul.

Voilà mon plus beau coup sur les conspirateurs !

ACTE CINQUIÈME.

Le théâtre représente un appartement du Louvre.

SCÈNE PREMIÈRE.

VAUTIER et GRASSEAU.

GRASSEAU.
Ah! monsieur le docteur! quel beau jour! quelle gloire!
Nos reines ont enfin remporté la victoire!
La nouvelle chez nous est que le Richelieu
Laisse le porte-feuille et s'en va sans adieu.

VAUTIER.
Qui raconte cela, Grasseau?

GRASSEAU.
                    La foule immense
Qui chez la reine-mère accourt en affluence.
De tout son Luxembourg les murs sont entourés
De litières, chevaux et carrosses dorés.
C'est un train, un vacarme à rompre la cervelle...
Mais vous êtes instruit? vous sortez de chez elle?

VAUTIER.

Oui, j'ai vu tout l'essaim de ces complimenteurs.
Elle veut se soustraire à tant d'adorateurs;
Et dans ce Louvre, afin de respirer tranquille,
A la reine ce soir vient demander asile.

GRASSEAU.

Les gens du cardinal doivent s'attrister fort.
Ils sont mal.

VAUTIER.

Je leur vois des symptômes de mort.
Car de ces intrigans je connais le teint jaune,
Les yeux louches, troublés, et les faces d'une aune.
De ces malades-là mille signes divers
Décèlent les tourmens à des yeux bien ouverts.
Pour leur purger le foie et dégonfler leur rate
Il faudrait s'ériger en moral Hippocrate,
Et sur l'air de la cour faire une instruction
Qui fournit un remède à la contagion.
Définir et traiter ses pestes et ses vices,
C'est à l'humanité rendre de grands services.
Tel entre sain et pur, en jeune homme bien né,
Qui sort pâle d'envie et d'orgueil cangréné.
Tel autre rougissait d'une modeste crainte
Qui porte dans ses traits l'effronterie empreinte,
Et qui, séchant de rage, expire tout confus
D'avoir usé sa vie à subir des refus.
Telle femme y paraît, fraîche, belle et vermeille,
Que l'activité ronge et qui, de veille en veille,
Consume chaque nuit ces fleurs, cet embonpoint,
Que l'hymen ni l'amour ne retrouveront point.

De deux princes Forlis en un an est l'esclave ;
L'un d'eux est gros et gras, et l'autre sec et hâve ;
Et, pour les imiter, il s'engraisse et maigrit
Si bien qu'il prend la fièvre et soudain en périt.
Ici, la jalousie ardente et combattue,
L'avarice, la peur, et l'ambition tue.
J'imagine à ces maux plus d'un palliatif ;
Et j'administrerais, en premier lénitif,
De l'amour des vertus une salubre dose,
L'estime du métier de son père, et pour cause,
Charité fraternelle en grandes potions,
La campagne où le vent chasse nos visions,
Et le respect du monde ainsi que de soi-même,
Excellent cordial dans mon nouveau système.
Par là je mettrais fin à la mortalité
Qu'autour des grands seigneurs souffle la vanité.
Un tel secret, mon cher, vous serait secourable ;
Je ferai sur vous-même une cure admirable.

GRASSEAU.

Sur moi, Monsieur ! hélas ! je serais imprudent
De montrer de l'orgueil ; quel titre ?...

VAUTIER.

Cependant
Votre tante, qui fut ma lingère, elle-même
M'écrit que vous prenez une importance extrême ;
Vous fuyez vos parens, depuis qu'on vous a fait
Des rentes, et nommé gardien d'un perroquet.

GRASSEAU.

Par les minces emplois on monte à la fortune ;
C'est mon premier degré pour en acquérir une.

Plus d'un valet devient, en cheminant sans bruit,
Commis, puis secrétaire, et tout ce qui s'ensuit.
Les leçons qu'à l'oiseau de la reine je donne
Lui prouvent mon respect pour tout ce qu'elle ordonne ;
Son perroquet, plus doux, plus soumis chaque jour,
Parle, agit comme font les messieurs de la cour ;
Comme eux il se pavane, à chaque porte il gratte,
Dit, Votre Majesté, salue et tend la patte.
On vient... J'ose en sortant, Monsieur, vous supplier
Dans vos promotions de ne pas m'oublier.

※

SCÈNE DEUXIÈME.

LES MÊMES ET MARILLAC.

GRASSEAU.

Ah ! c'est vous, Monseigneur ! On vient de me remettre
Ces paquets-ci pour vous.

Il lui remet des lettres et se retire.

MARILLAC *à Vautier*.

Voulez-vous bien permettre,
Monsieur Vautier ?...

Il ouvre les papiers.

VAUTIER.

Lisez.

MARILLAC.

Quoi ? déjà des placets !...
Je suis ministre à peine, à peine je le sais,
Et le bruit qu'on en sème a rempli cette ville.

ACTE V, SCÈNE II.

Les cousins, les amis m'arrivent à la file.
Je ne fais plus un pas, sans qu'un complimenteur
Ne me presse les mains d'un air solliciteur.
Quel style!... Ce ne sont que sincères hommages,
Honneur, profonds respects, ou fâcheux parentages.
On m'érige en héros, en sage renommé;
Sully fut moins expert, de Luine moins aimé.
Dans les grands coups d'État ma hardiesse étonne.
La foule est à ma porte. On s'étouffe; et personne
Ne me trouve pourtant; car mon suisse averti
N'a plus qu'un mot pour tous : « Monseigneur est sorti. »

VAUTIER.

Ne redoutez-vous pas, étant inabordable,
D'arrêter quelque avis à l'État profitable,
Important à vous-même ?

MARILLAC.

Eh ! parfois Richelieu
S'est fait, en se cachant, révérer comme un Dieu.

VAUTIER.

Sa morgue, qui le perd, est-ce un exemple à suivre ?

MARILLAC.

Non, mais élu ministre, en ministre il faut vivre.

VAUTIER.

Il marchait en monarque, entouré de soldats.

MARILLAC.

Il faut bien qu'une garde accompagne mes pas.

VAUTIER.

Pour maison, il a pris un palais magnifique.

MARILLAC.

Dans le rang où je suis, la mienne est trop modique.

VAUTIER.

Changerez-vous d'hôtel comme le cardinal?

MARILLAC.

En ce qu'il eut de bon l'imiter n'est point mal.

VAUTIER *souriant*.

Vous n'êtes pas de ceux qui renversent l'usage
Que leur prédécesseur établit; c'est fort sage.
Les revers du ministre ainsi ne changeront
Rien ; hormis que par nous les choses se feront.

SCÈNE TROISIÈME.

LES PRÉCÉDENS, MADAME DUFARGIS ET BASSOMPIERRE.

VAUTIER.

Enfin nous l'emportons, Monsieur de Bassompierre !

MADAME DUFARGIS.

La bataille est gagnée !

BASSOMPIERRE.

Oui, la déroute entière !
Et déjà Médicis partout répand ce bruit.

VAUTIER.

Nous ne rôderons plus dans les faubourgs, la nuit ;
en montrant Marillac.
Monsieur n'y viendra plus caché dans votre chaise.

BASSOMPIERRE *à madame Dufargis.*

Je mourais de dépit, moi !

MADAME DUFARGIS.
                    Vraiment?
BASSOMPIERRE.
                              Qu'il vous plaise
De savoir qu'avec vous, dans l'ombre, et plein d'amour,
J'enrageais de traiter des affaires de cour.
MADAME DUFARGIS.
Extravagant!
BASSOMPIERRE.
            Au bord des mêmes précipices
Nous nous devions un gage en fidèles complices.
Il serait beau qu'un jour en notre histoire on lût :
Quand tout autre eût frémi pour son propre salut,
La belle Dufargis de Bassompierre aimée
Au mépris des périls fut séduite et charmée :
Ce plaisir héroïque eût effacé l'éclat
D'Alexandre dormant la veille d'un combat.
MADAME DUFARGIS.
Oh! je fuis ces amours qu'ébruite la gloire :
Mon honneur n'aurait pas brillé dans cette histoire.
BASSOMPIERRE.
Eh, Madame! bien fou qui pense au lendemain :
Jamais l'instant qui suit n'est prévu.
MADAME DUFARGIS.
                                  Dieu! quel train!
C'est la reine Marie et la cour de ses femmes.

SCÈNE QUATRIÈME.

LES MÊMES, LE DUC D'ÉPERNON, MARIE DE MÉDICIS, SUITE DE SEIGNEURS ET DE DAMES.

MARIE.

Laissez-moi, mes amis, et vous, souffrez, Mesdames,
Que je respire à l'aise en cet appartement....
Le cœur me bat.... Je cède à mon ravissement!...
Vos transports m'ont charmée, et ma reconnaissance
Éclatera pour vous avec magnificence!....

Ils se retirent.

J'accueille tous vos vœux. Mon cher duc d'Épernon,
Et vous trois demeurez. Ce monstre, ce démon,
Ce fléau de la cour, du roi, de tout l'empire,
Eh bien! je l'ai vaincu! j'aime à me le redire.
Vous n'imaginez pas l'émotion, le feu,
Qui m'a soudain saisie en voyant Richelieu.
J'étais loin de m'attendre à cette prompte crise.
Mon inspiration m'a moi-même surprise.
Mes accusations roulaient comme un torrent.

BASSOMPIERRE.

C'était pour son orgueil un affront dévorant.

MARIE.

Il en mourra.

MADAME DUFARGIS.

J'aurais ri de sa contenance
Quand le roi l'a d'un mot exclu de sa présence.

ACTE V, SCÈNE IV.

MARIE.

Ah ! que n'étiez-vous là !

VAUTIER.

     Nous eussions applaudi
A la main qui portait le coup le plus hardi.

D'ÉPERNON.

Le roi n'a point encor par une signature
Consommé sa disgrâce ?....

MARIE.

      Oh ! sa disgrâce est sûre.
Pour son renvoi subit je n'ai rien épargné.
Marillac en sa place est déjà désigné :
Le roi même y souscrit. Tout est conclu.

MARILLAC.

       Madame,
L'excès de vos bontés me touche au fond de l'ame ;
Et ma bouche ne peut qu'en trop faibles discours
Peindre mon dévoûment qui durera toujours.

MARIE.

Prouvez-le moi, Monsieur, en replaçant la France
A ce point de splendeur où la mit ma puissance.

D'ÉPERNON.

M'osé-je expliquer net sur les craintes que j'ai ?
C'est peu que le ministre ait reçu son congé ;
Et tant que loin du Louvre il ne prend point la fuite,
L'ame du roi par lui peut être encor séduite.

MARIE.

Erreur, Monsieur le duc ! ce que j'ai fait est fait.

D'ÉPERNON.

De votre haut crédit j'admire tout l'effet ;

Mais la fortune trompe, et sa roue est mobile :
Un tour de main ici remonte un homme habile.

MARIE.

Grâce à moi, la fortune a tourné contre lui.

BASSOMPIERRE.

Le roi, vous a-t-on dit, le laisse sans appui..

MADAME DUFARGIS.

Oui, c'est un homme mort.

VAUTIER.

Pour moi, je le condamne.
S'il réchappe, je suis un ignorant, un âne.

D'ÉPERNON.

Il pourrait démentir l'arrêt que vous portiez,
Sans vous rendre, docteur, autre que vous n'étiez :
Je ne préjuge pas contre votre science ;
Mais j'en crois sur ce point ma longue expérience.

MARIE.

Non, non, Monsieur le duc, croyez qu'il est à bas.

D'ÉPERNON.

Tant qu'il sera vivant, je n'en jurerais pas.

MADAME DUFARGIS.

Quoi ! votre entêtement, Monsieur le duc, s'obstine
Contre nous tous ?

D'ÉPERNON.

J'ai peur de quelque sourde mine.

MARIE.

Et laquelle ?

D'ÉPERNON.

Comblé des dons de Henri-Trois,
Sous deux princes, depuis, j'ai porté le harnois :

J'en ai vu tant !

MARIE.

Vraiment, vous me pourriez déplaire
Si la joie à mon cœur permettait la colère.

D'ÉPERNON.

Mon zèle va trop loin, Madame ; je me tais.

MARILLAC.

En mes doutes prudens autrefois j'hésitais,
Et désormais, Madame, avec pleine assurance,
J'ose de vos succès embrasser l'espérance ;
Et je mériterai par mes docilités
L'honneur du nouveau rang que vous me promettez.

MARIE.

Le roi déjà peut-être a signé vos patentes :
Comptez-y.

MADAME DUFARGIS *à Marillac*.

Donnez-nous des fêtes éclatantes,
Des bals.

MARIE.

Illuminez la ville.

MARILLAC.

Oui, je ferai
De brillans feux de joie, et j'illuminerai.

MARIE *à son médecin*.

De ma maison, Vautier, vous avez l'intendance.

VAUTIER.

Oh ! Madame, comptez sur mon obéissance

MADAME DUFARGIS *à Marillac*

A votre souvenir je recommanderai
Un jeune homme d'esprit.

MARILLAC *avec un grand air d'autorité.*
Je le protégerai :
Qu'il m'adresse un mémoire, une simple notice.
MARIE.
Créez-vous des amis, afin que l'on maudisse
Le ministre insolent que nous avons puni ;
Et faites que mon nom soit à jamais béni.
Que l'on sente partout mon heureuse influence.
Des cabinets voisins resserrez l'alliance.
Rendez l'éclat aux lis, à la science, aux arts,
Aux lettres... Nous avons des illustres Ronsards,
Des Bertaulds, dont il faut payer chaque merveille.
Et le grand Chapelain, et le petit Corneille,
Qui déjà par le Cid ne s'annonce pas mal,
Et qui même déplaît au jaloux cardinal,
Rentez-les bien. Surtout redoublez le courage
De Scudéri, la gloire et le dieu de notre âge !
Par ses contemporains puisqu'il est si vanté,
On le révérera dans la postérité.
L'histoire, qui dit tout, dira ce que nous sommes ;
Il nous importe donc de bien juger les hommes !

SCÈNE CINQUIÈME.

LES MÊMES, ANNE D'AUTRICHE.

ANNE *entrant toute émue.*
J'arrive du palais de Votre Majesté,
Et viens vous informer de notre adversité.

ACTE V, SCÈNE V.

Le ministre a revu mon époux ; et ce traître
A de nouveau gagné l'oreille de son maître.
Le roi le garde.

MARIE.

O ciel !

BASSOMPIERRE.

Comment?...

VAUTIER.

Quoi? son crédit
L'emporte !

MARILLAC.

Quel coup !

MADAME DUFARGIS.

Dieu !

D'ÉPERNON.

Je vous l'avais prédit.

MARIE.

Ma fille... n'est-ce point une alarme trompeuse?...
Vous me glacez le sang.

ANNE.

Elle n'est point douteuse
Cette triste nouvelle, hélas ! et nos revers
Par un message sûr m'ont été découverts.

MARIE.

Dois-je voir votre époux, fuir, parler ou me taire?

MARILLAC.

Patienter vaut mieux, Madame, en cette affaire.
Des momens s'offriront propres à triompher,
Si Vos deux Majestés prennent soin d'étouffer
De leurs ressentimens les chaleurs trop subites.

Paraissez faire grâce aux différens mérites
Qui de votre ennemi soutinrent les succès ;
Et d'abord évitons matière à tout procès.
Je ne me serais point chargé du ministère
Pour l'en dépouiller, non ; et même à ne rien taire,
Acceptant par votre ordre un si pesant emploi,
J'aurais vu par vos yeux, agi par votre loi ;
Car, je ne me sens pas, heureux qu'il pût entendre
La justice qu'ici je me plais à lui rendre !
Je ne me sens pas, dis-je, égal à Richelieu,
Ni si pourvu de ruse et des clartés de Dieu.
Malgré les torts qu'il a j'ai toujours dit qu'en somme
C'était un politique habile, un très-grand homme,
Enfin, un homme...

ANNE.

Ingrat à votre loyauté ;
Car si vous ne fuyez vous serez arrêté.
Château-Neuf vous remplace, et l'on vous emprisonne ;
Je vous en avertis.

MARILLAC *hors de lui*.

L'exécrable personne !
L'infâme cardinal ! le tyran ! le damné !
Quoi ! mon zèle pour vous est ainsi condamné !
Sans vous, que serait-il ? qu'un évêque assez mince.
Je faisais son travail, lorsqu'il faisait le prince...
Ah ! que Vos Majestés excusent mon courroux...
J'étouffe... Je me meurs.

Il s'évanouit.

MARIE *à Vautier*.

Menez-le loin de nous ;

ACTE V, SCÈNE VI.

Secourez-le.

VAUTIER *l'emmenant, après lui avoir tâté le pouls.*

Son mal est de longue durée ;
Cet homme-là mourra d'ambition rentrée [1].

BASSOMPIERRE.

Nous guiderons ses pas ; ensuite, chez le roi
J'irai pour m'informer si je couche chez moi.
Mais tant que je vivrai, sans entrave et sans chaînes,
Mon bras comme mon cœur est à mes souveraines.

❋

SCÈNE SIXIÈME.

LE DUC D'ÉPERNON, MARIE DE MÉDICIS, ANNE D'AUTRICHE, MADAME DUFARGIS.

ANNE.

On vous enlève à moi, ma chère Dufargis.
Je vous cache, ce soir, en mon propre logis.
Demain, avant le jour, mon amitié discrète
Vous promet une sûre et facile retraite.

MADAME DUFARGIS.

Mes larmes....

ANNE.

Trêve aux pleurs. Courez dire à Vautier
Qu'il fuie aussi, de peur d'être fait prisonnier.

Madame Dufargis baise en pleurant les mains de la reine et sort.

---

[1] Le trait que renferme ce vers, souvent répété dans le monde et cité dans un journal, a passé par réminiscence dans une comédie moderne : le public l'a vivement applaudi.

SCÈNE SEPTIÈME.

LES PRÉCÉDENS *hors madame Dufargis.*

MARIE.

Qui? mon docteur!... C'est là le dernier de leurs crimes.
D'ÉPERNON.
Portez, Madame, au roi vos plaintes légitimes
Sans vous exagérer les maux de cet instant.
MARIE.
Non, à mon Luxembourg toute ma cour m'attend ;
Je la veux emmener loin de ce lieu sinistre,
A Compiègne, sans voir mon fils, ni son ministre.
D'ÉPERNON.
Lâcher prise un moment, c'est tout perdre, je crois.
MARIE.
Mes amis sont nombreux et soutiendront mes droits.
ANNE.
Quand j'ai couru chez vous on savait notre perte ;
Déjà votre demeure était presque déserte.
On s'évadait sans bruit, et vos gens assidus
S'esquivaient devant moi, gênés et confondus.
Voilà de nos valets la bassesse commune.
Nous ne leur sommes rien, leur maître est la fortune.
D'ÉPERNON.
A Vos deux Majestés il reste un serviteur
Dont le zèle constant n'est peureux ni menteur.
Le cardinal est fort, mais je ne suis pas frêle.

ACTE V, SCÈNE VIII.

Fidèle à mes traités, en rien je ne me mêle
Aux conspirations qu'il renverse aujourd'hui.
Je le hais, mais n'agis ni pour ni contre lui.
Si pourtant vous craignez des embuches traîtresses,
Si vous quittez ces murs, que dans mes forteresses
L'auguste Médicis trouve un rempart certain.
Car, pour lui préférer un ministre hautain,
Pour souffrir de ses droits qu'elle soit dépouillée,
Ma vieille épée encor n'est pas assez rouillée.

MARIE.

Que mon ame jouit d'un si beau dévoûment !
Il me comble d'espoir et d'attendrissement !
Dieu me garde sur vous d'attirer la tempête...
Ah ! Madame... ah ! ma fille, adieu !... Mon cœur, ma tête,
Sont en délire... Adieu ! je pars dès ce moment,
Et je protesterai devant le parlement,
Devant les échevins et les maires de ville,
Contre le scélérat qui m'opprime, m'exile,
Et redoublant les maux que j'ai peine à souffrir,
M'ôte mon médecin pour me faire mourir.

Elle sort avec le duc.

SCÈNE HUITIÈME.

ANNE D'AUTRICHE *seule*.

Quoi donc? tout fuit, tout cède aux volontés suprêmes
D'un sujet qui commande ici plus que nous-mêmes.
Quoi! de mes serviteurs il m'ose séparer...

A quels prochains revers me dois-je préparer?
Quel autre coup m'attend?... Ah! j'en vais être instruite...
Voici le roi qui rentre et son maître à sa suite.

✼

SCÈNE NEUVIÈME.

LOUIS XIII, LE CARDINAL DE RICHELIEU, ANNE D'AUTRICHE. suite du roi, *qui s'arrête loin de ses pas et des deux autres personnages.*

LOUIS *présentant Richelieu à la reine.*
Le cardinal m'a dit que des esprits jaloux
L'avaient en leurs rapports mal servi près de vous,
Madame, et je prétends remettre en votre estime
Un vigilant ministre, un sujet magnanime,
Qui prend de ma couronne un si fidèle soin
Que la splendeur des lis ne peut aller plus loin.
Sa diligente adresse a démêlé les trames
Des méchans conseillers et des agens infâmes,
Qui, soufflant la dispute en toute ma maison,
Empoisonnaient de fiel Médicis et Gaston.
Je les éloigne enfin; et, plein de confiance,
Je ne commets qu'à lui le destin de la France.
C'est vous apprendre assez que je veux désormais
Si vous êtes brouillés que vous fassiez la paix.
RICHELIEU.
L'homme qu'on accusa d'arrogance et de haine,
Implorant le retour des faveurs de sa reine,
Devant Sa Majesté se vient humilier,

Détromper ses soupçons et se justifier.
Loin dans l'esprit du roi d'essayer à vous nuire,
De vos desseins prudens j'ai pris soin de l'instruire :
Le roi sait qu'au parloir votre bouche a déçu
L'envoyé de Madrid secrètement reçu ;
Et que, vous refusant à la ligue espagnole,
L'ambassadeur n'obtint de vous nulle parole.
Votre noble sagesse éclate ainsi toujours.
Ne m'accusez donc pas d'audacieux discours.
De tout ressentiment oubliez les menaces,
Et qu'enfin Richelieu rentre en vos bonnes grâces.

ANNE.

Puisque vous vous rendez plus précieux au roi
Que sa mère et son frère, et qu'il me fait la loi
De pardonner vos torts qu'il traite d'imposture,
Aux ordres d'un époux j'obéis sans murmure.

LOUIS *à la reine*.

Allons ! plus de débats ; rendons grâces à Dieu
Qui pour utile ami m'a donné Richelieu.
    (*au cardinal.*)
A tout pacifier je vois que tu t'occupes ;
Et ceux qui t'avaient nui, maintenant sont les dupes.

FIN.

L'OSTRACISME

ou

LA COMÉDIE GRECQUE.

❋

Comédie
EN TROIS ACTES ET EN PROSE.

❋

PERSONNAGES.

ALCIBIADE, général athénien.
PHÉAX, autre général athénien.
YPPARETTE, femme d'Alcibiade.
NAIS, jeune Athénienne.
HYPPERBOLUS, marchand de lampes dans la ville d'Athènes.
THÉOCLÈS, esclave d'Alcibiade.
LEUCIPPE, sculpteur athénien.
TIMON-LE-MISANTHROPE, Athénien.
ARCHONTES.
GROUPES DE CITOYENS ET DE CITOYENNES D'ATHÈNES.

La scène se passe dans la place publique d'Athènes. Sur l'un des côtés, on voit le tribunal et les siéges dressés des Archontes.

L'OSTRACISME

ou

LA COMÉDIE GRECQUE.

Comédie.

✦✦✦

ACTE PREMIER.

SCÈNE PREMIÈRE.

THÉOCLÈS *seul*.

Messager de corruption! osé-je bien passer dans la place publique où siége le tribunal des Archontes, sévères gardiens des mœurs? Déjà leurs bancs y sont dressés.... Hai! nos maîtres, dès le matin, n'ont pas honte de la traverser eux-mêmes pour courir au but de leurs intrigues scandaleuses; et vers le milieu du jour, ils y présentent effrontément leurs masques austères à la vue du peuple, qui les croit des sages. On n'a donc besoin pour se faire estimer,

20*

malgré ses vices, que de revêtir, à tel instant précis, un manteau de vertu. Heureux qui peut seulement remplir le rôle d'homme de bien durant une heure de la journée ! Moi, qui n'en ai d'autre à jouer que celui de galant émissaire d'amour, je chemine en ce lieu, sans changer d'allure, au gré des désirs de mon patron.... Voilà, grâce à mes soins, la petite Naïs clandestinement cédée au seigneur Alcibiade.... Jolie commission pour un honnête esclave ! Quel trafic ! la beauté au poids de l'or ! On sait que nos écumeurs de mer enlèvent les filles pour les vendre ; et celle-ci nous est livrée par la cupidité d'une indigente gardienne à qui l'avait confiée son père en mourant... La piraterie ne fait pas pis que la misère ! Ah ! j'aperçois mon maître.

SCÈNE DEUXIÈME.

ALCIBIADE, THÉOCLÈS.

ALCIBIADE.

Eh bien, eh bien, Théoclès ? enfin Naïs est-elle à moi ?

THÉOCLÈS.

Oui, Seigneur, votre emplette est coûteuse : mais une innocente ne peut échoir à trop haut prix ; et celle-ci vous est acquise aux dépens de ma conscience.

ALCIBIADE.

Ta conscience !.... qu'est-ce ?

THÉOCLÈS.

C'est une chose assez rare; car presque personne n'en a. La mienne....

ALCIBIADE.

Je t'en donne plus qu'elle ne vaut. Trêve à la morale....

THÉOCLÈS.

Elle est belle en théorie : mais la pratique....

ALCIBIADE.

Oh ! c'est le beau idéal.

THÉOCLÈS.

J'entends; au-dessus de la force humaine.

ALCIBIADE.

Dis-moi : Naïs te paraît-elle mériter les sacrifices que je fais pour la retirer de son indigence? Lui as-tu dit que sa seule rencontre m'avait ravi d'admiration? As-tu pris le soin de me faire d'avance aimer par elle ?

THÉOCLÈS.

Je lui ai dit qu'Alcibiade est le plus beau, le plus généreux, le plus vanté des citoyens d'Athènes.

ALCIBIADE.

Bien, mon bon Théoclès !

THÉOCLÈS.

Je lui ai tu que ce n'est pas sans quelque ostentation fâcheuse qu'il se prévaut de ses grands avantages.

ALCIBIADE.

Insolent !

THÉOCLÈS.

Je lui ai dit qu'il est doué de mille moyens de séduction, de mille talens, et qu'il joue, pour récréer, de divers instrumens de musique.

ALCIBIADE.

Très-bien, mon bon Théoclès !

THÉOCLÈS.

Je lui ai tu que ces qualités le rendent coquet, volage, plein de mépris pour les femmes, et qu'il ne joue pas de la flûte, de peur de se gâter la bouche.

ALCIBIADE.

Maraud !....

THÉOCLÈS.

Je lui ai dit qu'il rayonne de luxe, de magnificence, qu'il possède quantité de chevaux, de chars et d'esclaves.

ALCIBIADE.

A merveille, mon bon Théoclès !

THÉOCLÈS.

Je lui ai tu que ces choses-là ne lui servent qu'à éblouir, qu'à corrompre la pauvre innocence, et qu'à porter le trouble dans les familles.

ALCIBIADE.

Coquin !....

THÉOCLÈS.

Tout compensé, je vous ai dépeint si bien, si bien, qu'elle croit déjà vous voir, jeune, emporté, charmant, éclipsant vos rivaux, lion à la guerre, cerf à la course, caméléon en amour, vainqueur dans les combats, vainqueur dans les jeux, et j'atteste Mercure que vous serez bientôt le sien, grâce à mon éloquence.

ALCIBIADE.

Il fallait aussi lui peindre ma passion.

THÉOCLÈS.

Ai-je eu le loisir de l'en informer? Tantôt chez celle-ci,

tantôt chez celle-là, suivre, épier, fureter, porter cadeaux sur cadeaux chez vos belles : c'est merveille que de me voir toujours courir pour vous ! On dirait que mes pieds... ont des ailes.

ALCIBIADE.

Ne t'en vante pas trop, agile messager, si tu crains les moqueurs.

THÉOCLÈS.

Oh ! je les brave auprès des suivantes de vos maîtresses qui me récompensent de mes peines. Oui, pour vous imiter, je m'offre, je plais : on me prend, je quitte : on m'appelle ingrat, et je n'y songe plus.

ALCIBIADE.

Ce train de vie sied-il aux gens de ta sorte ?

THÉOCLÈS.

Mieux qu'aux hommes qui doivent compte de leurs actions à tout le monde. Suis-je à la tête des affaires, moi ? Suis-je marié comme vous l'êtes ? Est-ce enfin contre mes pareils qu'on a rendu cette terrible loi, nommée l'*Ostracisme*, par laquelle il est dit : « Tout citoyen trop distingué » entre ses égaux, et qui prend sur le peuple trop d'as- » cendant par son crédit, par ses richesses, par ses vices » et même par ses vertus, sera banni d'Athènes. »

ALCIBIADE.

N'aurais-tu pas entendu dire qu'on la dirige contre ton maître ?

THÉOCLÈS.

De plus, les bruits qui circulent m'ont appris qu'on affecte de plaindre votre épouse Ypparette, et d'exciter son ressentiment à vous attaquer, pour vous faire ostraciser légitimement.

ALCIBIADE.

Silence ! la femme d'Alcibiade ne doit pas être le sujet des propos du public et de mes valets.

THÉOCLÈS.

Eh, Seigneur! les mauvaises langues jasent de tout. Plus on le leur défend, plus elles babillent. N'a-t-on pas ébruité déjà votre bonne fortune chez Glycérion? En vain ne vous adresse-t-elle que sa prudente Cynthia, toujours voilée : l'œil des passans perce à travers tous ces déguisemens, et signale la personne qui vous rend ses secrets messages. Il suffirait qu'elle fût seulement rencontrée par l'espion, par le dénonciateur Hypperbolus, pour que toute la ville fût soudain instruite de l'heure de vos rendez-vous nocturnes. Tenez ! tenez ! est-il si malaisé de la reconnaître? La voici qui vous cherche, cette messagère de votre discrète maîtresse ! A son voile, à sa taille, nous y méprendrions-nous?

ALCIBIADE.

Nous sommes convenus, en nous quittant hier au soir, Glycérion et moi, que le cœur le plus tendre des deux enverrait le premier un émissaire à l'autre. Tu vois, le sien m'a prévenu. Laisse-nous. Va me chercher Naïs.

THÉOCLÈS *à part*.

Une belle envoie vers lui, il me député vers une autre. O Alcibiade, c'est bien toi !

SCÈNE TROISIÈME.

YPPARETTE *voilée*, ALCIBIADE.

ALCIBIADE.

Que me veux-tu, Cynthia?

YPPARETTE.

Elle t'attend ce matin, fils de Clinias.

ALCIBIADE.

Ce matin.... je ne pourrai la voir.

YPPARETTE.

Ce soir, en secret.

ALCIBIADE.

Oh! ce soir.... impossible encore.

YPPARETTE.

Mais demain.... vous viendrez?

ALCIBIADE.

Si ce n'est demain, le lendemain, ou le surlendemain.... dès que j'en aurai le loisir.

YPPARETTE.

Quel peu d'empressement!.... Vous ne l'aimez donc plus?

ALCIBIADE.

à part.

Redis lui bien que je l'adore pour la vie. C'est ma formule.

YPPARETTE.

Si vous la trahissez, elle pleurera, se courroucera...

ALCIBIADE.

Je lui ai promis d'être le même pour elle tant qu'elle serait la même pour moi. Si le dépit remplace la tendresse en ses yeux, si le chagrin pâlit les roses de son teint, si ses lèvres qui me souriaient ne m'expriment plus que la colère, dès-lors elle change, et me voilà quitte de mon engagement.

YPPARETTE.

Vous n'êtes donc capable de conserver qu'une femme qui demeure pour vous toujours la même?

ALCIBIADE.

Celle-là seule arrêtera le cours de mes infidélités, et me captivera.

YPPARETTE.

Eh bien! revoyez donc la seule au monde qui malgré vos torts ne changera jamais pour Alcibiade.

Elle se dévoile.

ALCIBIADE.

Vous, Ypparette!

YPPARETTE.

Oui, ton épouse, de qui le désespoir a voulu confondre une fois ta perfidie, qui a gagné la suivante de ta Glycérion, emprunté son voile pour tromper un trompeur, pour lui arracher sa propre déclaration d'une intrigue qu'il eût niée, et pour lui prouver que mon cœur pardonne jusqu'aux plus sensibles outrages.

ALCIBIADE.

Vous m'avez pris au piége; et mes réponses à la fausse Cynthia m'ôtent tout moyen de me défendre devant Ypparette. Le personnage d'un coupable qui s'excuse est

ACTE I, SCÈNE III.

aussi disgracieux qu'embarrassé ; votre ruse m'en épargne le travers. Je vous en remercie et me saisis à mon tour du rôle d'accusateur.

YPPARETTE.

Vous vous piquez, Alcibiade ! Votre amour-propre répond amèrement à mon amour.

ALCIBIADE.

Non, je vous interroge.

YPPARETTE.

Imputez-moi des fautes pour éluder mes reproches.

ALCIBIADE.

Quels artifices avez-vous choisi pour nous faire rougir l'un devant l'autre par la preuve acquise de ma légèreté? Ceux de l'intrigue, le sacrifice de la bienséance conjugale, les interrogatoires à des esclaves, la confidence de vos jalousies à la domestique Cynthia, la séduction de cette honnête suivante que vos présens auront corrompue, la supercherie d'un déguisement dont le scandale va fournir aux sarcasmes de tous les médisans de la ville... Ah! vraiment, vraiment, vous me forcez à plaindre Glycérion ! Elle ne peut plus se croire en sûreté chez elle. On achète, on vend ses messages. Ah! désormais personne qui n'ait à trembler d'un tel exemple. Moi-même j'en frémis; on trahira tous mes mystères, puisque Ypparette n'a point eu scrupule de suborner les valets d'une rivale.

YPPARETTE.

Méchant que vous êtes! épuisez votre esprit à me noircir de couleurs atroces; surchargez ma démarche d'interprétations cruelles, de conséquences fatales; condamnez l'action d'une jalousie qui m'a mise hors de moi-même et que vous ne méritez pas. Mais plus de recriminations de ma part. N'êtes-vous pas fatigué des querelles de toutes les malheureuses que vous avez faites?... Ah! ne comparez point les plaintes de vos maîtresses trahies avec le langage de votre femme indignée. Votre parjure ne fut pour toutes qu'un outrage, pour moi c'est une plaie profonde. Je ne sollicite donc plus votre amour, mais votre haine : c'est dans cette haine que mon cœur blessé trouvera ce qu'il lui faut de courage pour suivre le parti qu'il a dû prendre.

ALCIBIADE.

Et lequel, je vous prie?

YPPARETTE.

Celui d'une séparation formelle.

ALCIBIADE.

Vous la projetez?

YPPARETTE.

Je l'implore, je l'obtiendrai des magistrats.

ALCIBIADE.

Faites, faites, suivez l'emportement qui vous guide! Un premier pas téméraire, sous le voile, sous le nom de Cynthia, ne suffit pas à votre ardeur de vous distinguer. Ce n'est plus en vous travestissant que vous quitterez timidement l'abri de votre foyer, c'est à face ouverte que vous vous présenterez aux Grecs curieux d'entendre nos débats domestiques retentir dans un tribunal. — Est-ce là, dira tout le peuple, cette Ypparette qui vivait dans la retraite et le silence, cette épouse d'Alcibiade à qui le vieillard Hypponicus apprit que la plus grande sagesse d'une femme consiste à se soustraire aux regards publics et à tâcher d'en être inconnue? — Oui, répliquera-t-on, c'est

ACTE I, SCÈNE III.

elle ! c'est elle-même qui se montre, qui lève son front charmant devant la multitude. Écoutez-la : elle va plaider sa cause contre son coupable mari. Quel maintien ! que de nobles grâces ! elle efface l'éclat de nos plus brillantes courtisanes ! Oh ! qu'elle eut raison de ne pas ensevelir tant de beauté, et d'oublier les leçons de son père ! Applaudissons-la comme à nos théâtres.

YPPARETTE.

Homme cruel ! raillez-moi sans me rappeler mon père Hypponicus, que vos emportemens offensèrent jadis avec tant d'arrogance. Ce souvenir me confirme que vous êtes incorrigible.

ALCIBIADE.

Il m'accorda votre main pour gage de son pardon ; preuve que je sais avouer et réparer mes torts.

YPPARETTE.

Vous lui promîtes en réparation le bonheur de sa fille.

ALCIBIADE.

Elle veut renoncer à moi par un divorce.

YPPARETTE.

Vous vous séparez d'elle par vos parjures.

ALCIBIADE.

Ce dessein est un crime inexcusable.

YPPARETTE.

L'avoir fait naître en est un plus grand.

ALCIBIADE *avec un courroux toujours croissant.*

Alcibiade vous en accusera toujours.

YPPARETTE *de même.*

Ypparette ne vous en absoudra jamais.

ALCIBIADE.

Soit ; plus de rémission.

YPPARETTE.

Soit ; plus de ménagement.

ALCIBIADE *avec impétuosité*.

Disons-nous tout ce que nous pensons au fond du cœur.

YPPARETTE *avec excès de colère*.

Déclarons-nous tout ce que nous sentons au fond de l'ame.

ALCIBIADE.

Hein ?

YPPARETTE.

Quoi ?

ALCIBIADE.

Eh bien ! moi, je ne justifie pas mes fautes : mais j'éprouve que je te chéris de préférence à toutes les femmes. C'est là le fond de mon cœur.

YPPARETTE.

Eh bien ! moi, je souffre de tes folies, et j'éprouve que je n'aime que toi dans le monde. C'est là le fond de mon ame.

ALCIBIADE.

Vois s'il est possible de nous désunir !

YPPARETTE.

Vois si tu n'es pas insensé de tant m'affliger ! O cher Alcibiade, je suis moins jalouse de ta personne que de ta carrière, plus soigneuse de ta réputation d'homme d'État que de ta fidélité conjugale : à ces titres je réclame ta constance.

ALCIBIADE.

Que veux-tu ? les fantaisies, la vanité, m'entraînent : je ne tiens guère à mes conquêtes. Ces belles ne sauraient que faire de l'amour éternel qu'elles me demandent, et je leur en épargne l'ennui. Mon cœur ne peut s'attacher qu'à ta vertu.

YPPARETTE.

Ton cœur est-il à toi?

ALCIBIADE.

A qui donc?

YPPARETTE.

A toutes les belles.

ALCIBIADE.

Dis à toutes les beautés que réunissent ton ame et ta personne; mais résigne-toi seulement encore à partager mon amour avec deux objets.

YPPARETTE.

Comment? deux rivales!

ALCIBIADE.

La liberté et ma patrie. Si mes autres goûts sont volages, la passion que j'ai pour celles-ci n'eut jamais ce caractère.

YPPARETTE.

Ah! ne sacrifie donc plus de tels sentimens à des sensations qui te font soupçonner du contraire. On te calomnie; on t'impute mille déréglemens. La loi du bannissement qui prive déjà notre pays de trois de ses plus grands hommes, l'Ostracisme te menace.

ALCIBIADE.

En suis-je là? je n'ai pas encore assez rendu de services à mes concitoyens pour qu'ils me haïssent au point de vouloir me chasser. Quelques bienfaits de plus me mériteront cette marque de reconnaissance.

YPPARETTE.

Crains tout : l'amitié même de Socrate ne prévaut plus contre les voix qui s'élèvent pour t'attaquer. Chacun répète que tu consumes en riant tes richesses, tes talens et ta vie en de folles amours, et qu'avec la même extravagance tu conseilles des guerres et tu frondes les sages avis de Nicias.

ALCIBIADE.

Va, va, j'empêcherai bientôt que nos graves Athéniens ne s'occupent de régler ma conduite publique, et qu'ils ne présument affermir l'Etat en babillant au Portique sur les noms des chefs qui le gouvernent.

YPPARETTE.

Comment? ton moyen?....

ALCIBIADE.

C'est d'introduire en scène un nouveau personnage : tu connais mon beau chien de Laconie?

YPPARETTE.

Oui.

ALCIBIADE.

Je vais lui faire couper la queue ; et le peuple ne parlera plus d'autre chose.

YPPARETTE.

Te moques-tu?

ALCIBIADE.

Chut! garde bien le secret de cette importante affaire : c'est un des grands coups de ma politique. Quand il éclatera, nos citoyens n'auront plus le temps de songer à mes brouilleries avec leurs généraux, ni à mes infidélités, ni à mon raccommodement avec ma chère Ypparette.

ACTE I, SCÈNE V.   321

YPPARETTE.

En vérité, mon léger Alcibiade, tu te joues du courroux de la cité comme de celui de ta femme.

ALCIBIADE.

Adieu! je cours chez Socrate dont la sagesse est ma digne conseillère dans les dangers.

YPPARETTE.

Moi, la solitude est la mienne, et je vais la retrouver.

❦

SCÈNE QUATRIÈME.

YPPARETTE *seule*.

O Alcibiade! tu es donc toujours à moi! Ta gloire m'est personnelle, ton honneur est le mien, et ma jalousie même doit me distinguer à tes yeux : mes rivales ne te possèdent que comme amant ; elles ne s'attachent à toi que pour elles-mêmes, ton Ypparette ne t'aime que pour toi, et tu resteras son époux.

❦

SCÈNE CINQUIÈME.

HYPPERBOLUS, YPPARETTE.

HYPPERBOLUS.

Noble Athénienne, j'épiais l'instant de vous révéler un mystère qui vous touche de près.

YPPARETTE.

Je ne vous connais pas.

HYPPERBOLUS.

Mais je vous connais, moi : je m'adresse à l'intéressante épouse du seigneur Alcibiade. Personne ne souffrira qu'il l'abuse effrontément comme il le fait à cette heure, pour la jeune Naïs, objet de son nouvel égarement, que va conduire en son logis son vil Théoclès.

YPPARETTE.

Quoi! quelle est cette Naïs?

HYPPERBOLUS.

Hélas! une jolie orpheline, une très-gentille créature.

YPPARETTE.

Calomniateur!

HYPPERBOLUS.

Accusateur, passe.

YPPARETTE.

Oh! quelle noirceur!...

HYPPERBOLUS.

De sa part.

YPPARETTE.

De la vôtre.

HYPPERBOLUS.

Ouais! vous prenez ainsi les avertissemens dictés à Hypperbolus, surveillant général des mœurs, par l'intérêt que lui inspirent votre malheur et la sainteté de votre union!

YPPARETTE.

J'aurais horreur de vous croire, et votre mensonge...

HYPPERBOLUS.

Sera vérité reconnue, dès qu'à votre retour chez Alcibiade un interrogatoire à ses gens vous aura confirmé que Naïs, comme je vous l'annonce, y sera doucement introduite et cachée.

YPPARETTE *à elle-même.*

Ce langage me tue... ô Dieux! une telle trahison, après tout ce que mon amour lui pardonnait... Son rapprochement avec moi n'est-il qu'un artifice, qu'un digne trait de sa politique pour arrêter les démarches de mon désespoir, et prévenir la publicité d'une plainte qui l'eût diffamé?... Non, non... ah! cette ruse atroce rendrait ma fureur capable... Non, je n'y crois pas... (*à Hypperbolus.*) Je n'en crois rien, abominable homme! Vous me glacez le sang, et je vous fuis comme un monstre.

※

SCÈNE SIXIÈME.

HYPPERBOLUS *seul.*

Tu n'en crois rien, pauvre Ypparette! Ah! je vois au contraire à ton trouble, à ton saisissement, que tu crois tout. Hypperbolus est-il fait pour semer l'imposture, lui! Va, va, mon récit est véridique, et le coup a porté. Bon!... ah! ah! ah! mon agile Alcibiade, intrigue, intrigue désormais en tous sens; démène-toi; nous te tenons, tu ne nous échapperas plus... Rien de meilleur pour perdre les gens trop renommés que de décrier en concert leurs actes publics, et que de fouiller ensuite dans les détails de leur vie privée, afin de les livrer jour par jour au ridicule qui les dégrade, et à la haine qui les ruine dans l'opinion. Quel dommage que mes instances n'aient pu faire lancer contre Alcibiade, au poëte Aristophane, un de ces traits satiriques dont il perce Socrate de part en part! Mais il n'atteint son beau disciple qu'en l'effleurant... A son défaut, j'ai pressé Cratinus qui ne l'a pas ménagé, lui, de peur que notre vengeance ne fît tomber ses comédies, comme nous avons fait huer quelques bonnes tragédies d'Euripide... Ces auteurs tremblent devant nous quand ils ne sont pas nos instrumens de circonstances... L'adorable ressort que leurs mordantes personnalités au théâtre! Si quelque censure judiciaire les restreignait, il faudrait y suppléer, soit par nos orateurs, soit par des diatribes circulantes qui se multipliassent aux mains de plus de lecteurs que nos cirques ne contiennent de spectateurs. Alors, on ne verrait plus briller dans notre pays que des talens pareils aux miens et que des Hypperbolus tels que moi. Alors, quelle égalité parfaite! quelle concorde! En attendant, usons des seuls moyens que nous ayons de nuire à ceux qui nous éclipsent, et faisons d'abord sauter Alcibiade... Ses mœurs déréglées, malgré leur élégance, nous rendent facile de le tympaniser... Quant à l'austère Nicias, il ne passera qu'après : nous traiterons son intégrité d'hypocrisie... Chut, sur son compte, point de bruit! étouffons-le peu à peu par un silence obstiné sur tout ce qu'il dit ou fait, ou pense de bon; n'ayons pas même l'air de sentir qu'il existe, de sorte qu'en agissant et qu'en parlant il se croie dans une ville de sourds, d'aveugles et de muets. Cet expédient-ci vaut l'autre! En dernier viendra Socrate... Oh! pour lui, chargeons-en nos saints sacrificateurs : ils lui feront doucement boire ici-bas l'ambroisie, afin de nous le faire adorer là-haut et de l'ériger en demi-dieu. Ces philosophes-là, toujours mal à l'aise sur la terre, ne sont bien assis que dans l'Olympe. Patience ! nous nous déferons par nos œuvres de ces grands témoins dont la présence nous gêne et nous pèse. Athènes sera dès-lors vraiment libre, puisque nous l'aurons affranchie de tout tribut d'admiration et de tout péril d'enthousiasme. Ah ! ah ! voici la petite Naïs que Théoclès conduit mystérieusement vers son noble maître ! Je les dépiste au sortir du gîte... faisons-les enrager au passage.

SCÈNE SEPTIÈME.

NAIS, THÉOCLÈS, HYPPERBOLUS, ALMONÉE.

HYPPERBOLUS.

Bonjour, l'ami Théoclès !

THÉOCLÈS.

Salut, Hypperbolus !

HYPPERBOLUS.

Un mot ici, hi ! hi ! où cours-tu si vite avec la jolie personne que tu devances ?

THÉOCLÈS.

A nos affaires.

HYPPERBOLUS.

Moi, qui n'en ai d'autres que de m'enquérir de tout,

j'interroge les passans pour savoir où ils vont et d'où ils viennent.

NAIS.

Ne répondez pas à ce méchant homme.

HYPPERBOLUS *bas à Théoclès.*

Si tu ne m'apprends quelle est cette beauté-là, je serai peut-être assez fin pour le deviner, hé! hé! cette innocente n'a pas tant coûté, j'imagine, qu'Aspasie à Périclès. J'ai vu apprécier de jeunes ingénues à moins de deux dragmes, et au prix d'un trésor, des belles très-expérimentées. Ces acquisitions-là se font au rebours de leur véritable valeur.

THÉOCLÈS.

Votre rire sardonique est le trait distinctif de ceux qui n'ont que du mal à dire ou à faire.

HYPPERBOLUS.

Par Mercure! j'ai de quoi m'égayer du bon office que tu rends à cette honnête fille que j'ai tant aimée.

THÉOCLÈS.

Y eut-il jamais rien de commun entre un effronté tel qu'Hypperbolus et une fille si sage, qui a l'air décent, posé d'une prêtresse?...

HYPPERBOLUS.

De Milet, hai! hai! hai!

NAIS.

Ce mauvais railleur entend malice à tout.

THÉOCLÈS.

Certainement ; il s'écoute.

HYPPERBOLUS.

Oh! il y a toujours du mal au fond des choses.

ACTE I, SCÈNE VII.

THÉOCLÈS.

Oui, dans ta façon de parler.

HYPPERBOLUS.

J'aperçois du louche là-dessous.

THÉOCLÈS.

C'est ta manière de voir.

NAIS.

Laissez-nous.

HYPPERBOLUS.

Restez, restez un peu, la belle; sinon je vous accompagne.

THÉOCLÈS.

Passe ton chemin, sinon je te...

HYPPERBOLUS.

Esclave que tu es! lever la main sur un citoyen d'Athènes!

THÉOCLÈS.

Es-tu libre, toi, qui n'as pas une vertu, et qui as tous les vices d'un satyre?

HYPPERBOLUS.

Tu es bien hardi!

THÉOCLÈS.

Parce que je me sens le plus fort.

HYPPERBOLUS.

Voilà de nos braves!

NAIS.

Quittez-nous, insolent querelleur.

HYPPERBOLUS.

Peste! la mignonne Naïs devient sauvage, ce me semble. Pardonne à ma familiarité, chère enfant... que veux-tu? Je t'ai connue paysanne...

NAIS.

On m'attend : je...

HYPPERBOLUS.

On t'attend, ma petite? J'imagine bien qui, hi! hi! hi! l'homme du cœur, l'amant de toutes les filles, le séducteur de toutes les femmes, la consolation de toutes les veuves, le prodige des courses olympiques, Alcibiade! notre muguet Alcibiade! Oui, je me doute qu'il t'aura trouvée belle...

THÉOCLÈS.

Qui dit cela?

HYPPERBOLUS.

Je soupçonne aussi que tu le trouveras beau, ho, ho! ho!

NAIS.

L'impertinent!

HYPPERBOLUS.

Avant nos adieux, reçois seulement un petit avis salutaire sur tes intérêts et sur les périls de ton amant.

NAIS.

Que voulez-vous dire?... hâtez-vous.

HYPPERBOLUS.

Tudieu! quelle impatience!... Ah! l'éveillée! l'oreille est aux écoutes dès qu'il s'agit des dangers d'Alcibiade.

THÉOCLÈS.

De ses dangers!... Au fait, Hypperbolus, au fait.

HYPPERBOLUS.

Le fait est qu'Hypperbolus a sur le cœur la préférence que Naïs accorde à ce rival. Le fermier Eupodème, ton père et mon ancien ami, m'avait promis ta main...

ACTE I, SCÈNE VII.

NAIS.

Ma main?

HYPPERBOLUS.

Oui, nous devions être mariés ensemble, et déjà nous aurions un petit Hypperbolus... Mais ce n'est pas à toi que j'en veux, c'est à l'homme qui me supplante. Il aura, dès aujourd'hui, les preuves de ma rancune et de mon savoir faire. Toi, si tu es sage, au premier bonjour tu lui diras le dernier adieu.

NAIS.

Pourquoi, je vous prie?

HYPPERBOLUS.

Parce qu'il te le dirait lui-même. Nous allons lui donner le goût des incursions...

THÉOCLÈS.

Que veut-il dire? de quoi s'agit-il?

HYPPERBOLUS.

Il s'agit... il s'agit qu'on le chasse.

THÉOCLÈS.

Et qui?

HYPPERBOLUS.

Moi.

NAIS.

Toi?

HYPPERBOLUS.

Moi, moi, par mon haut crédit.

THÉOCLÈS.

Celui du crime. Ah! par Pluton! c'est le plus dangereux, car nos honnêtes gens n'osent lui opposer le leur.

NAIS.

Allez-vous encore comparaître dans quelque procès en calomnie? N'êtes-vous pas las de flétrir les gens de bien par vos imputations menteuses? C'est être loué que d'être accusé par vous.

THÉOCLÈS.

Ne sait-on pas partout que la diffamation est le métier lucratif dont il vit?

HYPPERBOLUS.

Chacun connait mon vrai négoce. Marchand de lampes, ma boutique est au coin de l'Odéon : mon grand aïeul vendit la lanterne avec laquelle Sosie jasait à la porte d'Alcmène : c'est moi qui, pour les pièces d'Aristophane, ai fabriqué les lampes auxquelles les harangueuses et la dame Lisistrate parlent des toilettes mystérieuses et des furtives échappées des femmes : c'est moi qui fournis aux magistrats du Prytanée les fallots qui les conduisent chez certaines Phrynés obscures où ils vont, de nuit, rêver aux décrets du jour. J'en fabrique une autre pour celui de nos sages, s'il en est, qui voudra la prendre en main dans notre ville, afin d'y trouver un homme, s'il s'en trouve. Bref, Hypperbolus éclaire Athènes de plus d'une façon : il lui vend ses luminaires, et porte sa surveillance sur les intrigans. Or, je sais ce que je dis, quand je parle...

THÉOCLÈS.

Lanternes! lanternes!

NAIS.

Si vous n'en vouliez qu'aux ennemis du bien public, attaqueriez-vous Alcibiade?

HYPPERBOLUS.

Comme un autre. Phéax et Nicias sont ses adversaires. Depuis quelque temps, je fomente patriotiquement la haine entre ces trois concurrens. Aujourd'hui, la querelle se décide. J'ai harangué, moi! Citoyens!.... on court, on se coudoie, on s'amasse, on se presse; la foule grossit autour d'Hypperbolus. — Vive Hypperbolus! Hypperbolus va parler, se dit-on; les chut! les paix là! paix !.... — Citoyens! m'écriai-je de nouveau : n'êtes-vous pas fatigués d'entendre toujours dans vos assemblées les noms d'Alcibiade et de Nicias? Le pouvoir qu'ils ont usurpé ne vous fait-il pas ombrage? Prenez garde! Hypperbolus vous avertit : leur puissance s'accroît ; si vous n'y mettez ordre, ces grands-là deviendront de petits Pisistrates. Défaites-vous de ce Nicias qui fait montre de ses vertus et de cet Alcibiade qui fait parade de ses vices. Défendons les mœurs, la morale publique et privée : sans les bonnes mœurs, point de bonnes lois! bannissez-le : bannissez Nicias : chassez-les. Convoquez *l'Ostracisme!* la bonne loi! loi salutaire! loi populaire !.... (C'est le grand mot.) Elle vous a même délivré d'Aristide : il était trop juste pour mener vos affaires du train dont elles vont, et pour ne pas être détesté. Le feu prend moins vite aux étoupes que ma harangue dans les esprits. La multitude crie : *L'Ostracisme! l'Ostracisme!* et les Archontes, obéissant à ce vœu, l'ont convoqué pour ce jour même.

THÉOCLÈS.

Puisses-tu nous avoir menti, selon ta coutume !

HYPPERBOLUS.

Aujourd'hui jugé sur nos coquilles, demain parti, et

Naïs sera veuve, après demain, heim! heim! heim....

THÉOCLÈS.

Finiras-tu de nous aboyer, vieux Cerbère?

HYPPERBOLUS.

Elle me reviendra, ha! ha! la petite Naïs me reviendra, ha! ha! ha! la chère Naïs me reviendra, ha! ha! ha....

THÉOCLÈS.

Tiens, ose la réclamer soudain en face de mon maître qui s'avance.

HYPPERBOLUS.

Ouiche!... sauvons-nous.

Il s'enfuit.

SCÈNE HUITIÈME.

ALCIBIADE, NAIS, THÉOCLÈS, ALMONÉE.

THÉOCLÈS.

O mon maître! je te présente Naïs. (*à voix basse.*) Que je sois le plus malhabile de tes émissaires si tu ne la trouves disposée à t'aimer après les éloges que je lui ai faits de tes vertus.... séductrices.

ALCIBIADE.

Par Jupiter! elle me paraît plus belle qu'à la première vue! Le maintien, les grâces modestes d'une nymphe de Diane.

THÉOCLÈS *à part.*

Il en voudrait déjà faire une Calisto.

ACTE I, SCÈNE VIII.

ALCIBIADE.

Belle Naïs! vous avez peur.... Quelle crainte vous fait palpiter ainsi? Vous défiez-vous de moi?

NAIS.

Si je m'étais défiée de vous, je ne serais pas venue en votre présence.

ALCIBIADE.

Vous m'abordez donc en parfaite sécurité?

NAIS.

Oui.

THÉOCLÈS *à part*.

C'est la seule fille ou femme avec qui lui soit arrivé ce bonheur.

NAIS.

Seigneur Alcibiade! vous ne tenterez jamais d'offenser une infortunée dans l'humiliation où elle paraît à vos yeux. Je me jette à vos genoux.

ALCIBIADE *la relevant*.

Eh quoi! qu'est-ce qui vous humilie, Naïs? Vos malheurs m'ont été révélés : ils vous soumettaient à une cruelle tutrice qui par d'indignes traitemens se vengeait sur vous des duretés de son sort. Mon cœur touché de vos peines a soudain envoyé Théoclès vers cette mégère....

NAIS.

Qui, disons le mot, Seigneur.... m'a vendue.

THÉOCLÈS *à part*.

Elle ne s'épargne pas dans les expressions de son dépit.

ALCIBIADE.

Son vil intérêt vous eût, peut-être, exposée à tomber au pouvoir de quelque aveugle possesseur, moins respectueux, moins sensible aux attraits dont vous êtes pourvue.

THÉOCLÈS.

Aux mains de Phéax, par exemple.

NAIS.

Comme vous, à mon insu, il m'avait recherchée.

ALCIBIADE.

Phéax! je le trouve donc sur mes brisées en amour comme en politique!

NAIS.

Mon cœur ne pouvait être ni à Phéax, ni à aucun autre. Il ne pouvait s'engager que par son libre choix.

ALCIBIADE.

Et votre volonté m'exclut-elle du privilége de l'attacher?

NAIS.

Oserai-je vous faire un aveu sincère?....

THÉOCLÈS *à part.*

La pauvre enfant! quelle déclaration tendre elle lui prépare!

ALCIBIADE.

Parle! parle! charmante fille!

NAIS.

Je ne vous aime pas.

THÉOCLÈS.

L'aveu nous paraît neuf. (*à part.*) Cette ingénuité-là le passe.

ALCIBIADE.

Présumez-vous que vous ne m'aimerez jamais?

NAIS.

On nous peint Socrate comme un vrai sage : il n'a pu faire en Alcibiade un mauvais disciple.

ACTE I, SCÈNE VIII.

ALCIBIADE.

A quoi tend ce propos?

NAIS.

A vous faire prononcer vous-même que je ne puis vous aimer. Écoutez-moi : je ne mentirai sur rien. Sans appui, sans biens, sans amis, sans parens, seule au monde.... O Alcibiade! sois mon refuge, ma famille ; que je trouve mon frère en toi ; je crois votre ame conforme à vos qualités extérieures, fils de Clinias.

THÉOCLÈS *à part*.

La petite se monte la cervelle.

NAIS.

Depuis la mort de mon père, l'ouvrage de mes fuseaux et la vente des tissus que je filais subvinrent aux besoins de ma vie, et à ceux de la femme qui m'en a si indignement récompensée. Un jeune homme habitait la maison la plus voisine de la nôtre.

ALCIBIADE *à part*.

Nous y voici! quelque amourette ; et de maître je deviens confident.

NAIS.

Le hasard le lia bientôt avec nous : nos fréquentes entrevues l'instruisirent du secret de notre indigence. La sensibilité qu'il nous montra m'attendrit : issu d'une famille moins pauvre que la mienne, il ne balança pas à lui demander l'autorisation d'un mariage avec moi. Ses parens la lui refusèrent. L'infortune nous pressait : que fit-il? Tous les gains que produisait l'art qu'il cultive, il les sacrifia aux mains de ma tutrice pour me prêter des secours d'autant plus généreux qu'il lui prescrivit de me les taire.

Son scrupule craignait de m'enchaîner par la reconnaissance. Que de soins touchans ne prodiguait-il pas à sa pauvre Naïs! Ses nouvelles instances, ses démarches réitérées surmontaient enfin tous les obstacles à notre union... le jour était pris : le dirai-je? mon cœur s'en applaudissait, quand le poids des offres secrètes de Phéax vint tout détruire ; offres dont le succès fut, à son tour, renversé par l'éclat de vos libéralités. Hier, Théoclès sut éblouir de vos présens mon avare gardienne, et sa cruauté m'imposa la loi de ne plus revoir mon cher Leucippe.

ALCIBIADE.

Leucippe ! l'élève de Phidias !

NAIS.

Lui-même, Seigneur. Il est survenu, lui a fait entendre l'accent de son désespoir; elle l'a repoussé du seuil de notre cabane. Son malheur m'a inspiré le courage de vous adresser mes prières. Tu sais tout, Alcibiade : dis-moi maintenant si je t'offense en t'assurant que je ne suis pas libre de t'aimer.

ALCIBIADE.

Honnête Naïs! tu m'as nommé ton protecteur, ton frère, et tu ne m'offenserais qu'en me retirant ces deux titres. Choisis ma demeure pour asile : mes foyers seront pour toi plus sûrs que l'enceinte d'un temple.

NAIS.

Je respire ! ô Alcibiade! va, je n'attendais pas moins de ton magnanime caractère.

ALCIBIADE *à part*.

Projet ravissant !.... la surprise, l'ivresse.... oui, je veux m'en donner le doux spectacle.

THÉOCLÈS.

Pouvais-je deviner qu'elle fût l'objet des frénésies de ce sculpteur?

ALCIBIADE.

Imbécile! vante-toi des belles dispositions que ta subtilité lui avait données en faveur de ton maître.

THÉOCLÈS.

Piquez-vous de ce qu'elle vous procure un beau trait à faire. Vous me devez pourtant cette gloire-là.

SCÈNE NEUVIÈME.

LES PRÉCÉDENS ET PHÉAX.

ALCIBIADE.

Quelle rencontre! vous, Phéax!

PHÉAX.

J'étais absent quand vous m'avez honoré de votre visite et j'allais vous la rendre... Qu'est-ce que je vois? me trompé-je? est-ce pour me faire le témoin d'un galant avantage sur moi, qu'Alcibiade est venu me demander à ma porte? Avait-il besoin de m'apprendre qu'il est le préféré des belles et qu'on les trouve toutes sur ses traces?

ALCIBIADE.

Non, Phéax : j'ignorais que nous poursuivions ensemble l'honneur d'une action bienfaisante. Nous ne sommes point rivaux : mais nous avons concouru à redonner à la jeune Naïs la liberté d'un cœur qui n'appartient ni à moi, ni à vous. Ne prolongeons pas devant elle un discours qui l'embarrasserait. Naïs, quelle est cette femme qui vous suit?

NAIS.

Elle se nomme Almonée ; elle a toute ma confiance.

ALCIBIADE.

Théoclès, accompagne-les toutes deux. Que ma retraite la plus impénétrable leur soit ouverte et que les respects les environnent.

Théoclès emmène Naïs et Almonée.

✻

SCÈNE DIXIÈME.

ALCIBIADE, PHÉAX.

PHÉAX.

Je craignais qu'à l'égard de Naïs vous n'eussiez voulu malignement me jouer le tour que vous jouâtes à Nicias, à l'égard de la célèbre Glycérion. Toute la cité vous le reproche.

ALCIBIADE.

Glycérion ne m'occupe plus.

PHÉAX.

On vous a blâmé de l'avoir séduite, on vous blâmera de l'avoir sitôt délaissée. Changer sans cesse de goûts, dira-t-on, ce n'est pas jouir, c'est profaner.

ALCIBIADE.

Dois-je sécher de langueur aux pieds d'une maîtresse, de peur d'être mal jugé des sots? Toute entrave est un piége dans ma carrière : un faible ramier se prend au lacet,

ACTE I, SCÈNE X.

mais l'aigle le brise et l'emporte dans la rapidité de son vol.

PHÉAX.

Il se pourrait que ce noble oiseau ne planât pas long-temps sur Athènes.

ALCIBIADE.

J'entends : vous présagez mon exil. Notre cité balance à chasser Nicias ou moi. Du moins est-il heureux que l'un de nous parte.

PHÉAX.

Pourquoi? le chemin de la gloire est-il si étroit que deux concurrens n'y puissent marcher de front? Qui de vous deux prétend suffire lui seul aux besoins de la Grèce? Votre génie est prompt, hardi, entreprenant ; celui de Nicias expérimenté, prudent, réfléchi : ces différences rendent vos services également utiles. La concurrence n'est pas la rivalité : elle aiguillonne l'ambition ; et loin de faire ombrage au mérite, elle lui prépare un triomphe d'autant plus honorable qu'il est plus disputé.

ALCIBIADE.

Nicias me contrarie en tout. Rien de vaste dans ses desseins : il manque de l'heureuse audace qui convient à la puissance de notre république. Lui seul a combattu par son éloquence mon plan d'une expédition en Sicile.

PHÉAX.

Nicias n'approuve les guerres que pour la défense commune, et non pour la célébrité particulière des généraux qu'elles enrichissent. Il aime les victoires qui nous profitent, non celles qui nous ruinent. Ses avis prévaudront, et l'Ostracisme vous écartera de la lice. L'assemblée publique va se former : le nombre des voix n'est, dit-on, pas même partagé.

ALCIBIADE.

Parce que vous lui donnez, contre moi, toutes celles de vos partisans.

PHÉAX.

A peine aurez-vous, en comptant les vôtres, un tiers des citoyens votans.

ALCIBIADE.

Heureux celui qui possède un ami, entre trois de ses compatriotes !

PHÉAX.

Ce bonheur suffit au sage dans la vie privée, mais à l'homme d'État....

ALCIBIADE.

Quel sera l'étonnement de Phéax s'il me voit devenir l'allié du rival que seconde sa faction pour me perdre ?

PHÉAX.

Qui vous fait l'espérer ?

ALCIBIADE.

Mon bon génie.

PHÉAX.

Instruisez-moi.

ALCIBIADE.

Vos cliens, convoqués pour l'Ostracisme, ont, je pense, inscrit mon nom sur leurs coquilles ?

PHÉAX.

Me permettez-vous de vous demander quel est celui qu'ont inscrit les vôtres ?

ACTE I, SCÈNE X.

ALCIBIADE.

Celui de Nicias.

PHÉAX.

Ne vous devons-nous pas un juste retour?

ALCIBIADE.

S'il est vrai, vous allez révoquer l'ordre que vous leur avez donné.

PHÉAX.

Que voulez-vous dire?

ALCIBIADE.

Que j'ai déjà fait effacer le nom de Nicias de mes bulletins.

PHÉAX.

Ah! ah!

ALCIBIADE.

Phéax, effacez le mien des vôtres et joignez maintenant vos voix à celles dont je dispose.

PHÉAX.

Manquer de foi à Nicias, moi, qui la lui engageai dernièrement!

ALCIBIADE.

Parce que vous contrebalanciez les suffrages que je tournais contre lui. Mais ne me redoutez plus. Concertons-nous dans une salutaire conjuration. Mettons-nous au-dessus de toute envie, de toutes craintes. Faisons noblement céder nos petites passions personnelles au grand intérêt général. Détruisons ce honteux commerce de voix. Que les amis de Nicias, ceux de Phéax, ceux d'Alcibiade se réunissent pour l'abolition d'une loi dont nos débats vous démontrent l'abus nuisible et l'injustice. Quel fut le principe de sa création? Nos Grecs, effrayés qu'un chef puissant ne violât leurs droits, voulurent écarter par elle tous ceux à qui les talens pernicieux, l'ascendant du crédit ou de l'opulence prêteraient des armes pour les opprimer. Eh bien! les plus habiles intrigans ont fait servir ce perfide scrutin à proscrire la probité, le courage et le génie. Dès-lors, restés seuls à la tête des affaires, ceux-là saisissaient une autorité d'autant plus monstrueuse qu'elle était plus bassement usurpée.

PHÉAX.

Oui, Theucidides devint ainsi la victime de ses rivaux. Aristide même fut puni de son extrême droiture. Cimon...

ALCIBIADE.

Périclès qui le fit bannir, le fit aussitôt rappeler lui-même. L'exemple de ce grand homme nous apprend à étouffer nos haines pour le bien du gouvernement. Que l'Ostracisme devienne un objet de dérision et de mépris pour nos Athéniens. Portons-lui tous trois un coup dont il ne puisse jamais se relever. Il ne frappa jusqu'à ce jour que les plus illustres citoyens. Dirigeons sa rigueur contre le plus remarquable des scélérats qui soit le rebut de la populace. Par-là, nous changeons la primitive institution d'une loi ridiculement créée pour atteindre les plus distingués d'entre le peuple.

PHÉAX.

Excellent complot! Ton art de séduire, Alcibiade, te fait l'emporter sur moi-même. Mais qui désignerons-nous en victime? Ne faut-il pas laisser ce choix à la multitude? Elle se trompe moins sur ce qu'elle méprise que sur ce qu'elle honore.

ALCIBIADE.

Non, non. Le plus sûr est toujours pour nous autres chefs qui ne livrons rien au hasard, de guider par notre influence la liberté des suffrages. Réconcilions-nous, instruisons Nicias, et courons ensemble consulter sur ce projet le démon familier de Socrate.

ACTE DEUXIÈME.

SCÈNE PREMIÈRE.

YPPARETTE et PHÉAX.

PHÉAX.

Daignez m'écouter, belle Ypparette ! Calmez, calmez cette agitation ; en quels lieux la portez-vous ? C'est ici que va se tenir l'assemblée du peuple convoquée par les Archontes. Voulez-vous les rendre témoins du trouble qui vous possède ?

YPPARETTE.

Oui, Phéax, je veux que ma douleur éclate publiquement : je veux que mon aspect couvre mon perfide mari de confusion. Il m'a réduite à tout oser... Aveugle que j'étais de compter sur un retour durable !... Une nouvelle rivale chez lui, que dis-je ? chez moi, puisque nous habitons les mêmes foyers ! Quelle injure ? quelle dérision !... Ah ! dès ce jour, dès cette heure, il en recevra le châtiment... Mes premières démarches sont commencées... J'ai abordé nos magistrats... ils viennent d'inscrire ma demande en divorce, en séparation éternelle.

PHÉAX.

Que m'apprenez-vous?

YPPARETTE.

Le moment est pris : ma propre bouche plaidera ma cause au tribunal des Archontes : ma propre main va déposer aux yeux de tous l'acte de notre rupture.

PHÉAX.

Ce que vous m'annoncez serait-il vrai? Un devoir délicat m'oblige à défendre votre époux en votre esprit. Les intérêts d'Alcibiade et les miens se sont réunis : il m'a fait le serment...

YPPARETTE.

Vous comptez sur la valeur des siens!... Mais peut-être tient-il les promesses qu'il fait aux hommes. Son honneur se borne là.

PHÉAX.

Les autels furent garans de ses liens envers vous : il apprécie votre tendre dévouement : lui-même tantôt s'en félicitait dans nos entretiens...

YPPARETTE *émue*.

Il vous en parlait?

PHÉAX.

Oui, noble Ypparette, vous ne pouvez le quitter.

YPPARETTE.

Dites mieux, je ne puis le conserver.

PHÉAX.

Tout vous commande d'abjurer le parti que vous embrassez. Vous n'ignorez pas le danger dont ce jour le menace. Mille voix le dénoncent : il n'est pas de ressorts qu'on n'emploie pour lui ôter l'estime populaire ; car, vous le savez, rien n'est caché dans la vie des hommes remarquables. Assiégés de regards scrutateurs qui surveillent leurs moindres écarts domestiques, on censure en eux comme des crimes, ce qu'on excuse comme des faiblesses naturelles dans le vulgaire. Voulez-vous accroître l'influence des lâches animosités par vos témoignages? Non, non, la vertueuse Ypparette gémirait que son époux exilé pût l'accuser de son malheur en fuyant les murs de sa ville natale.

YPPARETTE.

On l'exilerait! lui!... Ah! mon époux injustement banni n'en paraîtrait que plus grand, et sa ville privée de lui semblerait plus petite.

PHÉAX.

Ce n'est point là comment raisonnent les factions : elles se vengent au préjudice même du pays. Pardonnez donc aux erreurs passagères d'Alcibiade. Comptez sur son retour à des devoirs pour lesquels il fut formé dès l'adolescence à l'école d'un philosophe et d'un héros.

YPPARETTE.

Sans doute, il doit à celle de Socrate et de Périclès ce qu'il a de meilleur et de plus noble : mais ce qu'il a de pire et de plus vicieux, il le tient d'Aspasie. L'éclat des cercles où cette beauté trop célèbre rassemblait autour d'elle les chefs, les orateurs, les poëtes et les artistes qu'animaient son esprit et ses yeux, ces réunions du luxe où sa vanité mêla les grâces de son sexe aux affaires d'État, où elle entremit sa frivolité dans la législation et dans le gouvernement, où elle décrétait en riant, par dépit, la ruine des villes, et donnait l'exemple ridicule d'une femme institutrice de la politique des hommes, voilà le gymnase où le fol Alcibiade s'exerçait à se faire un jeu des graves intérêts et des mœurs, à rechercher les succès dans l'abus du faste et des plaisirs, et à poursuivre une réputation fondée sur les suffrages des courtisanes. Aspasie avait de quoi l'éblouir : modèle aimable, elle devint aussi dangereuse pour lui que pour ses imitatrices dégénérées de qui toute l'illustration ne sera jamais qu'un brillant scandale. Voilà, voilà, dis-je, à quelles leçons s'est formé l'époux que mes chagrins me forcent d'abandonner pour toujours.

PHÉAX.

Quoi ! vous demeurez inflexible ! quoi ! vos vertus timides s'accordent avec une détermination si forte et si téméraire ! Votre Alcibiade vous trouvera dans les rangs de ses ennemis tandis que Phéax lui-même se joint à ses partisans, tandis que nous nous efforçons à lui gagner Nicias ! Songez-y : les voix de Nicias très-nombreuses peuvent l'emporter sur les siennes, si leurs vieilles querelles ne sont abjurées ; et le poids de votre accusation diffamante précipitera l'arrêt de son bannissement.

YPPARETTE.

Vous m'arrêtez.... vous m'éclairez, généreux Phéax !... Renoncer à mon projet m'est impossible : mais j'en retarderai l'exécution. Si les Athéniens ont l'injustice de chasser mon époux, je me rallie à son infortune, je m'associe à son exil et le suivrai jusqu'au fond de la Thrace, dussé-je mourir de ses derniers traits d'ingratitude. Mais s'il remporte au contraire la victoire que vous lui souhaitez, s'il échappe aux coups de l'Ostracisme, libre alors de me plaindre après son triomphe, je comparais et réclame sans scrupule une séparation indispensable au repos de ma vie. L'heure que j'assigne à ma cause suivra donc le moment où le scrutin aura prononcé. Gardez mon secret, afin qu'Alcibiade ignore un dessein que je n'exécuterai plus s'il a besoin de moi dans un revers.

PHÉAX.

Attendez-vous, Ypparette, à m'entendre plaider contre vous en sa faveur....

YPPARETTE.

Ciel! je le revois.... écoutez-le démentir la conviction même que nos propres yeux ont reçue à l'instant : soyez témoin de sa dissimulation.

SCÈNE DEUXIÈME.

LES MÊMES, ALCIBIADE.

ALCIBIADE.

Quel objet te ramène dans cette place où le peuple va se rendre de tous côtés, mon aimable Ypparette?

YPPARETTE.

Mon incertitude des chances que vous courez.

ALCIBIADE.

Les votans vont concourir à réaliser mes espérances, du moins je l'augure. Ma visite a ébranlé Nicias et dissipé les nuages élevés entre nous.

ACTE II, SCÈNE II.

YPPARETTE.

La sérénité de votre humeur est si pure ! vous vous réconciliez de si bonne foi !

ALCIBIADE.

Tu en as, ce matin, acquis une tendre preuve.

YPPARETTE.

Bien tendre, il est vrai.

ALCIBIADE.

Ton affectueuse indulgence m'a pénétré le cœur.

YPPARETTE.

Vous la méritez si bien !

ALCIBIADE.

J'en serai toujours digne.

YPPARETTE.

Toujours de même, sans doute?

ALCIBIADE.

Oui, par ma constance....

YPPARETTE.

A vos goûts.

ALCIBIADE.

Ne te moque plus : avec toi, je ne sais pas feindre.

YPPARETTE.

Feindre est pourtant une si belle vertu politique !

ALCIBIADE.

Tiens, je maudis les occupations qui me détournent à présent du plaisir de te répéter combien tu m'es précieuse.

YPPARETTE.

Les affaires n'absorbent jamais tous les loisirs d'un grand homme. Il répartit trop bien l'emploi de son temps.

ALCIBIADE.

Tes traits, ta voix me semblent altérés.... Doutes-tu de ma réussite aujourd'hui ?

YPPARETTE.

Nullement : tout vous prospère en vous riant de tout, je le sais ; mais je suis faible, moi, et mes émotions me surmontent.... Il ne faut pas que mon trouble vous déconcerte.... et satisfaite de vous avoir revu si dégagé de soins, si enjoué, je me retire et me soustrais à la curiosité de la foule qui s'approche.... (*à part.*) Le traître !

ALCIBIADE.

Adieu, fidèle amie ! je me hâterai de vous rejoindre.

YPPARETTE.

Adieu ! moi, je m'empresse de vous fuir.

SCÈNE TROISIÈME.

ALCIBIADE, PHÉAX, groupes de citoyens.

PHÉAX.

Les groupes s'avancent.... Socrate paraîtra-t-il ?

ALCIBIADE.

Non. Un sage tel que lui figurerait mal dans nos comédies politiques.

PHÉAX.

Il ne redoute donc plus la perte de votre cause ?

ALCIBIADE.

Ou la croit désespérée : dans les deux cas son amitié ne me doit aucun secours.

PHÉAX.

Avez-vous affranchi quelques-uns de vos esclaves ?

ALCIBIADE.

Le seul Théoclès, que j'aime.

PHÉAX.

J'aperçois Hypperbolus.... Que le front de ce maraud est rayonnant !

※

SCÈNE QUATRIÈME.

LES MÊMES, HYPPERBOLUS.

HYPPERBOLUS *à soi-même*.

Premier bulletin.... Alcibiade ! second bulletin.... Alcibiade ! troisième bulletin, hein ! hein ! Tu vas être chassé, hé ! hé ! hé !

PHÉAX.

Bonjour, Hypperbolus ! Qui te rend donc le vin si gai ?

HYPPERBOLUS.

Une idée assez riante qui me revenait dans l'esprit.

ALCIBIADE.

Tu es un si grand moqueur, que tu nous fais trembler nous autres généraux, quand tu ris de nous avec les derniers rameurs du Pyrée.

HYPPERBOLUS.

Oui, je suis un démocrate.... trop Démocrite, pas vrai ? Néanmoins, honorable personnage, ton aspect m'attriste en ce moment.

ALCIBIADE.

Par quelle raison?

HYPPERBOLUS.

Je ne serai pas le premier à te percer le cœur.

ALCIBIADE.

Parle sans compassion.

HYPPERBOLUS.

On m'a bien informé. Hypperbolus est à l'affût de tout.

PHÉAX.

C'est sa fonction journalière.

HYPPERBOLUS.

Je sais qui nous allons bannir.

ALCIBIADE.

Tu vas m'initier dans le mystère.

HYPPERBOLUS.

Un jeune Athénien, m'a-t-on dit, de la plus gracieuse figure, de la plus belle espérance, au port noble, au babil séducteur, à la langue affilée, aux manières engageantes, aimable, aimé, et non moins adroit à flatter le peuple qu'à plaire aux femmes.

PHÉAX.

C'est vous, Alcibiade.

HYPPERBOLUS.

Lui-même. (*à Alcibiade.*) On te bannira comme Aristide pour ton trop de vertu, hu! hu! hu!....

ALCIBIADE.

On t'a trompé, honnête Hypperbolus! et l'Athénien dont la cité va faire justice est, m'a-t-on dit, un intrigant, au front chauve, au chef pointu, à la barbe claire, à la langue d'aspic, méprisable, méprisé, et non moins ardent ennemi des hommes droits et du peuple, que rusé partisan des fripons et de la canaille.

HYPPERBOLUS.

Qui est celui-là ?

ALCIBIADE.

Cherche, devine.

HYPPERBOLUS.

Aristophane, peut-être; parce qu'il a décrié ton Socrate dont l'esprit se perd dans les nuées, ou bien parce qu'il a personnifié le bon peuple en vieil imbécile, gourmand et radoteur, dupé, volé, rossé par ses propres intendans qui lui font accroire mille sottises. Ce portrait-là n'est pourtant pas mal ressemblant : demandez aux spectateurs.

PHÉAX.

Son allégorie ne figurait que la populace et ne satirisait pas le vrai peuple, industrieux et respectable.

HYPPERBOLUS.

On donne trop de libertés à son effronterie en tolérant qu'elle peigne les vices de son temps. La comédie ne doit draper que les ridicules du temps passé, afin que personne ne s'y reconnaisse ; car les sots n'osent rire de ce qui les atteint.

PHÉAX.

Voici le misanthrope Timon.

SCÈNE CINQUIÈME.

LES MÊMES, TIMON, NOUVEAUX GROUPES DE CITOYENS.

HYPPERBOLUS.

Sois le bienvenu, mon vieux rêveur!

TIMON.

Éloigne-toi.

PHÉAX.

Timon, qui te fait quitter aujourd'hui ta retraite?

TIMON.

La déplaisance de moi-même.

PHÉAX.

L'homme qui se brouille avec le genre humain finit par se brouiller avec soi. Vous n'assistez plus aux doctes conversations de l'Académie? vous n'y paraissez plus?

TIMON.

Que sert d'y faire contraster mes singularités avec celles des autres?

PHÉAX.

C'est pourtant un beau faisceau de lumières que cette réunion d'esprits fameux en tout genre, concours d'où partira le génie de tous les âges.

TIMON.

Je suis las des subtilités humaines : grâce à leur abus, le nom de sophistes deviendra le sobriquet des philosophes.

ALCIBIADE.

Instruis-les de ce danger en les fréquentant davantage. Que crains-tu de nous, Timon?

ACTE II, SCÈNE V.

TIMON.

Votre approche. Je n'ai jamais eu de commerce avec les hommes, sans devenir plus vicieux....

PHÉAX.

Mais....

TIMON.

Plus perfide....

PHÉAX.

Cependant....

TIMON.

Plus scélérat.

ALCIBIADE.

Si tu détestes autant la vue de tes semblables, pourquoi venir à l'assemblée publique?

TIMON.

Pour y déclarer que j'ai dans mon jardin un arbre auquel plusieurs pervers se sont déjà pendus de désespoir. Prêt à le faire couper afin de bâtir à sa place, je viens en donner avis à ceux qui voudraient encore s'y pendre.

HYPPERBOLUS.

Oh! je ne m'y accrocherai pas.

TIMON.

La justice t'en épargnera la peine.

HYPPERBOLUS.

Folle cervelle! tu m'adresses des outrages!..

TIMON.

Non, des vérités; à ton égard cela revient au même.

HYPPERBOLUS.

Pour toi, qui as perdu l'esprit.

TIMON.

Et toi, la probité.

HYPPERBOLUS.

Oses-tu me faire ce reproche en face?

TIMON.

J'ai tort, si tu n'en eus jamais.

HYPPERBOLUS.

Tu prêtes ton caractère aux hommes pour les juger.

TIMON.

Tu les noircis de tes crimes pour les perdre.

HYPPERBOLUS.

Vieux hibou! va cacher ton humeur dans la nuit.

TIMON.

Vil serpent! ne mets pas ta perfidie au jour.

ALCIBIADE ET PHÉAX *riant ensemble.*

Ah! ah! ah! ah!...

TIMON *à part.*

Les voilà bien! ne prenant jamais le parti de la vertu, et riant de la voir aux prises avec le vice.

SCÈNE SIXIÈME.

LES MÊMES, THÉOCLÈS, NOUVEAUX GROUPES.

THÉOCLÈS *fendant la presse, vivement.*

Je vous salue, mes chers concitoyens! mes honorables égaux!...

HYPPERBOLUS.

Tes égaux!... As-tu droit de voter et de parler ici?

ACTE II, SCÈNE VI.

THÉOCLÈS *avec impétuosité.*

De parler? et de haranguer même. Aussi me vais-je égosiller parmi vous pour mon coup d'essai. Le noble Alcibiade m'a mené chez le magistrat pour m'y gratifier de ma liberté; et là, selon la cérémonie usitée, m'appliquant le dernier soufflet d'usage, il m'a fait pirouetter comme cela sur moi-même; ce qui signifie que je puis désormais aller en tous les sens où bon me plaît. J'en ai encore un peu d'étourdissement. Par Mercure! depuis qu'on m'a délié du joug, il me semble qu'on m'a tout transformé, que je ne suis plus le même animal, et que j'ai le don de l'éloquence. Me voici déjà prêt à opiner pour trois oboles, à jeter au hasard mes fèves blanches ou noires, à mendier les suffrages, à traiter du mien, à spéculer sur les voix, à manier les finances, à viser aux bonnes places, à pérorer sans fin sur les lois, sur le commerce, sur la paix et sur la guerre, à changer d'opinion comme de chaussure et de parti comme de tunique, et à combattre tous les intérêts qui me nuisent, en lançant toujours les principes à la tête. Me faut-il d'autres vertus et d'autres talens pour ressembler à nos compatriotes?

TIMON.

Esclave hier, tu ne saurais être libre aujourd'hui, cela veut une éducation première.

THÉOCLÈS.

Qu'est-ce autre chose qu'être affranchi de toute entrave?

ALCIBIADE.

Vraie définition de la licence, elle est digne de toi.

THÉOCLÈS.

O bons Athéniens! vous allez instruire un apprenti-citoyen qui brûle d'exercer son droit et de tout savoir. Vous, là bas! que chuchotez-vous dans vos groupes? Y a-t-il des nouvelles? Vous, de ce côté-là! que dit-on du grand roi de Perse? qu'il est trop despote? Ah! c'est qu'il ne nous gouverne pas; et que tous ceux qui ne sont pas nous, sont des barbares. Vous, de ce côté-ci! parlez-moi des députés d'Ergeste. Prendrons-nous bientôt la Sicile? Mais qu'en dira le Péloponèse? Ce sont à peu près, je crois, les seules espèces de questions que se font nos politiques.

HYPPERBOLUS.

Bavard! finiras-tu de nous casser les oreilles?

THÉOCLÈS.

En effet, nous avons une grande affaire en suspens à cette heure. Sacrifions à la patrie, tout homme nuisible.... La patrie est tout; oui, la patrie... Votons bien... Le salut de la république en dépend... Elle exige qu'on immole pour ce grand acte ses amitiés, ses considérations privées et jusqu'aux liens de la reconnaissance.

ALCIBIADE.

Il s'émancipe... Dis-moi, Théoclès, l'habit que je porte est-il assez magnifique? mon bandeau me sied-il sur mes cheveux? Il faut que je plaise à la multitude qui applaudit à mon élégance.

THÉOCLÈS.

Vous n'êtes pas mal, mon concitoyen; mais je vous arrangeais mieux quand je vous servais.

ACTE II, SCÈNE VI.

TIMON *montrant Alcibiade.*

Comme il s'adonise pour séduire !

ALCIBIADE.

Je profite des avantages qui me soutiennent, et même des ridicules qui me distinguent.

TIMON.

Homme public ! tu es le mime du peuple. Il faut te bien costumer et bien jouer.

THÉOCLÈS *aux gens des groupes.*

Avez-vous tous remis vos bulletins ? Le mien est fait. Mais qui présumez-vous qu'on bannisse ? Sera-ce Nicias, ou lui ?

PHÉAX.

Demande à Timon.

THÉOCLÈS *à Timon.*

Hé l'homme ! sera-ce lui ou Nicias ?

TIMON.

Demande à qui tu voudras.

THÉOCLÈS *à Alcibiade.*

Maître !... Que dis-je ? compatriote ! sera-ce votre rival ou vous ?

ALCIBIADE.

Demande à Hypperbolus.

THÉOCLÈS *à Hypperbolus.*

Toi, tu es au fait ; dis-moi lequel des deux on chasse.

HYPPERBOLUS *bas.*

Alcibiade.

THÉOCLÈS.

Alcibiade !... oh ! oh !

HYPPERBOLUS.

Tant pis, si cela te fâche.

※

SCÈNE SEPTIÈME.

LES MÊMES, LEUCIPPE.

LEUCIPPE *à Alcibiade.*

Les Archontes marchent vers ce lieu. Votre sort va se décider... Instruit de votre vœu secret, j'apporte, seigneur, avec empressement un bulletin conforme à votre désir salutaire pour le repos d'Athènes.

ALCIBIADE.

Quoi, cher Leucippe ! on m'avait assuré que d'amoureux chagrins vous enlevaient à vous-même. Ils ne vous ont donc pas ravi le souvenir de mes intérêts ?

LEUCIPPE.

Ni celui de mon devoir, qui me commande d'unir utilement mon vote à celui des hommes zélés pour l'Etat. Mes peines me rendent incapable des travaux de l'atelier ; mais mon ame se dégage de ses souffrances chaque fois qu'elle est appelée à vaquer aux fonctions publiques. Serais-je Athénien si je n'avais ce courage.

PHÉAX.

Digne élève de Phidias, vous embellissez votre ville par vos talens, et vous l'honorez par vos vertus civiques.

ALCIBIADE.

Vous n'avez pas retrouvé votre maîtresse ?

ACTE II, SCÈNE VII.

LEUCIPPE.

Seigneur, ne rouvrez pas la plaie qui me déchire. Une compagne fidèle, l'usage libre de mon temps, du marbre, des ciseaux, c'était là tout ce qui me semblait utile. Erreur, erreur d'un fol artiste! Pour être heureux il faut de l'or, de l'or, des mines d'or. J'eusse obtenu une loi protectrice de la beauté, de l'innocence, avec de l'or. J'achèterais avec de l'or les Archontes, l'Aréopage et même les ministres des autels. On acquiert tout à prix d'or, en ce monde, et Plutus est le seul dieu des Athéniens.

ALCIBIADE.

Il est vrai que les hommes n'accordent rien pour rien, ni même les femmes. Mais ne possèdes-tu pas des dons que Jupiter dispense libéralement, la force d'ame et le génie?

LEUCIPPE.

Eh! peut-on en jouir quand on a la rage dans le sein? Qu'est-ce que le génie d'un artiste, sinon l'exercice de la sensibilité la plus vive et la plus profonde? Que devient-il au moment où son cœur est en proie au désordre d'un amour ardent et désespéré?.. Ah! ce génie des poëtes, des peintres, des sculpteurs, vous le croyez un don gratuit! Savez-vous ce qu'il nous coûte? A combien d'affections immodérées il nous condamne dans la vie? Ne met-il pas en péril notre fortune, notre existence, notre bon sens même? Ce feu qui allume nos pensées, consume notre être quand il l'attache aux objets qui embrasent nos sens. Tenez, nous naissons tous de la race de Pygmalion. L'insensé brûla pour une œuvre qu'il avait taillée de ses mains. Eh bien! tous ses fils véritables sentent bouillonner le même sang dans leurs veines pour les images qui les passionnent. Mais Vénus le plaignit ; elle anima de sa flamme une pierre inerte et froide ; elle mit dans ses bras l'idole qu'il s'était formée, tandis que moi, moi, qui n'avais pas besoin d'implorer un miracle, moi plus épris d'une créature vivante qui m'est arrachée, je n'ai pu fléchir la dureté de sa tutrice, cœur de roche plus glacé que les blocs d'où j'ai tiré mes statues.

ALCIBIADE.

Cette scélérate t'a refusé la personne que tu chéris ! Écoute, Leucippe ; le meilleur remède contre l'amour, c'est un nouvel amour. J'en use ainsi pour ne pas devenir frénétique ; et je ne suis volage de cœur que pour conserver ma constance d'esprit.

LEUCIPPE.

Ah ! Alcibiade ! avez-vous jamais eu le temps de sentir ce que c'est qu'aimer ?

ALCIBIADE.

Viens travailler chez moi sur les traits d'un modèle qui te charmera. Ton chef-d'œuvre sera l'ornement de mon palais. Quel que soit le prix que tu en désires...

LEUCIPPE.

Seigneur, je ne le puis ; mes ciseaux sont brisés pour toujours. J'ai cessé d'être un artiste.

ALCIBIADE.

Quoi donc ? terrassé par la tristesse dans ta carrière, tu vas en laisser échapper la gloire ? Quoi ! tu renoncerais si tôt au brillant honneur des beaux-arts ! Tandis qu'il ne reste de nos renommées qu'un souvenir vague et souvent calomnié, vos monumens demeurent ; ils éternisent vos noms et les traits des mortels que vous divinisez dans nos places et dans nos temples. Le culte vous doit en partie sa majesté, les États leur splendeur, les vertus l'hommage du peuple, les héros leur simulacre impérissable. Ce que vous créez dure plus long-temps que les ouvrages de la nature. Les hommes passent en quelques années, vos statues leur survivent au-delà des siècles. Leucippe, Leucippe, réveille-toi! sors de ta langueur. J'exige que tu te rendes en ma maison au sortir de notre assemblée. Qui sait si ma munificence ne te procurera pas les moyens de recouvrer la maîtresse que tu regrettes?

LEUCIPPE.

Se pourrait-il?... O Alcibiade! les charmes que tu répands sur tes demandes en font des lois pour nous.

TIMON *à part*.

Comme il cajole ce sculpteur de qui l'art perpétue ces prétendus héros! N'est-ce pas assez du supplice de voir leurs mines durant leur vivant?

PHÉAX.

Grâce aux dieux! voici les Archontes.

SCÈNE HUITIÈME.

LES MÊMES, LES ARCHONTES, FOULE DE CITOYENS.

Les neuf magistrats passent au milieu du peuple qui se range, et ils vont s'asseoir sur leurs siéges qu'entoure la multitude.

HYPPERBOLUS.

Bon! la querelle sera bientôt vidée. Tous nos pelotons

sont en présence. Trois factions rangées; partis contre partis.

TIMON.

Dites clientelles contre clientelles.

THÉOCLÈS.

On va donc savoir quel est le vœu du peuple !

TIMON.

Non, celui du patronage.

LE PREMIER ARCHONTE.

Athéniens ! l'heure est arrivée où l'un de vous perdra l'honorable droit d'habiter les murs d'Athènes. Quel que soit celui que frappe l'Ostracisme, ce jugement populaire est irrévocable. Jurez tous de vous soumettre sans murmure à la majorité des voix. Jurez tous de repousser avec joie du sein de vos assemblées l'homme que vous aurez jugé dangereux à la paix publique, et que le scrutin aura privé de la gloire de défendre et de servir la patrie.

HYPPERBOLUS.

Ce ne peut être qu'un scélérat; qu'il sorte de l'Attique.

TOUS.

Oui, oui !

L'ARCHONTE.

Les bulletins sont déposés dans ces urnes; nous allons les lever.

ALCIBIADE.

Vénérables Archontes, s'il m'était permis...

HYPPERBOLUS.

A moi, la parole !... Concitoyens !...

PHÉAX.

N'interrompez pas Alcibiade.

ACTE II, SCÈNE VIII.

HYPPERBOLUS.

La parole! la parole!... Oui, concitoyens!...

PHÉAX.

Je la réclame, je la réclame aussi...

THÉOCLÈS.

La parole à mon tour, moi!

ALCIBIADE.

Es-tu fou, Théoclès?

THÉOCLÈS.

Non, je suis orateur puisque je suis libre. N'ai-je pas le droit de dire ce que je veux?

HYPPERBOLUS.

Paix là! j'ai la parole...

THÉOCLÈS.

Dans un moment si solennel, où la république...

HYPPERBOLUS.

Non, à moi!....

THÉOCLÈS.

Dans un jour si auguste...

HYPPERBOLUS.

Paix!

THÉOCLÈS.

Si grand... si mémorable... si... si...

HYPPERBOLUS.

Si, si... silence!

THÉOCLÈS.

Ma foi, son silence fait tant de bruit, que ma harangue m'est échappée de la tête.

L'ARCHONTE.

Athéniens, attendez respectueusement le résultat des

votes. Toute discussion, toute harangue vous est interdite ici par la loi.

HYPPERBOLUS.

Je n'exprimerai rien qu'un vœu patriotique... Puissent les dieux nous préserver des vices des grands !

TIMON.

Que Jupiter vous sauve de ceux des petits !

HYPPERBOLUS.

On parle tant des uns que l'orgueil les accroît et les propage.

TIMON.

On parle si peu des autres, qu'ils se multiplient, à l'aise, dans leur bassesse.

PHÉAX.

Chut ! l'Archonte se lève. Écoutons.

L'ARCHONTE *lisant*.

Alcibiade.

HYPPERBOLUS *à part*.

Heureux début ! c'est peut-être ma voix.

L'ARCHONTE *de même*.

Hypperbolus.

TOUS.

Hypperbolus !

ALCIBIADE *à Hypperbolus*.

Ce n'est peut-être que mon suffrage.

HYPPERBOLUS.

Oui, ou de quelqu'un qui m'en veut apparemment. On ne plaît pas à tout le monde ; et l'envie ! l'envie !...

L'ARCHONTE *de même*.

Alcibiade.

HYPPERBOLUS.

Vivat! cela marche.

ALCIBIADE.

Cette deuxième voix, quelle est-elle?

THÉOCLÈS *à soi-même.*

La mienne peut-être.... Oh! indiscret.

ALCIBIADE *à Théoclès.*

Coquin! je t'y prends... Est-ce ton premier usage de la liberté que tu me dois?

THÉOCLÈS.

J'en essaie.

PHÉAX.

En te vengeant des bienfaits par l'ingratitude! C'est le trait d'un cœur né servile.

LEUCIPPE.

Lâche, offenser un héros!

THÉOCLÈS.

Personne n'en est un pour son valet. N'a-t-il pas, hier, affranchi vingt d'entre nous, pour voter en cas de ballottage?

L'ARCHONTE.

Hypperbolus.

TOUS.

Hypperbolus!

L'ARCHONTE.

Hypperbolus.

TOUS.

Hypperbolus!

HYPPERBOLUS.

Qu'est-ce donc? Est-ce un jeu que ceci?

L'ARCHONTE.

Athéniens! il est inutile de vous tenir dans une plus longue attente. Toutes les coquilles ont été visitées par nous; et toutes renferment le nom d'Hypperbolus.

TOUS.

Hypperbolus!

HYPPERBOLUS.

Comment? Qu'est-ce? Que signifie cela?

TOUS.

Hypperbolus!

HYPPERBOLUS.

Ouais! le peuple me chasse d'une voix unanime.... Il faut donc que je sois un bien grand homme pour avoir tant d'ennemis! (*on rit.*) Misérable! que diantre voulez-vous que je fasse? De quoi voulez-vous que je vive?.... (*on rit.*) Ils me montrent au doigt, et me rient tous au nez... Méchans goguenards! riez, riez donc, hom! hom! hom! En effet, le tour est fort plaisant, han! han !... O sage Timon! tu me disais vrai : tous les hommes sont ingrats, fous et pervers.

TIMON.

Non pas en t'expulsant, écume de la lie populaire!

HYPPERBOLUS.

Trouvez un marchand qui vous vende des lampes plus claires pour bien voir dans la nuit, et des lanternes plus sourdes pour n'y être point vus! Trouvez un orateur qui ait mon influence sur les gens des bourgs et du port? J'ai fait monter le corroyeur Cléon au généralat. Trouvez un témoin qui me vaille dans vos procès capitaux! J'ai failli perdre Phidias que j'accusai d'avoir volé l'or de Jupiter.

J'étais capable de vous défaire et de Nicias et de Socrate.
TOUS.
Adieu, Hypperbolus !
HYPPERBOLUS.
Ils vous feront repentir....
TOUS.
Adieu, adieu, Hypperbolus !
HYPPERBOLUS.
Adieu ! adieu ! de par Pluton ! adieu.
THÉOCLÈS.
Respect au malheur ! Reconduisez cette noble victime de la proscription et de l'envie.

SCÈNE NEUVIÈME.

LES MÊMES, *hormis Hypperbolus.*

PHÉAX.
Victoire, Alcibiade ! qu'on apprenne de notre exemple à faire tourner les débats personnels au profit du bien général et à chasser les délateurs.
ALCIBIADE.
Allons rendre grâce à Nicias des voix qu'il a réunies aux nôtres.

Il s'éloigne.

SCÈNE DIXIÈME.

LES MÊMES, *hormis Alcibiade.*

TIMON.

Encouragez bien votre jeune Alcibiade.

PHÉAX.

Timon l'excepte-t-il de son aversion pour les hommes?

TIMON.

Oui, parce qu'un jour ses vices me vengeront des Athéniens.

Il sort.

LEUCIPPE.

Que les dieux te foudroient avant qu'il réalise ton triste présage!.... Quelle est cette femme qui marche vers nous à travers la foule?

PHÉAX.

Grands dieux! c'est Ypparette.... Comment! elle s'obstine en son dessein! Elle persisterait à porter sa demande... Ah! noble moitié d'Alcibiade! qu'allez-vous faire?

Ypparette s'avance vers le tribunal.

SCÈNE ONZIÈME.

LES MÊMES, YPPARETTE.

YPPARETTE *en entrant*, *à Phéax*.

Alcibiade n'est point banni : j'ai le droit d'exposer ma

ACTE II, SCÈNE XI.

plainte. (*aux Archontes.*) Ministres des lois, c'est aux yeux des citoyens, c'est en vos mains tutélaires que je viens déposer l'acte de ma séparation d'avec Alcibiade, fils de Clinias, à qui les nœuds du mariage m'ont unie.

L'ARCHONTE.

Ypparette, quelles plaintes portes-tu contre ton époux?

YPPARETTE.

Toutes celles de l'amour et de l'hymen outragés : sa conduite est assez connue pour que ma demande soit justifiée.

PHÉAX.

Pardonnez à Phéax d'élever la voix dans une cause qui lui est étrangère. (*à Ypparette.*) Il ose vous rappeler quels sentimens a voués votre constance au noble Alcibiade. Est-ce aujourd'hui que vous les abjurez? est-ce aux regards du peuple qui vient d'applaudir à son nouveau trait d'habileté, et de ses amis dont il reçoit les félicitations? Ne vous laissez pas aveugler par la jalousie : semblable à la peur, elle dénature les objets, les exagère, et ne voit que des monstres. Digne Ypparette! interromps une démarche peu réfléchie. Déjà ne sera-ce point un châtiment pour les légèretés de ton époux que d'avoir risqué de te perdre? Enchaîne-le par tes bontés, comme tu le captivas par tes charmes ; et laisse-moi l'honneur de lui avoir conservé les droits les plus chers sur la personne la plus vertueuse.

YPPARETTE.

Je rends grâce au soin de votre amitié, Phéax.... Je ne viens point ici me répandre en injures contre lui : je ne l'accuse point.... Me préservent nos dieux de flétrir la réputation d'un homme qui reçut ma foi et mes plus sacrés sermens! Ce que je me borne à déclarer, c'est qu'Alcibiade n'est pas né pour goûter les douceurs de la vie domestique : il la dédaigne et la profane. Il faut le rendre tout entier à la vie publique : il y sera toujours digne d'Athènes. Je sens que nos nœuds ne font plus ni son bonheur, ni le mien; le temps est venu de les rompre.

PHÉAX.

Leucippe, n'êtes-vous pas confondu de l'entendre? Qu'en pensez-vous?

LEUCIPPE.

Quelle attitude! quelle noble expression!... Si je la pouvais sculpter ainsi, oh! que j'en ferais une belle statue!

L'ARCHONTE.

Jeune femme, mon devoir exige que j'interroge encore ta volonté avant que de satisfaire à ta plainte. La sévérité de mes fonctions fut quelquefois adoucie par le plaisir de ramener deux époux à une réconciliation inespérée et durable.

YPPARETTE.

Vénérable Archonte, ma famille entière m'a opposé l'autorité de ses conseils, m'a priée de suspendre la démarche que j'ose tenter. L'excès du malheur m'a seul résolue à en braver l'éclatante publicité.... Oui, quand mes parens, mon frère, mon mari lui-même (*Alcibiade paraît*) viendraient ensemble à mes genoux implorer mon retour, ni leur éloquence, ni leurs supplications ne l'obtiendraient de moi. Rien ne me fléchirait, rien dans l'univers.

SCÈNE DOUZIÈME.

LES MÊMES, ALCIBIADE.

ALCIBIADE *à soi-même*.

Rien? que ma seule présence... (*haut.*) Athéniens ! Ypparette est à moi ! je la disputerais à tous au prix de ma vie... Que disais-tu, chère idole? Suis-moi, ma compagne respectée ; viens, viens, douce moitié de moi-même.

Elle se penche sur son bras et il l'entraîne.

TOUS.

Vivat !

THÉOCLÈS.

Il n'a pas eu besoin de longs discours. Voyez, voyez comme cette colombe lui cède... O pouvoir de notre agréable aspect sur nos femmes !

LEUCIPPE.

J'ignore si c'est Minerve ou Vénus qui le seconde, mais son procès est pleinement gagné.

PHÉAX.

Ce second triomphe vaut bien l'autre, il ajoute un beau myrte à ses lauriers.

ACTE TROISIÈME.

Le théâtre représente l'intérieur d'un atelier élégant : deux rideaux sont tendus de chaque côté de la scène; deux portes sont au fond.

SCÈNE PREMIÈRE.

YPPARETTE, THÉOCLÈS, SUITE D'ESCLAVES DES DEUX SEXES.

YPPARETTE.

Laissez-moi, laissez-moi seule, bons serviteurs! aimables filles!... Gardez-moi ces corbeilles, ces guirlandes... J'accueille avec reconnaissance l'hommage de ces fleurs... Mais je suis triste; je croyais votre maître dans cet atelier qu'il a, m'a-t-on dit, fait arranger pour le sculpteur Leucippe... Il m'a quittée au seuil du vestibule, et prompt à disparaître, m'a laissée dans un trouble inexprimable.... Je n'ai eu ni la force, ni le loisir de lui parler au milieu des clameurs de cette foule qui nous pressait, et qui nous accompagnait jusqu'aux portes de notre maison... Où donc est-il ? que fait-il loin d'Ypparette ?

ACTE III, SCÈNE I.

THÉOCLÈS.

Il a couru chercher les amis qu'il rassemble, ce soir, pour célébrer une fête déjà préparée par ses ordres.

YPPARETTE.

Une fête! à quel sujet?

THÉOCLÈS.

Est-il une victoire plus heureuse pour lui que celle qu'il vient de remporter sur votre cœur! c'est un retour de noces.

YPPARETTE.

Hélas! ce cœur ne fut jamais son ennemi.

THÉOCLÈS *à voix basse*.

Faites qu'on s'éloigne : une jeune personne, nommée Naïs, demande à vous être en secret présentée.

YPPARETTE.

Qui? cette Naïs.... elle est encore ici! elle habite ici!.... Aurais-je pu croire que je la retrouverais en mes foyers après qu'Alcibiade montra tant d'empressement à me reprendre? Qu'a-t-elle à me dire? que prétend-elle?.... Mes bons amis, retirez-vous un moment.

THÉOCLÈS.

Allez, allez, enfans! votre maîtresse vous sait gré de vos festons et de vos offrandes... (*les esclaves se retirent.* — *à Ypparette.*) Je l'ai conduite mystérieusement moi-même jusqu'à cette porte. (*à Naïs.*) Vous, à présent, entrez sans peur.

SCÈNE DEUXIÈME.

YPPARETTE, NAIS, THÉOCLÈS, ALMONÉE.

NAIS.

Souffrez, noble Ypparette, qu'une infortunée implore votre appui dans les périls que lui font courir son indigence, son âge et sa faiblesse.

YPPARETTE.

Qui vous cause une si vive émotion?.... Rassurez-vous.

NAIS.

La simple fille du fermier Eupodème ne peut paraître sans un grand trouble devant l'illustre fille d'Hypponicus.

YPPARETTE.

Eh! que désirez-vous de moi?

NAIS.

Votre intérêt, votre pitié.

YPPARETTE.

Alcibiade s'intéresse à votre sort; a-t-on besoin de pitié quand on est protégée de lui, quand on loge dans son asile?

NAIS.

Aidez-moi, je vous conjure, à quitter sa maison, à le fuir.

YPPARETTE.

A le fuir!

NAIS.

Ni les femmes, ni Théoclès, ni ses anciens compagnons

de service n'ont osé me faire ouvrir une porte pour m'évader.

THÉOCLÈS.

Tudieu! je ne m'y fusse pas joué, sans en avoir reçu le commandement de notre noble maîtresse. Le seigneur, son mari, a de certaines manières frappantes.... même pour ses affranchis. En dépit de mon émancipation d'un jour, un riche citoyen comme lui garde toujours, quoi qu'en disent les gens libres, trop d'avantage sur un pauvre citoyen.... parvenu comme moi.

NAIS.

Il faut absolument que je m'échappe de l'appartement où l'on m'a retenue.... Une seule issue conduit dans la chambre où nous sommes, et, si j'en crois Théoclès, cette chambre-ci communique à votre logement. Daignez, daignez, bienfaisante Ypparette, faciliter mon passage, et je vous devrai plus que la vie.

YPPARETTE.

Vous avez tort de m'adresser une telle prière : je ne puis rien, je n'ose rien, je ne suis rien ici : l'impérieux Alcibiade est maître. Exprimez-lui votre désir de le quitter.... je doute qu'il consente de bonne grâce à votre départ, puisqu'il vous fait garder si étroitement.... S'il veut vous retenir, que puis-je? qu'est-ce qui lui résiste? Ne suis-je pas un exemple de l'aveugle obéissance que tout lui porte dans Athènes? Contre ce qu'il veut, je ne puis rien, vous dis-je.

NAIS.

Pauvre Naïs! que feras-tu donc? que deviendras-tu? Ah! mon cher Leucippe, tu ne croiras plus à mon amour.

YPPARETTE.

Comment? Leucippe! vous aimez Leucippe?

NAIS.

Oui, je l'aime, j'en suis aimée, et je ne veux être qu'à lui.

YPPARETTE.

Parlez, parlez, ma belle enfant! répétez-moi, contez-moi tout ce qui vous agite... J'aiderai votre évasion : mon appartement vous est ouvert : je saurai vous faire échapper par la chambre de mes femmes. Si mon mari s'en fâche à son retour, je me charge de répondre à son emportement. Je ne le crains pas : je puis ici tout ce que je veux.

NAIS.

Ah! digne Ypparette, j'avais confiance en votre générosité; je lui ai révélé mon penchant pour Leucippe, ce sculpteur célèbre de qui les talens....

YPPARETTE.

Je le connais; c'est un jeune artiste très-habile. Il mérite votre préférence mieux que personne : il a bien raison de vous aimer : vous ferez un couple charmant! Tenez, au premier abord vous ne me paraissiez pas si jolie, à présent je loue son choix et vous me semblez ravissante.

NAIS.

Du réduit où l'on m'avait renfermée, je viens de l'entrevoir qui passait sous votre premier portique. Peu s'en est fallu que je ne l'appelasse par un cri. Les serviteurs d'Alcibiade m'ont découvert ma captivité : Théoclès m'a instruite de l'ordre qu'il avait reçu de nous cacher l'un à l'autre. Aussitôt, je me suis effrayée, et la sécurité que m'avaient inspirée les discours de votre époux s'est à l'instant évanouie. Voilà ce qui m'a suggéré la hardiesse de vous implorer.

YPPARETTE.

Les tenir cachés l'un à l'autre !.... Le perfide ! lorsqu'il affecte en public de resserrer fidèlement nos nœuds....

NAIS.

Il m'avait juré qu'il me servirait de protecteur, de frère... j'y croyais.

YPPARETTE.

Ah ! ces noms lui sont-ils plus sacrés que celui d'époux ? L'artificieux vous eût menée loin avec ces belles paroles.

NAIS.

Toute jeune que je suis, j'ai bien reconnu qu'il me parlait avec bonté, sans aucune finesse.... Oui, si je veux le fuir, ce n'est pas que je le soupçonne : mais je désire ôter tout sujet d'ombrage à mon amant. Il ne faut pas qu'une heure de ma vie lui devienne un mystère. Il m'aime trop pour n'être pas jaloux ; et la jalousie n'entend quelquefois pas raison, même sur les choses les plus claires. Si vous sentiez ce qu'on en souffre !

YPPARETTE.

A qui en parlez-vous ?.... Mais où irez-vous pour qu'Alcibiade ne vous poursuive jamais ?

NAIS.

Chez la mère de mon cher Leucippe, avec cette femme qui ne m'a pas quittée et qui lui appartient. Ordonnez que Leucippe m'emmène.

THÉOCLÈS.

Leucippe attend le seigneur Alcibiade dans son logement particulier, et ne peut monter ici sans son ordre.

YPPARETTE.

Il importe qu'on ne vous surprenne pas ensemble. Théoclès qui va vous guider jusqu'à la plus prochaine sortie, avertira Leucippe de votre départ secret : allez chez sa mère avec cette femme. Il se hâtera de vous y retrouver à l'insu d'Alcibiade. Fuyez. Théoclès, conduis-la sans bruit, et cours annoncer son évasion à Leucippe.

THÉOCLÈS.

Le message est périlleux. Veuille le dieu protecteur de mon industrie que tout le mal, s'il en arrive, ne me retombe pas sur le dos.

SCÈNE TROISIÈME.

YPPARETTE *seule*.

Ah! je ne me possède plus... Le méchant! deux fois sa perfidie convaincue en une seule journée! deux fois mes pardons méprisés, et mes crédules espérances deux fois aussitôt trahies!... Me doutais-je de cette amoureuse poursuite d'une beauté qu'il achète, à l'heure où je triomphais de l'avoir enlevé aux fers de Glycérion?.... Que sais-je s'il l'a quittée elle-même... n'est-il pas capable de mener trois intrigues de front?... O vain appel de ma douleur à ce tribunal!.... Il a paru.... un mot, un souffle a renversé tout l'édifice de ma défense.... Ah! qu'aperçois-je?

SCÈNE QUATRIÈME.

HYPPERBOLUS, YPPARETTE.

YPPARETTE.

Vous, ici! vous, malheureux!... Qu'est-ce qui vous amène?

HYPPERBOLUS.

Mon mauvais sort. Généreuse Ypparette! je me suis glissé furtivement en ce lieu dans l'espoir de vous y rencontrer, et je me jette à vos pieds.

YPPARETTE.

Qui venez-vous encore noircir à mes yeux? qui venez-vous accuser encore?

HYPPERBOLUS.

Moi, moi seul : car je n'ai plus personne à dénoncer dans Athènes. On m'exile.... accordez-moi votre assistance auprès d'Alcibiade : protégez un misérable sans argent, sans ressources! Votre époux m'obtiendra le pardon de la ville.

YPPARETTE.

Adressez-vous à lui : vos propos m'ont désolée, m'ont précipitée dans une démarche dont le scandale inutile m'a perdue. Vous m'avez ôté le repos, vous le raviriez encore à d'autres familles. Secourir les méchans, c'est nuire aux bons. Allez, allez! la pitié ne doit pas agir pour les perturbateurs de la cité.

Elle se retire.

SCÈNE CINQUIÈME.

HYPPERBOLUS *seul.*

Ça, que deviendrai-je? où porterai-je le magnanime honneur de la proscription?.... J'ai eu déjà tant de peine à entrer ici, comment ferai-je pour en sortir?... J'entends du bruit.... Oh! si c'était Alcibiade, et s'il me retrouve.... sa colère m'assommera.... On approche.... N'y aurait-il pas une cachette qui me pût abriter d'abord?... Oui, oui, ce rideau.... rencognons-nous derrière.

Il se cache.

SCÈNE SIXIÈME.

ALCIBIADE, NAIS, THÉOCLÈS.

ALCIBIADE *entraînant Naïs par le bras.*
Entrez, entrez, et ne vous effarouchez pas, Naïs: mais préparez-vous à me répondre de point en point. (*à Théoclès.*) Toi, coquin! attends ton arrêt en silence.

THÉOCLÈS.
Terrible homme! c'est un Argus.

ALCIBIADE.
Vous tentiez donc une évasion avec Almonée? et ce maraud vous servait donc à me jouer ce tour?

NAIS.

Vos gens me refusaient le passage, et vous seriez injuste de vous en prendre à l'infidélité de ce bon Théoclès.

ALCIBIADE.

Ah! ce bon Théoclès! vous le défendez parce qu'il est votre complice.

NAIS.

Il n'a fait qu'obéir aux volontés de votre épouse....

THÉOCLÈS.

Oui, la dame Ypparette a exigé....

ALCIBIADE.

Vous avez donc sollicité le secours de ma femme contre moi, fille imprudente!

NAIS.

Oui; je ne pouvais fuir que par son assistance.

ALCIBIADE.

Et quelle terreur vous agitait?... Aviez-vous sujet de me craindre?.... Ah! ah! savez-vous que l'injustice des soupçons inspire quelquefois l'envie de commettre les fautes dont on est présumé capable?

NAIS.

Vous m'effrayez....

ALCIBIADE.

Ma présence ne me fera pas plus redouter de vous que votre imagination. En quoi, répondez, méritai-je de vous causer tant d'alarmes?

NAIS.

Leucippe est venu; vos gens m'ont empêchée de le rejoindre; et la peur m'a prise.

ALCIBIADE.

Et vous avez tout compté aux oreilles de ma femme ! Où donc alliez-vous, en sortant ?

NAIS.

Chez la mère de Leucippe. Votre Ypparette l'en a fait prévenir en lui recommandant bien de vous taire ce secret. Vous voyez; je vous déclare tout et vous prouve encore ma confiance, Seigneur.

ALCIBIADE.

Leucippe a dû sourire à ce complot ?

THÉOCLÈS.

A peine ai-je eu le temps de lui en dire deux mots : à la même minute, vous avez rencontré cette belle avec sa compagne. Il les croit toutes deux chez sa mère, à cette heure.

ALCIBIADE.

Téméraire ! ni toi, ni lui, vous n'éviterez votre châtiment.

THÉOCLÈS.

Nous avons le droit des gens qui nous préserve, comme citoyens.

ALCIBIADE.

Et moi, les droits de la guerre sur mes ennemis. Je vous fais mes captifs et vous traite en ilotes, à la spartiate.

THÉOCLÈS.

En effet, vous êtes laconique.

ALCIBIADE.

Cours vers Leucippe et répète-lui que Naïs est chez sa mère. Garde-toi de lui révéler qu'elle soit encore sous nos clefs : garde-t-en bien, par la mort !

THÉOCLÈS.

J'aime trop à vivre pour y manquer.

✻

SCÈNE SEPTIÈME.

ALCIBIADE, NAIS.

ALCIBIADE.

Naïs, et vous et votre Leucippe, vous m'avez méconnu, vous m'avez offensé par votre acte soupçonneux.

NAIS.

Pourquoi ces ordres de me dérober aux yeux de mon amant? Que pouviez-vous méditer?

ALCIBIADE.

Avez-vous l'œil des dieux pour pénétrer dans le secret du cœur des hommes? Le mien ne résistera pas à l'envie de vous punir l'un et l'autre : car mon défaut principal, c'est d'être un peu vindicatif. Placez-vous derrière ce rideau, tandis que j'entretiendrai votre Leucippe : demeurez-y muette, immobile; ne tentez pas de soulever cette barrière, et qu'il ne vous échappe pas une exclamation, pas un soupir, quelque chose que je lui dise ou lui fasse redouter de mon courroux. A cette condition, je vous pardonne : autrement, je vous sépare à jamais. N'oubliez pas quelle est ma puissance. Je vais au devant de lui : cachez-vous là.

SCÈNE HUITIÈME.

NAIS *seule*.

Ah! qu'il dispose de ma vie; mais qu'il épargne Leucippe.... Obéissons afin de l'adoucir, et tenons-nous silencieuse dans ce lieu, puisqu'il le veut ainsi. (*Elle lève le rideau et aperçoit Hypperbolus.* Ah! ciel! qu'ai-je vu?....

Elle s'échappe vers la chambre d'Ypparette.

HYPPERBOLUS.

Naïs! Naïs! écoutez, de grâce... Elle s'enfuit... On revient... Cachons-nous.

Il se remet sous le rideau.

SCÈNE NEUVIÈME.

ALCIBIADE, LEUCIPPE, HYPPERBOLUS *caché*.

ALCIBIADE.

Leucippe, vous êtes de parole. Votre exactitude est louable. On reproche aux artistes de n'être pas ponctuels et de tout oublier, même les heures. Mais qui ne juge-t-on pas de travers?

LEUCIPPE.

Il est des hommes sur lesquels les imputations rigoureuses ne sont pas des calomnies.

ACTE III, SCÈNE IX.

ALCIBIADE *à part.*

Il débute de mauvaise humeur. (*haut.*) Ne m'accuse-t-on pas le premier de mille choses dont je me sens incapable?

LEUCIPPE *à part.*

Quel front!.... (*haut.*) Seigneur, quiconque s'interroge consciencieusement peut s'avouer que la calomnie n'est souvent que médisance.

ALCIBIADE.

Oui, personne ne voit au fond de l'ame; et chacun agit d'après la fausse idée qu'il prend d'autrui. Regardez cet atelier que j'ai fait disposer pour vous. Deux rideaux, tendus aux deux points opposés du jour, couvriront les statues que vous aurez ébauchées, de peur que l'air ne les endommage; et derrière sont des piédestaux sur lesquels vous poserez votre modèle, à droite ou à gauche, sous telle lumière qu'il vous plaira de choisir. Celui que je vais y faire placer est digne en tout de vos ciseaux. Vous logerez chez moi, vous coucherez chez moi, jusqu'à l'accomplissement de l'ouvrage.

LEUCIPPE *à part.*

Et Naïs qui m'attend chez ma mère... Dieux! ne nous trahissons pas.

ALCIBIADE.

Hein? cher Leucippe?

LEUCIPPE.

Mille fois pardon, seigneur Alcibiade! Il faut que je sorte.... Je reviendrai sans retard.... mais je préfère travailler dans mon propre atelier.... Les chefs de l'État, les généraux d'armée ne dédaignent pas de s'y rendre, et je tiens à cet honneur.

ALCIBIADE.

Honneur qui a fait soupçonner Phidias de favoriser les entrevues de Périclès avec les dames d'Athènes. On me croit léger à l'égard des belles, et je rougirais que ma maudite réputation altérât la pureté de la vôtre.

LEUCIPPE.

On est au-dessus du soupçon en mettant ses bonnes mœurs en évidence. Permettez que j'aille tout préparer en ma maison pour y recevoir votre modèle.

ALCIBIADE.

Point, point : vous ne sortirez, vous ne désemparerez d'ici que quand la statue sera faite. Mes esclaves vous serviront, ma table sera la vôtre.

LEUCIPPE.

Mais vous savez que je suis hors d'état de rien sculpter... Le sujet de désespoir qui me consterne....

ALCIBIADE.

Quoi ? pour une maîtresse.... perdre la tête !

LEUCIPPE.

Quand on en a vingt, est-on plus raisonnable ?

ALCIBIADE.

Le coup porte sur moi, Leucippe ! vous vous fâchez... Allons, allons ! déjà vous étiez plus tranquille, puisque vous avez cédé à mon invitation... Je gage que des indices de votre belle vous sont arrivés, et que vous espérez la revoir !

LEUCIPPE.

Aucuns.

ACTE III, SCÈNE IX.

ALCIBIADE.

Aucuns? Cela est bien triste.... Oh! vous la retrouverez plus tard, je vous la ferai chercher pendant votre assidu travail.

LEUCIPPE.

Je ne puis rester, Seigneur ; je vous le répète.

ALCIBIADE.

Vous ne pourrez partir, Leucippe ; je vous en avertis.

LEUCIPPE.

Ceci devient une violence réelle....

ALCIBIADE.

Violence ou persuasion, n'importe ! mais je vous garde.

LEUCIPPE.

M'assujettirez-vous par ce ton de tyrannie?

ALCIBIADE.

Hé ! c'est le métier de mes pareils, quand le peuple les nomme ses chefs.

LEUCIPPE.

Un artiste n'est point dans l'esclavage d'un grand, pas même un artisan athénien.

ALCIBIADE.

Beaux sentimens, mais auxquels je ne céderai pas.

LEUCIPPE.

Suis-je dans un piége? Suis-je dans vos fers?

ALCIBIADE.

Non ; mais vous êtes le plus faible, il faut vous rendre : c'est la loi naturelle d'obéir à la force.

LEUCIPPE.

Aussi bien que de se défendre contre elle.

ALCIBIADE.

Malgré vos passions emportées, vous n'êtes pas ici le maître.

LEUCIPPE.

Je le suis de moi-même, et vous ne l'êtes pas de vous : regardez-moi donc comme le plus fort.

ALCIBIADE.

Résistance inutile contre mon obstination.

LEUCIPPE.

Pure ingratitude de votre part! Devais-je aller porter mon vote pour qu'on ne vous exilât pas?

ALCIBIADE.

Vous avez dû voter pour l'intérêt commun, non pour moi : suis-je endetté de cette reconnaissance?

LEUCIPPE.

Adieu, Seigneur, adieu!

ALCIBIADE.

Mes portes vous seront closes.

LEUCIPPE.

J'invoquerai les lois, j'épouvanterai vos gens par mes menaces, par mes cris....

ALCIBIADE.

Tout sera sourd autour de vous. Cédez.

LEUCIPPE *avec exaltation.*

Tuez-moi plutôt!... Ah! quel outrage à l'un de tes élèves, Phidias! Le souvenir en accompagnera mes ouvrages, comme les traits de l'envie, dans la dernière postérité qui me vengera de vous et de mes rivaux.

ALCIBIADE.

Calmez-vous : je renonce à user de la force, puisque

votre courage sait la braver. Essayons si vous ne fléchirez pas sous l'empire de la séduction : tous les hommes échouent devant l'une ou l'autre.

LEUCIPPE.

Vous, me séduire! Alcibiade n'est séduisant que pour les femmes.

❊

SCÈNE DIXIÈME.

LES MÊMES, YPPARETTE *qui paraît au fond de la scène.*

YPPARETTE *en entrant.*

Restez près de cette porte, Naïs.

On aperçoit Naïs qui disparaît aussitôt.

ALCIBIADE *à part.*

Ah! mon Ypparette vient nous écouter !.... Bonne occasion de la corriger aussi. (*haut.*) Leucippe, vous avez beau vous débattre : je tiens à ma résolution. Vous avez le désir de me quitter pour courir après votre maîtresse perdue : moi, j'ai la volonté de vous retenir pour que vous me fassiez une statue bien ressemblante à la femme que j'aime le plus au monde et dont je veux conserver à jamais la plus parfaite image. Ni vous, ni moi, n'entendrons bien raison, nous sommes tous deux amoureux.

YPPARETTE *à part.*

De qui l'est-il encore! Ce n'est point de Naïs qu'il oserait parler à Leucippe... Saisissons cette nouvelle trame, et pour la surprendre, glissons-nous derrière ce rideau.

Elle se cache à l'opposite d'Hypperbolus.

ALCIBIADE *à part.*

Bon! elle ne pouvait mieux se placer pour recevoir la douce leçon que je lui prépare. (*haut.*) Vous méditez, Leucippe, sur le parti que vous avez à prendre?

LEUCIPPE *avec véhémence.*

Non, Alcibiade, non. Je songeais à votre aveuglement. Vous exigez de ma main un ouvrage qui répugne à ma délicatesse. Ne vous persuadez pas qu'un vrai sculpteur puisse créer des figures durables sans être animé lui-même du seul feu créateur, celui de l'inspiration. Eh! que peut m'inspirer de parfait le commandement que vous me faites de modeler un objet passager de vos caprices? Vous m'avez fait violence et insulte. J'en acquiers le droit de ne plus ménager votre orgueil et de m'expliquer sans détour. Quel modèle offrirez-vous à mon ciseau? Sera-ce une beauté réelle? Non, sans doute; car il n'est rien de beau dans les formes matérielles qui soit digne de mon art, que ce que relève l'expression de l'ame. Trouve-t-on celle-là dans les femmes que dégradent leurs sens ou leurs vanités jusqu'à vous immoler l'honneur de leur sexe? Sera-ce une de ces infortunées que votre or dispute à l'indigence et que captive votre autorité? Je n'aurais sous les yeux qu'une triste victime de vos désordres, dont la vue, en me retraçant les dangers de Naïs, me transporterait de courroux et de douleur. Si j'avais une statue à faire, je me figurerais votre épouse Ypparette, humiliée, trahie, et s'avançant avec fermeté aux pieds d'un tribunal pour y déposer contre les infidélités dont vous voulez à votre honte éterniser la mémoire par la puissance du plus noble des arts. C'est là ce qui m'a tantôt frappé. C'est là ce que vous ne m'ordonnerez pas de représenter pour votre plaisir et pour votre gloire.

ALCIBIADE.

Je ne vous laisse pas le choix du sujet qui m'agrée le plus, et je me réserve, sur ce point, le mérite de l'invention. Il ne vous est permis que de vous décider entre deux alternatives : ou de vous exposer à toutes les rigueurs de ma haine ; ou d'accepter le haut prix que je mets à votre complaisance.

LEUCIPPE.

Eussiez-vous à m'offrir des milliers de talens d'or et les vases les plus rares, je n'en serais pas tenté.

ALCIBIADE.

Si les richesses ne vous éblouissent point, la volupté vous amollira. Écoutez, Leucippe : de ce côté, vos regards seront frappés de la plus douce récompense qu'un mortel puisse vous promettre. De cet autre, sera le modèle charmant, dont je réclame une image consacrée par vos talens, afin qu'elle survive même au plus constant amour. Décidez-vous ; une jeune et belle personne attend votre réponse.

LEUCIPPE.

Me jugez-vous infidèle comme vous l'êtes ?

ALCIBIADE.

Votre salaire est là, vous vous rendrez.

LEUCIPPE.

Jamais.

ALCIBIADE.

N'en jurez pas.

LEUCIPPE.

Je le jure.

######## ALCIBIADE.

Eh bien! parjurez-vous en regardant votre charmante récompense.

Il tire le rideau qui couvre Hypperbolus.

######## LEUCIPPE.

Qu'est-ce là?

######## ALCIBIADE.

Que vois-je? Quoi! ce coquin d'Hypperbolus!

######## LEUCIPPE.

Quelle indigne raillerie!... La belle récompense! En effet, Alcibiade, la récompense des arts, c'est la calomnie.

SCÈNE ONZIÈME.

LES MÊMES, HYPPERBOLUS.

######## HYPPERBOLUS.

Pardon, pardon, Seigneur, si pour me prosterner à vos pieds, j'ai pris la place de Naïs.

######## LEUCIPPE.

Naïs!... Naïs était ici?

######## ALCIBIADE.

Tout à l'heure.

######## LEUCIPPE.

Naïs! ô Naïs! où donc es-tu?...

Naïs accourt à sa voix du fond de la scène.

######## ALCIBIADE.

Tiens, dans tes bras, cher Leucippe! Je l'avais gardée

pour te la rendre. (*à Hypperbolus.*) Toi, reste en silence, malheureux! (*aux deux amans.*) Vous, Leucippe, arrêtez! Ce prix que je vous destinais ne vous sera remis qu'après m'avoir fait la statue de l'objet que vous verrez là.... (*il tire le rideau qui couvre Ypparette.*) Ah! mon modèle est venu s'y poser de lui-même.

LEUCIPPE ET NAIS *ensemble.*

Ypparette!

YPPARETTE *sur le piédestal.*

Dieux! quel transport de surprise et de joie!...

ALCIBIADE *vivement.*

Saisissez, saisissez-la dans cette situation ravissante.... Ou si vous êtes jaloux de composer un groupe, offrez l'image d'Alcibiade épris, dans les bras de son Ypparette qui lui pardonne.

YPPARETTE.

Pour la troisième fois, dans ce même jour.

ALCIBIADE.

Ne me suis-je pas bien vengé de vos méfiances? Il ne me reste qu'à châtier ce traître impatronisé dans ma maison.

YPPARETTE.

Son repentir est accouru nous demander secours et grâce.

HYPPERBOLUS.

Je m'étais blotti dans ce coin par frayeur de votre premier mouvement. Mais fiez-vous à moi, les revers m'ont instruit et corrigé.

ALCIBIADE.

Les vicieux caractères ont eux seuls l'honneur d'être invariables. Les croire changés, c'est duperie.

SCÈNE DOUZIÈME.

LES MÊMES, PHÉAX ET THÉOCLÈS.

THÉOCLÈS.

Seigneur, voici le noble Phéax qui vient vous congratuler avec vos amis.

PHÉAX.

Oui, noble fils de Clinias, je précède la réunion des convives empressés de se réjouir de vos triomphes et de votre réconciliation conjugale. Tous nos Grecs ont senti le ridicule de l'Ostracisme, dont nos intelligences ont fait abroger la loi, en l'appliquant au plus vil... Ah! je ne le qualifierai pas en face; soyons généreux. Mais comment se retrouve-t-il ici?

ALCIBIADE.

Par fraude, comme il s'introduisait partout.

THÉOCLÈS *à Hypperbolus.*

Va-t-en.

HYPPERBOLUS.

Où veux-tu que j'aille, traître?

THÉOCLÈS.

Où tu voudras, imbécile.

} Mot et repartie récemment historiques.

PHÉAX.

Le rire populaire en a fait assez justice; personne ne tient plus au décret de son exil. On vous laisse l'arbitre du sort de ce pauvre homme.

ACTE III, SCÈNE XII.

ALCIBIADE.

Eh bien! qu'il ne débite plus ses faux témoignages; et qu'il vive de son commerce dans Athènes en n'y vendant plus que ses lanternes.

HYPPERBOLUS.

Grand merci, très-clément Seigneur! Je vais commencer par éclairer de mes meilleures lampes le banquet de vos réjouissances et celui des noces de la mariée.

ALCIBIADE à *Théoclès*.

Toi, citoyen un peu neuf, je te pardonne aussi ton bulletin; et même, si tu te plais à m'être utile, je gratifierai bien ton service, désormais volontaire.

THÉOCLÈS.

Ma foi! je vous revends ma liberté; par habitude d'un maître, on ne sait qu'en faire.

PHÉAX.

Vaincre ses rivaux, confondre les accusations injustes, et soumettre les volontés en nous charmant, tout cela n'est que l'affaire d'une journée d'Alcibiade.

FIN.

TABLE.

	Pages.
AVANT-PROPOS.	1
PINTO, ou la Journée d'une Conspiration.	1
VARIANTES du cinquième acte de Pinto.	161
RICHELIEU, ou la Journée des Dupes.	175
L'OSTRACISME, ou la Comédie grecque.	305

PARIS. — IMPRIMERIE DE FAIN, RUE RACINE, N°. 4,
PLACE DE L'ODÉON.

Nouveautés.

HISTOIRE DE NAPOLÉON,

PAR M. DE NORVINS,

4 volumes in-8, publiés en seize livraisons, ornés de portraits, vignettes, cartes et plans. Prix de chaque livraison, 3 fr.

Les six premières livraisons sont en vente.

LETTRE DE SIR WALTER SCOTT, et Réponse du général Gourgaud, avec notes et pièces justificatives, in-8. Prix : 1 fr. 50 c.

MÉMOIRES ET MÉLANGES Historiques et Littéraires; par le prince de Ligne; 4 vol. in-8, ornés de son portrait et d'un fac-similé de son écriture. Prix, 26 fr.

DISCOURS DE M. BENJAMIN CONSTANT à la Chambre des Députés, avec un portrait et fac-similé; 2 vol. in-8. Prix, 14 fr.

LES MILLE ET UNE NUITS, contes arabes, traduits en français par Galland; nouvelle édition, entièrement revue sur les textes originaux, accompagnée de notes et augmentée de plusieurs nouvelles et contes, traduits des langues orientales, par M. Destains; précédée d'une notice historique sur Galland, par M. Charles Nodier. 6 vol. in-8, ornés de gravures originales de MM. Robinson et W. Finden, d'après les dessins inédits de M. Westall. Prix, 45 fr.

DUNALLAN, ou Connaissez ce que vous Jugez, traduit de l'anglais, par madame la comtesse M***; 4 vol. in-12.

DICTIONNAIRE HISTORIQUE DE TOUS LES MINISTRES, depuis la constitution de 1791 jusqu'à nos jours; par Léonard Gallois; 1 fort vol. in-8. Prix, 9 fr.

POÉSIES, par madame Amable Tastu, troisième édition, 1 vol. in-8, papier vélin, orné d'une gravure. Prix, 13 fr.

Les mêmes, 1 vol in-18, grand-raisin, orné d'une gravure. Prix, 6 fr.

CROMWELL, drame en cinq actes et en vers, avec introduction et notes; par M. Victor Hugo; 1 fort vol. in-8, papier satiné. Prix, 8 fr.

LE PRINTEMPS D'UN PROSCRIT, poëme par M. Michaud, de l'Académie française; 1 vol. in-8, papier vélin satiné. Prix, 7 fr. 50 c.

ÉPITRES ET DIALOGUES, par M. J.-P.-G. Viennet; 2 vol. in-18, grand-raisin. Prix, 9 fr.

NOUVEAUX ESSAIS POÉTIQUES, par mademoiselle Delphine Gay; 1 vol. in-18, papier grand-raisin superfin. Prix, 4 fr.

LA BACRIADE, ou la Guerre d'Alger, poëme héroï-comique en cinq chants; par Méry et Barthélemy; broch. in-8. Prix, 2 fr. 50 c.

www.ingramcontent.com/pod-product-compliance
Lightning Source LLC
Chambersburg PA
CBHW052129230426
43671CB00009B/1174